PROJETOS BEM-SUCEDIDOS DE
EDUCAÇÃO EM VALORES
Relatos de Escolas Públicas Brasileiras

Coordenador Editorial de Educação:
Marcos Cezar de Freitas

Conselho Editorial de Educação:
José Cerchi Fusari
Marcos Antonio Lorieri
Marli André
Pedro Goergen
Terezinha Azerêdo Rios
Valdemar Sguissardi
Vitor Henrique Paro

Dados Internacionais de Catalogação na Publicação (CIP)
(Câmara Brasileira do Livro, SP, Brasil)

Projetos bem-sucedidos de educação em valores : relatos de escolas
públicas brasileiras / Maria Suzana de Stefano Menin, Patricia
Unger Raphael Bataglia, Juliana Aparecida Matias Zechi, (orgs.).
-- São Paulo : Cortez, 2013.

Vários autores.
ISBN 978-85-249-2130-8

1. Educação - Finalidades e objetivos 2. Educação moral 3. Esco-
las públicas - Brasil 4. Valores (Ética) I. Menin, Maria Suzana de
Stefano. II. Bataglia, Patricia Unger Raphael. III. Zechi, Juliana
Aparecida Matias.

13-09567   CDD-370.114

Índices para catálogo sistemático:

1. Projetos de educação em valores   370.114

Maria Suzana De Stefano Menin
Patricia Unger Raphael Bataglia
Juliana Aparecida Matias Zechi (Orgs.)

PROJETOS BEM-SUCEDIDOS DE EDUCAÇÃO EM VALORES

Relatos de Escolas Públicas Brasileiras

Projetos bem-sucedidos de educação em valores: relatos de escolas públicas brasileiras
Maria Suzana De Stefano Menin, Patricia Unger Raphael Bataglia,
Juliana Aparecida Matias Zechi (Orgs.)

Capa: de Sign Arte Visual
Preparação de originais: Jaci Dantas
Revisão: Patrizia Zagni
Composição: Linea Editora Ltda.
Coordenação editorial: Danilo A. Q. Morales

Nenhuma parte desta obra pode ser reproduzida ou duplicada sem autorização expressa dos autores e editor.

© 2013 by Organizadores

Direitos para esta edição
CORTEZ EDITORA
Rua Monte Alegre, 1074 – Perdizes
05014-001 – São Paulo – SP
Tel: (11) 3864 0111   Fax: (11) 3864 4290
E-mail: Cortez@cortezeditora.com.br
www.cortezeditora.com.br

Impresso no Brasil – setembro de 2013

Somos gratos às escolas que se propuseram a responder ao questionário *on-line* e que depois nos receberam em visitas esclarecendo nossas questões e procurando mostrar o que têm realizado em seu dia a dia. Confiamos que essas iniciativas possam contaminar outros empreendedores e que os aqui mencionados encontrem a sustentação necessária para a continuidade de sua empreitada.

Sumário

Agradecimentos 11

Prefácio
    Yves de La Taille 13

Apresentação 21

1. Educação moral e diversidade: diálogos com duas
experiências no estado de Mato Grosso
Rondonópolis/MT
*Leonardo Lemos de Souza, Flavia Martins Gonçalves e
Silvia Cristina Cerini Trevisan* 27

2. Projeto T.E.S.E. e diretor de turma: a experiência
de Camocim
Camocim/CE
Patricia Unger Raphael Bataglia 41

3. A escola dos muitos projetos
Camaragibe/PE
Luciene Regina Paulino Tognetta 53

4. O Projeto: "Vivendo valores na escola"
Capinzal/SC
Maria Teresa Ceron Trevisol e Maria Lucinda Corcetti...................... 65

5. Projeto "O Bandeirante na construção de uma cultura de paz"
Guaporé/RS
Maria Teresa Ceron Trevisol e Silvio Antônio Bedin 102

6. Projeto "O que os olhos não veem"
São Gonçalo/RJ
Márcia Simão Linhares Barreto e Débora Pinto Inácio 115

7. Um projeto sobre "Ética, Cidadania e Política: o voto consciente"
São Francisco de Itabapoana/RJ
Juliana Aparecida Matias Zechi e Maria Suzana S. Menin 127

8. O Projeto "A reutilização do óleo saturado em defesa das águas do rio Carangola"
Natividade/RJ
Maria Suzana De Stefano Menin 141

9. O Projeto "Conviver": estabelecendo as relações e organizando o currículo
Osasco/SP
Denise D'Aurea-Tardeli 154

10. O Projeto "Cidadania na escola"
Caiuá/SP
*Claudiele Carla Marques da Silva e
Maria Suzana De Stefano Menin* 169

11. O Projeto "Jovens construindo a cidadania"
Tupã/SP
Alana Paula de Oliveira e *Maria Suzana De Stefano Menin* 187

12. O Projeto "Esperança no futuro"
Poços de Caldas/MG
Alessandra de Morais Shimizu e *Flávia Maria de Campos Vivaldi* 215

13. Educação em valores morais: uma análise de três
experiências no Espírito Santo
Iúna, Aracruz e Venda Nova do Imigrante/ES
Heloisa Moulin de Alencar, Barbara Frigini De Marchi,
Leandra Lúcia Moraes Couto, Mariana Santolin Romaneli
e *Mayara Gama de Lima* 238

Considerações finais: o que os projetos deste
livro nos ensinam?
Maria Suzana De Stefano Menin e
Patricia Unger Raphael Bataglia 273

Sobre os autores 279

Agradecimentos

Este é um livro realizado por muitos participantes, tal como ocorreu na pesquisa que o originou.

Temos, em primeiro lugar, autores que são pesquisadores ligados ao Grupo de Trabalho "Psicologia da Moralidade" da Associação Nacional de Pós-Graduação em Psicologia (Anpepp) e pertencentes a várias universidades brasileiras: Alessandra de Morais Shimizu (FFC/Unesp), Denise D'Aurea-Tardeli (Unisantos/Umesp), Heloisa Moulin de Alencar (Ufes), Leonardo Lemos de Souza (FCL/Unesp), Luciene Regina Paulino Tognetta (Unifran), Márcia Simão Linhares Barreto (Universo), Maria Suzana S. Menin (FCT/Unesp), Maria Teresa Ceron Trevisol (Unoesc) e Patricia Unger Raphael Bataglia (FFC/Unesp).

Esses autores contaram, muitas vezes, com colegas já titulados, ou alunos de doutorado, mestrado ou iniciação científica, para, colaborar na pesquisa, visitar escolas e compor capítulos dos livros. São eles: Alana Paula de Oliveira (FCT/Unesp), Barbara Frigini De Marchi (Ufes), Claudiele Carla Marques da Silva (FCT/Unesp), Débora Pinto Inácio (Universo), Juliana Aparecida Matias Zechi (FCT/Unesp), Leandra Lúcia Moraes Couto (Ufes), Mariana Santolin Romaneli (Ufes) e Mayara Gama de Lima (Ufes).

Além dessas pessoas ligadas à universidade, contamos com o apoio efetivo de alguns profissionais das escolas visitadas que se tornaram coautores de capítulos: Flávia Maria de Campos Vivaldi (coordenadora educacional), Maria Lucinda Corcetti (orientadora educacional), Silvio Antônio Bedin (professor), Flavia Martins Gonçalves e Silvia Cristina Cerini Trevisan.

Finalmente, nomeamos em rodapé após o titulo de cada capítulo, os nomes dos muitos relatores dos projetos, profissionais diversos (diretores, coordenadores, professores das escolas visitadas), a quem agradecemos intensamente a colaboração. Embora não tenham escrito os capítulos, sem sua ajuda nas informações detalhadas sobre os projetos, esse livro seria impossível.

Agradecemos ao CNPq pelo financiamento desta pesquisa.

Agradecemos, também, aos demais colegas que fizeram parte da pesquisa tornando possível toda a coleta de dados até a seleção das visitas às escolas e que não comparecem nos capítulos deste livro: Raul Aragão Martins, Solange Mezzaroba, Ulisses Ferreira Araújo, Valéria Amorim Arantes de Araújo.

Prefácio

Da iniciativa do grupo de pesquisadores de escrever o livro que tenho o prazer de apresentar pode-se dizer que foi uma "excelente ideia". Uma não, aliás! Pelo menos três excelentes ideias.

* * *

A primeira que eu destacaria é a opção por falar de escolas *públicas*. Que não se veja no que acabo de escrever um desprezo pelas escolas particulares, notadamente porque muitas delas desenvolvem trabalhos importantes e que podem ser aproveitados por toda a rede de ensino. Porém, é preciso reconhecer que não somente as escolas públicas recebem a grande maioria dos alunos brasileiros, como, para muitos deles, representam a única chance de sair da miséria, da exclusão, da ignorância, da violência. Com efeito, os alunos das escolas particulares costumam possuir capital financeiro, capital intelectual e capital social, mas seus colegas das escolas públicas, não, ou bem menos.

Por possuírem, em razão de seu pertencimento a famílias abastadas, capital financeiro, muitos alunos das escolas particulares podem contar com estratégias de formação pessoal que complementam ou até corrigem as ações das escolas que frequentam: eles têm dificuldades em matemática, recebem aulas particulares; querem se aprofundar em arte, fazem aulas de música, de desenho, de dança etc.; querem reforçar seu aprendizado de idioma estrangeiro, se inscrevem em escolas especializadas. E assim por diante. Porém, para a grande maioria dos alunos das escolas públicas, nada disso é possível: ou a escola dá conta do recado *por inteiro*, ou haverá lacunas na formação de seus discentes.

Por possuírem, em geral, capital intelectual — advindo do nível de formação dos pais, dos livros extraescolares, de CDs, de DVDs que possuem em casa etc. —, os alunos das escolas particulares usufruem de um complemento ou de um reforço de formação. Às vezes a escola vai fazê-los estudar temas que haviam visto anteriormente em casa. Pense-se, por exemplo, na alfabetização: desde que nascem, variados textos estão fortemente presentes em seu entorno, o que facilita a futura aprendizagem da leitura e da escrita. Os seus colegas das escolas públicas não costumam gozar de tal privilégio. Não que seus pais sejam desprovidos de capital intelectual, mas tal capital oriundo da chamada cultura popular frequentemente não corresponde ao que a escola ensina (pode até acontecer de tal cultura ser desprezada).

Por possuíram capital social herdado dos pais que transitam em várias esferas sociais, os meninos e meninas das escolas particulares não somente entram em contato com pessoas de variadas formações, como, mais tarde, terão maiores possibilidades de emprego em razão das relações sociais que seus pais, e eles mesmos, estabeleceram. Pessoas com bom poder aquisitivo não raramente empregam a expressão "o mundo é pequeno" quando encontram em variados lugares — até no exterior —, por acaso, pessoas que conhecem. Tal expressão costuma não fazer sentido para as pessoas mais pobres, pois quando se deslocam para regiões distantes de seu lugar de origem, muito raramente encontram conhecidos. Na verdade, não é o mundo que é pequeno: é, como se diz, *a concentração de renda que é grande*! Logo, meninos e meninas pobres não terão um capital social para transitarem com mais facilidade pela sociedade: dependerão essencialmente da qualidade de sua formação, dependerão essencialmente, além de seus esforços pessoais, da qualidade da escola que frequentam.

Em suma, enquanto os alunos das escolas particulares podem compensar lacunas educacionais das instituições de ensino que frequentam e gozar de trânsito social eficaz, isso é praticamente impossível para seus colegas das escolas públicas. Logo, os relatos que o leitor encontrará no presente livro representam momentos preciosos e às vezes únicos na vida desses jovens.

* * *

A segunda "excelente ideia" que pretendo destacar refere-se ao tema do livro: educação em *valores*. Mas de que valores se trata?

Jean Piaget já dizia que *tudo é valor*. Tal generalização se deve à definição que ele adota para o conceito: valor representa a *mediação afetiva* entre o sujeito e o objeto (objeto aqui no sentido epistêmico: toda e qualquer coisa com a qual o sujeito se relaciona, que pode ser um objeto físico, uma pessoa, um grupo, uma ideia etc.). Com efeito, cada vez que nos relacionamos com um objeto, há uma mediação cognitiva: é preciso que esse objeto exista para nós, que ele seja percebido, identificado, qualificado. Mas há também uma mediação afetiva que se expressa pelos sentimentos que tal objeto desperta em nós. Por exemplo, vemos um quadro e o apreciamos: ele se torna, para nós, valor. É nesse sentido que tudo (ou quase tudo) é valor, pois nas nossas interações com o mundo investimos afetividade nas coisas, nas pessoas e nas ideias que encontramos.

Ocorre o mesmo na escola: os alunos entram em contato com variadas matérias e se o ensino for competente, haverá grandes chances de que elas se tornem valores para eles, seja pelas aplicações práticas, seja pela importância do ato de conhecer.

Mas não são os valores relacionados às matérias que o livro que se vai ler aborda. São outros, como, por exemplo, a justiça, o respeito, a equidade, o meio ambiente, a paz, o sentido da vida, o sentido da escola, o consumo, a solidariedade, o autoconhecimento, e outros mais.

Trata-se de valores *morais* e *éticos*.

Valores morais porque temas como justiça, paz, solidariedade, equidade, remetem a *deveres* por intermédio dos quais se expressam o respeito pela dignidade alheia e o reconhecimento da necessidade de respeitar seus direitos. Não há exercício da cidadania possível sem o desenvolvimento e fortalecimento do senso moral.

Valores éticos porque preocupações com o sentido da vida, com o sentido da escola, com o autoconhecimento, com o sentimento de vergonha, remetem à busca da "vida boa", que corresponde à definição que Aristóteles dava para a ética.

Assim definida, a ética engloba a moral, pois o uso-fruto de uma "vida boa" implica valores que não se restringem ao respeito pela dignidade alheia. Em compensação, a moral é condição necessária à ética no sentido de que não é qualquer tipo de "vida boa" que corresponde a uma vida digna. Com efeito, pode-se ser feliz sendo egoísta, violento, desrespeitoso dos direitos dos outros, mas, nesse caso, não se pode falar em ética. Por essa razão, aprecio muito a definição dada por Paul Ricoeur: uma vida ética é aquela que corresponde "a uma vida boa, com e para outrem, em instituições justas". Como se nota, nessa definição a moral é contemplada pela referência ao "outro" (*com* ele — justiça, cooperação — e *para* ele — generosidade, solidariedade). E o filósofo francês complementa a sua definição com referência à dimensão política (em *instituições justas*), dimensão esta também contemplada por algumas experiências relatadas no presente livro.

Mas por que será uma "excelente ideia" socializar e analisar trabalhos feitos na escola em torno de valores morais e éticos? Não será tarefa da família preparar as novas gerações a viverem bem e serem cidadãos?

A atribuição exclusiva à família de educar moral e eticamente as crianças e os jovens (os filhos, portanto) é frequentemente encontrada aqui e ali. Lembro que quando da confecção dos Parâmetros Curriculares Nacionais, que preveem essa dimensão da formação dos alunos, um parecerista afirmou com todas as letras que tal não era papel da escola.

Mas, será que não é?

Uma sociedade na qual as pessoas, na medida do possível, usufruem de uma "vida boa, para e com outrem, em instituições justas" é uma também uma boa sociedade. Porém, uma sociedade na qual tal cenário não existe, é uma sociedade ruim, triste, na qual as pessoas padecem de angústias existenciais e do medo de serem, de alguma forma, violentadas pelos outros — o que é, aliás, justamente o caso nos dias hoje: para se convencer do fato, basta ver o alto número de casos de depressão, de suicídios, de violência e de medo. Ora, será que podemos colocar *apenas* nas costas da família tamanha tarefa de construir uma sociedade feliz? Será ela a única responsável pelas virtudes ou vícios da sociedade? É claro que não. Já que se trata de construir uma sociedade decente, todos os agentes sociais, todas as instituições devem participar, com destaque para a escola que não somente tem vocação para *educar*, como é instituição na qual as novas gerações permanecem horas durante o dia e anos e anos durante a vida. É o que pensam, creio que com toda a razão, os autores do livro *Projetos de educação em valores* e os protagonistas de tais projetos *bem-sucedidos*.

* * *

Bem-sucedidos! Eis a terceira excelente ideia.

Excelente ideia, em primeiro lugar, porque o que mais se divulga, notadamente na mídia, são os projetos *mal-sucedidos*: trapalhadas na organização do ENEN, livros didáticos com erros grosseiros de matemática ou com posições ideológicas suspeitas, currículos sobrecarregados com novas disciplinas, má qualificação de professores e outras mazelas mais que ajudam a entender os baixos índices que caracterizam a falta de qualidade da educação. Não estou dizendo que tais críticas não deveriam existir: muito pelo contrário, são necessárias. Porém, o outro lado da moeda também deve ser divulgado, e é o que faz o presente livro.

Em segundo lugar, é excelente ideia porque nos apresenta *experiências*. Por quê? Porque o que, em geral, se ouve e se lê em palestras e publicações sobre educação são discursos estritamente teóricos, sem referências a pesquisas e, logo, sem dados. É pelo menos o que me mostra minha participação em eventos no meio educacional: a grande maioria das palestras a que assisto falam em objetivos da educação, em novas tecnologias, na importância da relação professor-aluno, na relação das escolas com as famílias, tudo isso com grande reforço de sons e imagens que brotam do *data-show*, mas praticamente sem referência alguma a dados de pesquisa e a práticas reais, bem ou mal-sucedidas que possam ser. É também o que me mostrou um levantamento bibliográfico em revistas científicas de educação sobre moral e educação (que incidiu sobre o período de 1990 a 2003) realizado por mim, por Lucimara Silva de Souza e por Letícia Vizioli (publicado em 2004 na revista *Educação e Pesquisa* da Faculdade de Educação da Universidade de São Paulo, v. 30, n. 1): de 28 artigos encontrados, não havia um sequer que trouxesse dados empíricos sobre educação moral. Duas são as consequências "perversas" dessa ausência de pesquisa empírica e socialização de experiências. A primeira é o perigo do "modismo": boas ideias pedagógicas são apresentadas, mas em razão da falta de dados concretos sobre seus resultados, elas são rapidamente substituídas por outras, e essas por outras ainda. Assim temos períodos nos quais "em nome de" algum autor ou linha teórica se faz isto e aquilo, e, logo, "em nome de" outro autor ou outra teoria, abandona-se o que se fazia para se fazer outra coisa, às vezes diametralmente oposta. Escreveu Bauman que, nos dias de hoje, "esquecer, mais do que aprender, é a condição de contínua adaptação": tal parece aplicar-se ao mundo da educação, mas duvido que seja realmente adaptativo. A segunda consequência "perversa" é correlata da primeira: entre os modismos aparecem discursos puramente ideológicos e proféticos, adaptados não ao que a educação precisa, mas sim a valores típicos da contemporaneidade e às suas exigências econômicas: uns "ensinam" como produzir "vencedores", outros como se criarem "líderes", outros ainda dizem saber como educar o "homem do século XXI", e não raros são aqueles que fazem a apologia da tecnologia. Os relatos que serão lidos no livro organizado por Maria Suzana De Stefano Menin, Patricia Unger Raphael Bataglia e Juliana Aparecida Matias Zechi estão a léguas desse tipo de "sermões" e de envolverem recursos caros. Não se trata de fazer surgir do nada vencedores e líderes, mas sim de fazer emergir do mundo real pessoas que valorizam a vida e a cidadania.

E o modo como os agentes dos "projetos bem-sucedidos" trabalharam e trabalham nos leva à terceira razão pela qual julgo a socialização de projetos em tela uma excelente ideia: o trabalho é feito no nível no convívio escolar e não por intermédio da criação de novas disciplinas.

No momento em que escrevo esse prefácio, discute-se no Brasil a criação de uma nova disciplina sobre "direitos humanos", e anos antes, foram criadas disciplinas de Sociologia e Filosofia e somente não foi criada outra de Psicologia porque a influência política dos psicólogos é pequena. Nada tenho contra que se ensine Filosofia, Psicologia e Sociologia (e outros conteúdos mais) na escola, mas partilho a opinião segundo a qual a criação contínua de disciplinas sobrecarrega o currículo e acaba por comprometer a qualidade do ensino. Pessoalmente, penso que, em relação à Filosofia e à Sociologia (e Psicologia), teria sido melhor criar uma disciplina só, chamada, por exemplo, de "Ciências Humanas e Filosofia", na qual seriam apresentados elementos das três áreas.

Em relação ao ensino dos Direitos Humanos, também sou, é óbvio, favorável à sua presença na escola, mas não sob forma de mais uma disciplina, e sim trabalhado por intermédio das variadas formas apresentadas no presente livro: debates, análises de histórias, projetos desenvolvidos pelos alunos junto a seus professores, envolvimento da comunidade, reflexão sobre temas relevantes para a localidade onde a escola se encontra etc., e isto sem que nenhuma disciplina nova tenha sido criada, mas sim adotando a chamada *transversalidade*, que convoca todos os professores a se envolverem, a partir de suas respectivas disciplinas e competências, na formação moral e ética de seus alunos.

Mas alguém poderá perguntar se tal abordagem transversal condena aulas diretamente voltadas a temas morais e éticos, na hipótese de que não sobrecarregariam o currículo. A essa indagação, eu responderia, como Piaget, que "a lição de moral não deve de forma alguma ser proscrita", mas que ela deve ser avaliada "nas suas justas proporções", porque "ela não pode dar seus frutos se não houver uma verdadeira vida social no interior da sala de aula". E é justamente da construção desta "vida moral" que trata o livro que acabo de apresentar e do qual desejo a todos uma boa — e atenta — leitura.

Yves de La Taille

Apresentação

*Maria Suzana De Stefano Menin,
Patricia Unger Raphael Bataglia
Juliana Aparecida Matias Zechi*

Em 2008, um grupo de pesquisadores ligados ao Grupo de trabalho "Psicologia da Moralidade", da Associação Nacional de Pós-Graduação em Psicologia (ANPEPP) e pertencentes a várias universidades brasileiras, iniciou uma pesquisa que teve como objetivo identificar projetos bem-sucedidos de Educação em Valores, ou de Educação Moral, em escolas públicas brasileiras.

Durante mais de dois anos de trabalho, os pesquisadores buscaram contato com as Secretarias Estaduais de Educação de todos os estados brasileiros, solicitando sua ajuda para que escolas públicas de Ensino Fundamental (6º a 9º ano) e Ensino Médio preenchessem um questionário descrevendo projetos que tivessem realizado e que considerassem bem-sucedidos. Foram obtidos, até o início de 2010, 1.062 questionários respondidos.

Considerando o banco geral de dados com as 1.062 respostas, um primeiro tratamento dos resultados permitiu uma quantificação das respostas às questões construídas na forma de alternativas. Elas mostraram algumas tendências mais gerais nas descrições das experiências. Essas questões com alternativas diziam respeito a: se a escola deve ou não dar educação moral; se a escola já participou de alguma experiência em educação moral ou outras no gênero; se o que a escola realizou poderia ser considerado uma experiência bem-sucedida; quanto tempo ela durou, quem participou da experiência e quantos foram; se a comunidade em volta da escola provocou a experiência, se foram percebidas mudanças; se a experiência foi avaliada e se a escola recebeu alguma formação para a realização da experiência.

Os respondentes, todos de escola pública, se constituíram de diretores, coordenadores pedagógicos e professores. A representação das escolas por estado foi muito desigual: dentre as 1062 respostas, obtivemos 7% da região Norte (estados do Acre, Amapá, Amazonas, Rondônia, Roraima e Tocantins); 17,5% do Nordeste (estados de Alagoas, Bahia, Ceará, Maranhão, Pernambuco, Piauí, Rio Grande do Norte e Sergipe); 5% do Centro-Oeste (Goiás, Mato Grosso e Mato Grosso do Sul); 14% do Sul (Paraná, Rio Grande do Sul e Santa Catarina); e 57% do Sudeste (Espírito Santo, Minas Gerais, Rio de Janeiro e São Paulo).

Como resultados mais gerais da pesquisa, destacamos que a grande maioria dos participantes é a favor de que a escola dê Educação Moral (96%). Entre os respondentes, 72% afirmaram que participaram de alguma experiência do ano de 2000 em diante. Dentre as alternativas existentes, foram apontadas experiências de "Cidadania na escola" (54%), "Ética na escola" (44%), "Direitos humanos" (36%), "Educação em valores" (39%) e "Educação moral" (19%). Cabe destacar que, geralmente, os respondentes classificaram a experiência em mais de uma temática.

Dentre os que relataram experiências, 94% a colocaram como bem-sucedida. Os projetos descritos foram longos: 49% deles duraram mais de seis meses na escola, 23% de 1 a 6 meses e 28% de 1 semana a 1 mês. Eles envolveram mais de 100 alunos e de 30 professores. A maioria das experiências incluiu também a equipe gestora (93%) e os

PROJETOS BEM-SUCEDIDOS DE EDUCAÇÃO EM VALORES

funcionários da escola (73%). Algumas envolveram as famílias (64%) e entidades externas à escola (43%).

Os respondentes apontaram, em 60% dos relatos que, de alguma forma, a experiência foi provocada pela comunidade. Quando questionados sobre a ocorrência, ou não, de mudanças no ambiente escolar com a experiência, 94% dos participantes responderam afirmativamente. Cerca de 80% das experiências foram avaliadas de formas diversas. Finalmente, apenas 29% das escolas com experiências relatadas apontaram ter recebido alguma formação para atuar nesse tema.

Em síntese, observamos que a grande maioria dos agentes escolares acredita que a escola deva dar Educação em Valores. Os que realizaram algum projeto nessa área tendem a considerá-lo bem-sucedido; apontam que o projeto envolveu grande parte da comunidade escolar; evidenciam alguma relação desses projetos com as famílias dos alunos e a comunidade vizinha à escola; apontam a ocorrência de mudanças e a realização de avaliação dos projetos.

Apesar dessas tendências mais gerais de respostas, após a leitura e análise destas e contatos com escolas, cujos projetos nos pareceram interessantes, constatamos que menos de 5% dos projetos descritos nos mais de mil questionários examinados poderiam ser considerados experiências bem-sucedidas de Educação em Valores à luz dos critérios oferecidos pela literatura na área. Algumas dessas experiências são as relatadas neste livro.

Apresentamos, então, treze experiências, cada uma relatada por um pesquisador ou sua equipe ligada à pesquisa. As experiências foram selecionadas levando em consideração a originalidade e o bom funcionamento dos projetos.

Sabemos que no cotidiano escolar, a Educação em Valores pode ocorrer de diversas maneiras, de forma explícita e planejada ou implícita e casuística. Temos consciência, também, que na literatura da área são oferecidas diferentes definições para os termos "moral", "Educação em Valores" e "Educação Moral". Nesta pesquisa, no entanto, adotamos como ponto de partida uma definição ampla de Educação em Valores: aquela que tem por finalidade a transmissão, construção e prática de princípios, valores, normas e regras que orientem as pessoas a viverem o mais harmonicamente possível consigo mesmas e com os demais e dentro do que normalmente se considera na cultura como justo, bom, correto.

Durante a pesquisa, tomamos como sinônimos os termos "Educação em Valores", "Educação Moral", "Educação em Direitos Humanos" ou, ainda, "Educação para a Ética e Cidadania". Posteriormente, na descrição das experiências selecionadas, e considerando suas finalidades, temas e meios, indicamos os nomes mais adequados para estas.

Finalmente, é preciso que adiantemos, mesmo que em linhas gerais, o que consideramos, após as análises das respostas das escolas, como experiências de Educação em Valores "bem-sucedidas". Com base em diversos autores brasileiros e em documentos oficiais sobre o tema (Aquino e Araújo, 2000; Araújo, 1996, 2000; D'Aurea-Tardeli, 2003; La Taille, 2006, 2009; Menin, 1996, 2002 e 2007; Tognetta, 2003; Tognetta e Vinha, 2007; Vinha, 2000; Trevisol, 2009; Brasil, 1998 e 2007) nos foi possível apontar certos pontos em comum que serviram como referências para a escolha das experiências.

Em primeiro lugar, consideramos que a escola deve imbuir-se do compromisso de educar moralmente seus alunos, e que esta educação não deve se limitar a uma disciplina específica, ou isolada, mas alcançar o maior número de espaços e de participantes escolares e mesmo da comunidade. É necessário, também, que nesta educação explicitem-se, discutam-se e reconstruam-se regras, valores e princípios que norteiem o como viver numa sociedade justa e harmoniosa, mesmo que a sociedade atual não se mostre, na maioria das vezes, assim. Além disso, concordamos que essa educação se dê por meios baseados no diálogo, na participação, no respeito. Enfim, é preciso que a Educação em Valores envolva procedimentos democráticos e estratégias que se coadunem com a construção de indivíduos autônomos.

Este livro apresenta, então, relatos de experiências que consideramos bem-sucedidas de Educação em Valores. O leitor verá que elas apresentam temas diversos, como aqueles voltados a valores morais (respeito, cooperação, justiça, solidariedade), ou outros ligados à preservação ambiental, cidadania, valorização dos alunos de escolas públicas, prevenção do *bullying* e outras formas de violência escolar. Todas, no entanto, mantêm o foco na incorporação de valores de forma autônoma pelos alunos.

Cada relato contém, além de uma parte descritiva dos projetos realizados, uma análise discutindo por que a experiência pode ser considerada bem-sucedida e quais são suas limitações.

Buscamos apresentar as experiências de modo didático, de forma que possam inspirar, e mesmo, orientar agentes escolares que queiram realizar projetos nessa direção.

Referências bibliográficas

AQUINO, J. G.; ARAÚJO, U. F. (Org.). Em foco: ética e educação. *Educação e Pesquisa*, São Paulo, v. 26, n. 2, p. 53-53, jul./dez. 2000.

ARAÚJO, U. F. O ambiente escolar e o desenvolvimento do juízo moral infantil. In: MACEDO, L. *Cinco estudos de educação moral*. São Paulo: Casa do Psicólogo, 1996. p. 105-136.

_____. Escola, democracia e a construção de personalidades morais. *Educação e Pesquisa*, São Paulo, v. 26, n. 2, p. 91-107, jul./dez. 2000.

BRASIL. Secretaria de Educação Fundamental. *Parâmetros Curriculares Nacionais*; terceiro e quarto ciclo: apresentação dos temas transversais. Brasília: MEC/SEF, 1998.

_____. Secretaria de Educação Básica, Fundo Nacional de Desenvolvimento da Educação. *Ética e cidadania*: construindo valores na escola e na sociedade. Brasília: Ministério da Educação, Secretaria da Educação Básica, 2007.

D'AUREA-TARDELI, D. *O respeito na sala de aula*. Petrópolis: Vozes, 2003.

LA TAILLE, Y. de. *Moral e ética*: dimensões intelectuais e afetivas. Porto Alegre: Artmed, 2006.

_____. *Formação ética*: do tédio ao respeito de si. Porto Alegre: Artmed, 2009.

MENIN, M. S. S. Desenvolvimento moral. In: MACEDO, L. *Cinco estudos de educação moral.* São Paulo: Casa do Psicólogo, 1996. p. 37-104.

_____. Valores na escola. *Educação e Pesquisa*, v. 28, n. 1, p. 91-100, 2002.

_____. Escola e Educação Moral. In: MONTOYA, A. D. (Org.). *Contribuições da psicologia para a educação.* Campinas: Mercado das Letras, 2007. p. 45-63.

TOGNETTA, L. R. P. *A construção da solidariedade e a educação do sentimento na escola:* uma proposta de trabalho com as virtudes numa visão construtivista. Campinas: Mercado de Letras, 2003.

_____; VINHA, T. P. *Quando a escola é democrática*: um olhar sobre a prática das regras e assembleias na escola. Campinas: Mercado de Letras, 2007.

TREVISOL, M. T. C. Tecendo os sentidos atribuídos por professores do ensino fundamental ao médio profissionalizante sobre a construção de valores na escola. In: LA TAILLE, Y. de; MENIN, M. S. M. (Orgs.). *Crise de valores ou valores em crise?* Porto Alegre: Artmed, 2009.

VINHA, T. P. *O Educador e a moralidade infantil numa visão construtivista.* Campinas: Mercado de Letras, 2000.

1

Educação moral e diversidade:
diálogos com duas experiências no estado de Mato Grosso

Rondonópolis/MT
Leonardo Lemos de Souza — FCL/Unesp
Flavia Martins Gonçalves
Silvia Cristina Cerini Trevisan

Apresenta-se a seguir o projeto "Vivendo as diferenças: o convívio saudável a partir da sexualidade no processo ensino-aprendizagem" desenvolvido pela Escola Estadual Pindorama, no estado de Mato Grosso, selecionada como uma das experiências brasileiras em educação em valores consideradas bem-sucedidas.

A primeira parte deste texto trata da contextualização do projeto, ressaltando o surgimento da ideia de trabalhar com o tema da sexualidade como parte das atividades de aprendizagem do ensino médio, considerando uma abordagem transversal. Nessa parte ainda é apontada a confluência e demandas de professores e alunos na construção do projeto liderado pela coordenação pedagógica, no sentido de inovar no trabalho com os adolescentes e os jovens.

Na segunda parte, são apresentados os pontos positivos e negativos do projeto para uma educação em valores. Buscou-se identificar os elementos que dificultaram o empreendimento da proposta inicial, suas reformulações diante das dificuldades, bem como os aspectos que indicam fundamentos de uma educação em valores que se vale de diferentes dispositivos e estratégias de aprendizagem para sua efetivação. Trazemos autores no campo da Psicologia e da Educação Moral que dialogam com a proposta do projeto selecionado.

Contexto e origens

A Escola Estadual Pindorama está situada no município de Rondonópolis, estado de Mato Grosso, que é polo da região sudeste do estado e tem aproximadamente 196.000 habitantes. Tem como principais fontes de renda o agronegócio e as indústrias têxteis e de alimentos.[1] Está localizada na Rua Augusto de Moraes, em um terreno que totaliza 10.000 m².

A escola foi fundada em 1969 e atualmente oferece Ensinos Médio e Fundamental. Há um redimensionamento das unidades escolares estaduais de Rondonópolis, o que faz com que, progressivamente, essa escola venha a atender apenas ao terceiro ciclo do Ensino Fundamental e o Ensino Médio. Essa medida já fez com que se reduzisse o número de alunos da escola (em 2008, havia 1.307 alunos, e em 2011, 1.121 matriculados; em 2008, havia 75 professores entre efetivos e contratados, e esse número caiu, em 2011, para 63).

---

1. Fonte: Secretaria de Planejamento do Estado de Mato Grosso, Prefeitura Municipal de Rondonópolis e IBGE.

PROJETOS BEM-SUCEDIDOS DE EDUCAÇÃO EM VALORES

O projeto "Vivendo as diferenças: o convívio saudável a partir da sexualidade no processo ensino-aprendizagem" teve sua realização no ano de 2008 com alunos do Ensino Médio Integrado à Educação Profissional (EMIEP). O projeto surgiu em função das demandas de professores de diversas disciplinas do EMIEP e de seus alunos, que já desenvolviam um trabalho com o tema da sexualidade, e buscavam uma perspectiva transversal no seu desenvolvimento. As atividades de sistematização desse projeto, a partir dessa perspectiva, foram organizadas pela coordenadora Flavia Martins Gonçalves e a professora Silvia Cristina Cerini Trevisan.

A coordenadora diz que:

> A escola buscava necessidade de se trabalhar de maneira diferenciada e inovadora o tema gênero e sexualidade de modo que a transversalidade fosse uma via no desenvolvimento do projeto. Sobretudo era a necessidade de se inovar metodologicamente no ensino e de aproximar os conteúdos escolares ao contexto da realidade vivida pelos estudantes em relação à sexualidade e gênero que eram demandas dos alunos e professores.

As relatoras indicam ainda outros motivos para a idealização do projeto, já que o Ensino Médio Integrado à Educação Profissional (EMIEP) é uma modalidade de ensino que oferece ao aluno egresso do Ensino Fundamental a formação conjunta do Ensino Médio com a Educação Profissional.[2]

Os princípios da política do EMIEP propõem uma educação técnica e profissionalizante no Ensino Médio que visa fomentar e capacitar pessoas para o mercado de trabalho em áreas que são essenciais para o desenvolvimento do país (principalmente nas áreas tecnológicas e de saúde).

---

2. Financiado pelo Programa Brasil Profissionalizado do governo federal, o EMI foi implantado em 2007 pelo governo do estado de Mato Grosso a partir de projetos pilotos; um deles foi desenvolvido na Escola Pindorama. No ano de 2011, o estado ampliou e aperfeiçoou o EMI oferecendo mais de 9 mil vagas. (Disponível em: <www.seduc.mt.gov.br>.)

Apesar de os princípios do EMIEP estarem vinculados a uma formação cidadã, esta dá ênfase aos valores relacionados ao trabalho profissional. Ao aproximar os conteúdos escolares da vida cotidiana, o projeto amplia as propostas de atuação do EMIEP, vinculando o caráter mais amplo da noção de cidadania, segundo as relatoras.

Nas entrevistas com professores e alunos da escola que participaram do projeto, são elencados diferentes motivos para o interesse pelo tema das diferenças relacionadas aos gêneros e sexualidade presentes na vida social e escolar.

Os professores, notadamente, referem-se a esse tema pelas transformações no comportamento sexual de jovens e adolescentes. Tais professores sempre reportam ao passado como um tempo em que a sexualidade era vivida com menos risco e exposição. Os comportamentos de risco relatados referem-se aos cuidados com as Doenças Sexualmente Transmissíveis e a gravidez na adolescência, que acabam refletindo na saúde e na vida escolar e na profissional. As manifestações de orientação sexual diversa da dominante (heteronormativa) de alunos e alunas causam incômodo aos professores cujos valores em relação aos papéis de gênero e à sexualidade situam a diferença à margem. As demonstrações de relações homoafetivas na escola e de identidades de gênero em construção (no caso dos/das travestis e transexuais) são as mais comuns relatadas como algo "novo" no espaço da escola e de difícil trabalho educativo. A pergunta que inquieta é: como educar para a convivência diante da diversidade sexual e de gênero?

Os alunos e alunas trazem como principais motivos o conhecimento sobre si mesmos no plano da sexualidade e conhecimento sobre os comportamentos sexuais de risco e suas consequências para a saúde. Nesse caso, os principais interesses focam as transformações corporais e identitárias na puberdade e adolescência, métodos anticoncepcionais e práticas de sexo seguro. Notadamente, demonstram curiosidade sobre as diferenças e explicações sobre as origens das orientações sexuais diversas e sobre as identidades de gênero.

O projeto pretendeu ser um caminho para o desenvolvimento de uma educação em valores destacando temas relacionados à saúde e à cidadania para os diferentes gêneros e orientações sexuais. As relatoras apontam que o projeto tem como compromisso uma educação em valores que visa à formação integral do ser humano, desenvolvendo seus aspectos físicos, psicológicos, sociais e cognitivos.

Vivendo as diferenças na escola Pindorama

O objetivo geral do projeto foi o de promover a aprendizagem de professores e alunos em relação ao respeito às diferenças diante da sexualidade, com a finalidade de promover a saúde sexual dos jovens e garantir o exercício da cidadania no contexto da escola daqueles que sofrem preconceito por sua orientação sexual e/ou comportamento que foge dos modelos de gênero dominantes na sociedade.

As atividades iniciais se realizaram com reuniões pedagógicas com os professores do EMIEP e a partir dessas reuniões delinearam-se frentes de atuação em que foram considerados o protagonismo dos alunos e a mediação dos professores no desenvolvimento das atividades realizadas por eles. Algumas ações isoladas, no sentido de serem desenvolvidas por outros profissionais parceiros externos à escola, foram acolhidas de maneira que os profissionais convidados fossem envolvidos no projeto de modo contínuo durante o ano.

O projeto foi desenvolvido em várias etapas e, em cada uma delas, foram maneiras diversificadas de se trabalhar os conteúdos elencados. A primeira delas tratou da preparação para o trabalho com a transversalidade. Após reuniões pedagógicas discutindo o tema com professores, foi possível empreender uma proposta em que os diferentes olhares que cada disciplina poderia enfocar diante do tema da sexualidade dirigiriam o como trabalhar os conteúdos. Por exemplo, na disciplina da Língua Inglesa foi abordada a questão dos apelidos (*bullyings*) que envolvem a sexualidade, sobretudo no que diz respeito aos preconceitos e que, uma vez trabalhados esses preconceitos, a possibilidade de superá-los aumenta.

Uma outra etapa foi o desenvolvimento das atividades pelos alunos na perspectiva da transversalidade na forma de projetos e frentes de trabalho. A proposta foi a de envolver o tema da sexualidade e suas intersecções com as disciplinas; como, por exemplo, as implicações culturais da forma como se lida com a sexualidade nas diversas etnias e sociedades, o que envolve as disciplinas de Artes, Geografia, História, Sociologia, Filosofia e Língua Portuguesa.

Numa terceira frente de trabalho foram desenvolvidas pesquisas como estratégias de conhecimento do contexto escolar referente aos comportamentos sexuais e de gênero. Os alunos e alunas do EMIEP se organizaram em grupos que se articularam em eixos temáticos, tais como: sexualidade; emoções que envolvem o "ser" adolescente; *bullying*; vulnerabilidade e prevenção da saúde (nas diversas dimensões: DST/Aids, gravidez precoce etc.). As pesquisas/projetos utilizaram diversos instrumentos de investigação (questionários, entrevistas, pesquisa bibliográfica) e técnicas de pesquisa, introduzindo os alunos também em conteúdos de disciplinas como Matemática (estatística) e Informática, além de contribuir para conhecimentos na área de Sociologia, Psicologia, Saúde e Educação com os temas investigados.

Ao findarem o levantamento de informações e organizarem os dados do que foi obtido, houve a socialização e troca das experiências e do material investigado com a comunidade escolar e no seu entorno como parte do desenvolvimento do projeto. Isto é, os alunos atuavam como multiplicadores e divulgadores dos conhecimentos produzidos pelo projeto de que participaram. Com a orientação dos professores, foram desenvolvidas diversas formas de compartilhamento dos significados produzidos pelos projetos; além de oficinas e palestras, foram realizadas exposições de *banners*, peças de teatro, números de dança em que se problematizavam os estereótipos, as crenças e os valores sobre as diferenças de gênero e sexuais.

No teatro, por exemplo, foram realizadas dramatizações sobre situações cotidianas, como a gravidez e maternidade na adolescência, os posicionamentos dos diferentes personagens (pais dos adolescentes, a mãe e o pai adolescente, o bebê). Nas danças, a inversão de papéis de gênero e o trabalho com músicas relacionadas à identidade de minorias sexuais. Eram estratégias que pretendiam disparar o questionamento e a mudança de posição, para refletirem sobre os juízos, sentimentos e ações diante do outro/diferente.

O resgate histórico, demonstrando as mudanças e transformações sobre as concepções e ações diante das diferenças sexuais e de gênero (na música, na dança, no cotidiano), e uma proposta prospectiva, no sentido de pensar a sexualidade e o gênero no futuro, foram também outras estratégias utilizadas nos projetos desenvolvidos pelos alunos. Cabe ressaltar, também, o incentivo do projeto na sensibilização da comunidade escolar e do seu entorno sobre o tema no sentido de desenvolver valores como solidariedade, respeito, justiça e democracia no que se refere aos direitos sexuais, reprodutivos e de gênero.

Avaliação e resultados

O projeto atingiu aproximadamente 800 alunos na escola e os demais membros da comunidade escolar (professores, gestores e funcionários), além das famílias (convidadas a participarem das atividades de apresentação).

O processo de avaliação não foi sistemático. As atividades foram acompanhadas constantemente pela equipe proponente e pelos alunos. Foi sistemática a avaliação em relação aos conteúdos disciplinares (articulados ao tema central do projeto) a partir dos mecanismos definidos pelos professores em suas disciplinas. A coordenadora aponta que:

> A experiência proporcionou aos alunos, professores e demais membros da comunidade escolar, aprendizagens em diversos campos e áreas, porém, destacam-se as aprendizagens inter-relacionais, que remetem à quebra de tabus para conversar sobre a sexualidade, a diminuição dos preconceitos e receios ao se falar e manifestar a sexualidade, assim como sobre os comportamentos de risco em relação à sexualidade.

Em visita à escola foi possível, em conversas informais com os participantes, perceber a positividade das atividades realizadas no que se refere ao protagonismo. Atuarem como protagonistas do projeto e poder desencadear discussões nas quais se perceberam "produtores" proporcionou autoestima positiva para alunos e alunas. Nessas conversas percebemos questionamentos sobre valores e crenças presentes no cotidiano sobre a sexualidade e o gênero, redimensionando mudança de valores acerca de seus posicionamentos em relação às desigualdades sociais.

Do mesmo modo com os professores que participaram e atuaram no projeto, podemos supor que houve sensibilização para a garantia de direitos humanos daqueles que têm orientação sexual e identidade de gênero diferente do modelo dominante (heteronômico e androcêntrico). Assim, percebemos que não só para os alunos, mas também para os professores, foi produzido um espaço de educação em valores morais e éticos.

Limites e dificuldades

A relatora identifica alguns limites e dificuldades no desenvolvimento do projeto. Para ela, o trabalho com todo o contingente de pessoas que se reúnem na escola significa lidar com inúmeras personalidades com valores ora solidários e fraternos, ora discriminatórios e excludentes. Além disso, aponta a existência de identidades de grupo que se formam no cotidiano, inviabilizando as trocas entre os demais colegas. Esse foi o grande desafio da coordenação do projeto diante da trama de relações, personalidades e identidades, dentre as quais algumas que conservam atitudes discriminatórias e preconceitos muito rígidos.

Outra demanda desafiadora foi a ação de coordenar as relações interpessoais e o trabalho escolar para se atingir a consciência de todo o processo do projeto por parte de todos os sujeitos envolvidos. O limite do tempo e da curta convivência (apenas um ano) com que a equipe proponente do projeto pôde trabalhar em conjunto não foi suficiente para provocar a consciência de todos os profissionais e estudantes sobre o projeto enquanto metodologia mais eficiente de trabalho e nem tampouco em torno dos temas de gênero e sexualidade enquanto tabu a ser objeto de reflexão da escola.

Em função dos limites e dificuldades citados, os aspectos em relação à efetivação do trabalho com a transversalidade também podem ser considerados como um desafio no projeto. Os fundamentos teóricos e metodológicos de uma possível articulação do tema da sexualidade com uma proposta de educação em valores é pouco explicitada no desenvolvimento do projeto. Essa lacuna parece ser bastante comum em outras experiências em educação em valores dado o seu caráter de "projeto paralelo" e provisório da escola, e devido a poucas informações a respeito de exemplos sobre propostas semelhantes (razão pela qual a proposta deste livro se justifica, que é a de oferecer exemplos bem-sucedidos de projetos educativos em valores e fundamentar tais experiências). Entretanto, podem-se elencar algumas contribuições do projeto ao propor o trabalho do tema sexualidade no âmbito da educação em valores. Propomos algumas considerações a partir de contribuições para o campo da educação de autores da psicologia e da filosofia moral.

Desdobramentos para uma Educação em Valores

O projeto "Vivendo as diferenças" tem aspectos que consideramos relevantes no desenvolvimento de um processo de educação moral e em valores.

Antes de tudo, é preciso salientar que o tema não é comum ao se pensar uma proposta de educação moral e em valores. Nem sempre vemos esses temas articulados com um projeto de educar em valores morais e éticos, num olhar laico da escola, apesar de percebermos uma relação intrínseca entre eles, a saber: a) a sexualidade e o gênero são categorias que fazem parte do cotidiano da escola; b) o trabalho educativo com a diversidade e a diferença exigem uma perspectiva ética; c) essa perspectiva deve se fundamentar em uma construção de valores relacionados ao cuidado, à solidariedade, ao respeito consigo mesmo e com o outro.

Sobre o cotidiano e a moral, Cortina e Martínez (2005) salientam que a moral refere-se ao plano prático no qual gerações transmitem normas, leis e regras sociais de um contexto. Desse modo, a moral tem o cotidiano como tema quando busca a formação do caráter, e define um saber prático, um saber para atuar. O plano ético busca a reflexão sobre a formação do caráter. Num sentido filosófico, são estabelecidos critérios e princípios de juízos que buscam a resolução de problemas morais. Na moral perguntamos "o que devemos fazer?" e na ética a pergunta é "por que devemos?" (Cortina e Martínez, 2005, p. 20).

Como parte do cotidiano, sexualidade e gênero são temas da moral no sentido de fazerem parte do mundo prático no qual alunos e alunas, professores e professoras, têm construído juízos e pautas de conduta diante das diferenças sexuais e de gênero. O modo como tais juízos e ações são justificados podem causar conflito com princípios éticos universais, gerando a problematização do saber prático até então vigente. Assim, a ética reflete sobre a moral, considerando que uma de suas funções é a de estabelecer o sentido do esforço humano de viver moralmente, bem como aplicar tal sentido em todos os âmbitos da vida social, considerando uma moral crítica, que dialoga com as perspectivas existentes e a busca de convergências.

Do modo exposto, a ética nunca é neutra. Uma perspectiva ética é necessária para orientar as ações e pensamentos, e a educação escolar tem como finalidade a produção de espaços de discussão para a construção de uma ética vinculada a valores como os de solidariedade, justiça, equidade, respeito nas relações entre todos e todas.

Tais valores estão não somente agregados às pautas de relacionamento com o outro, mas também consigo mesmo, dado que a perspectiva moral pode ser referendada no outro e no eu. No projeto, a perspectiva referendada no outro foi contemplada ao fomentar relações sociais pautadas no respeito às diferenças e problematizando o rompimento da hierarquização ou valoração negativa dessas. A partir de orientações de documentos, mas também da reflexão e discussões coletivas nas dramatizações e pesquisas, o projeto contemplou a perspectiva referendada no eu. Nessas atividades, foram privilegiados valores como os de cuidado e respeito como fundamentais para dar conta de práticas sexuais saudáveis do ponto de vista físico e psicológico. Assim, o projeto pretendeu educar em valores morais que articulam a perspectiva do outro quanto à de si mesmo. Felicidade e justiça aqui são perspectivas éticas nas quais a vida digna, isto é, "o viver garantindo no presente e no futuro uma otimização sustentável da vida" (Puig, 2007, p. 67), não anula os direitos coletivos e pessoais.

O tema sexualidade,[3] como eixo de trabalho com o respeito às diferenças, vincula-se à urgência da educação contemporânea em fomentar o aprender a viver. Para Puig (2007), aprender a viver torna-se fundamental na condição de indeterminação humana, e exige uma educação completa na qual se incluam todos os aspectos da experiência humana: aprender a ser (autoética); aprender a conviver (alter-ética); aprender a participar (socioética); aprender a habitar o mundo (ecoética). Todas essas dimensões são conectadas e indissociáveis.

No projeto "Vivendo as diferenças", tais dimensões são contempladas em grande parte pelas atividades desenvolvidas. O engajamento dos jovens e adolescentes no projeto viabilizou um espaço do aprender a participar (socioética). O envolvimento foi intensificado quando as atividades referiam-se a conhecimentos necessários e articulados com as demandas dos jovens e adolescentes no sentido da viabilidade do conhecimento de si mesmo, do reconhecimento de valores, em suas contradições e afirmações sobre o tema e de suas implicações sobre o eu e o outro (autoética). Por outro lado, os espaços de reflexão e vivências construídos funcionaram como fóruns de discussão sobre a convivência (alter-ética), talvez o aspecto mais ressal-

---

3. Poder-se-ia destacar outros temas também relevantes, e o que atravessa a maioria deles é o desafio da educação para/na diversidade como finalidade da educação escolar. Proposta bem fundamentada e discutida no trabalho de Postman (2004).

tado do projeto, no qual a diferença foi pauta de confrontos e posicionamentos sempre dialogados e com a finalidade de desenvolver valores como respeito e dignidade. Por fim, implicada em relação às demais, a tarefa educativa do projeto em proporcionar o sentimento de coletividade para além dos muros da escola defendeu a responsabilidade de cada um na construção de uma sociedade justa e solidária, e as consequências de cada ação sobre a coletividade e o compromisso com o futuro da humanidade[4] (ecoética).

Cabe ressaltar mais uma vez o papel do protagonismo dos jovens e adolescentes, em conjunto com a orientação dos professores, como uma estratégia positiva do projeto na efetivação da educação moral e em valores. A ação dos participantes sobre os objetos de conhecimento eleitos como focos do projeto é parte fundamental na construção de novos conhecimentos. Mais ainda, o caráter *co-operativo* do projeto desencadeia processos de reflexão e mudança de perspectivas (Piaget, 1932/1994). As ações na forma de projetos e pesquisas acerca da sexualidade e gênero, fazem com que se produzam espaços de reflexão e problematização orientados pelas demandas dos alunos e alunas da escola (Araújo, 2002; 2003).

Queremos ressaltar que o projeto oferece elementos para o planejamento de uma educação em valores com o tema gênero e sexualidade a partir de espaços de sensibilização e reflexão, extrapolando as perspectivas tradicionais em educação que depositam apenas na racionalidade e no conteudismo a eficiência na construção de valores.

Encontramos em Puig (2004) essa crítica ao modelo tradicional pontuando o conceito de práticas morais como disparadores da construção de valores, ou "espaços de experiência formativa" (p. 194). Aqui coloca o papel do educador como aquele que planeja as práticas e constrói os meios para a sua problematização, tendo como objetivo a

---

4. Ressaltamos aqui o aspecto da autoética voltado para uma ética global e planetária, ou seja, para além da relação do homem com a natureza (ecológica), incorporando a responsabilidade com o futuro da humanidade, ou, como diz Puig (2007), uma ética com vontade de universalidade, na qual há consciência da conexão entre todos nós de um destino comum.

reconstrução do mundo da vida das escolas, a criação de um espaço que, em si mesmo, seja educativo [...] é preciso que os educadores imaginem formas de convivência escolar e formas de aprendizagem que predisponham a viver e aprender de acordo com certos princípios e valores (Puig, 2004, p. 195).

Tais práticas devem servir para a apropriação e reflexão de determinados valores presentes no contexto sociocultural dos sujeitos envolvidos e de valores universais calcados em princípios de justiça (formalismo e universalismo), numa perspectiva dialógica da construção da moral.

Ao oportunizar o espaço de diferentes discursos sobre a sexualidade e o gênero, o projeto tem coerência com fundamentos que se aproximam de uma ética dialógica. No sentido dado por Habermas (1989), na ética dialógica (ou discursiva), a racionalidade comunicativa é a via da produção de um *ethos* no qual os acordos e negociações são possíveis. A ética dialógica refere-se a um procedimento para examinar normas propositivas e hipotéticas sobre questões práticas. Trata-se de agir comunicativamente, voltando-se para o entendimento mútuo. Nesse sentido, valores do contexto sociocultural têm uma pretensão de validez intersubjetiva, são candidatos a materializarem-se como universais. É nesse confronto e negociação, baseados em princípios de justiça, que são produzidos os valores, eticamente validados, reguladores da vida social.

Mas além da racionalidade como procedimento, não estão deixados de lado na experiência do projeto os aspectos que envolvem a sensibilidade ética impactada pelas produções artísticas dos alunos, que trazem à tona sentimentos e afetos diante das histórias. O exercício de dramatização, realizado no projeto, tanto para quem assiste quanto para quem atua, é rico na mudança de perspectivas que mobilizam. Puig (2004) menciona esses aspectos no âmbito de oficinas[5] em

---

5. Nesse contexto, entende-se por "oficinas" um conjunto de atividades de um grupo a respeito de conflitos morais vividos no cotidiano. Assim, torna-se possível a experiência com a clarificação de valores, com a deliberação de ações e a reflexão sobre possíveis práticas morais.

que o trabalho com temas dilemáticos e do cotidiano fazem surgir práticas morais.

A proposta do projeto não foi a de moralizar a educação sexual e gênero, mas trazer de maneira transversal a educação moral para problematizar as diferenças hierarquizadas, já que ela se propõe a, no sentido que estamos defendendo, fazer circular os sentidos produzidos pelos sujeitos e disparar a negociação de significados para construir um ponto em comum sem cercear os direitos do outro.

Referências bibliográficas

ARAÚJO, U. F. *A construção de escolas democráticas*. São Paulo: Moderna, 2002.

_____. *Temas transversais e a estratégia de projetos*. São Paulo: Moderna, 2003.

CORTINA, A.; MARTÍNEZ, E. *Ética*. São Paulo: Loyola, 2005.

HABERMAS, J. *Consciência moral e agir comunicativo*. Rio de Janeiro: Tempo Brasileiro, 1989.

PIAGET, J. *O juízo moral na criança*. São Paulo: Summus, 1932/1994.

POSTMAN, N. *O fim da educação*: redefinindo o valor da escola. Rio de Janeiro: Graphia, 2004.

PUIG, J. M. *Práticas morais*: uma abordagem sociocultural da educação moral. São Paulo: Moderna, 2004.

_____. Aprender a viver. In: ARANTES, V. A. (Org.). *Educação e valores*: pontos e contrapontos. São Paulo: Moderna, 2007. p. 65-106.

2

Projeto T.E.S.E. e diretor de turma:
a experiência de Camocim*

Camocim/CE
Patricia Unger Raphael Bataglia — Unesp

O contexto

Camocim fica a 365 km de Fortaleza (CE) e tem uma população estimada em 58.470 habitantes. É uma cidade litorânea e com economia voltada principalmente ao turismo. Possui 73 escolas de Ensino Fundamental e apenas três que ministram Ensino Médio. Uma dessas é a Escola Monsenhor Expedito da Silveira de Sousa, cujo diretor, Sr. Paulo Sérgio Fontenele, relatou a experiência que consideramos realmente como bem-sucedida.

---

* Agradecemos ao relator desse projeto, Paulo Sérgio Fontenele.

A experiência teve início em 2008 a partir de um projeto do governo do estado do Ceará chamado "Escola Estadual de Educação Profissional", com a abertura de 25 escolas. Hoje há 60 escolas nesse mesmo formato em atendimento às Leis de Diretrizes e Bases que preveem as escolas profissionais e o programa do governo federal "Brasil Profissionalizado". A intenção do governo previa para 2012 a existência de 150 escolas funcionando, ou seja, aproximadamente um quarto das escolas estaduais de Ensino Médio do estado do Ceará.

Como funciona a escola?

A escola funciona em tempo integral. O aluno entra às 7h00 e sai às 17h00. O Ensino Médio é integrado ao Ensino Profissional. A carga horária é de aproximadamente 5.400 horas e o aluno se forma com o Ensino Médio concluído e um Curso Técnico. Atualmente, há nessa escola Enfermagem, Turismo, Hospedagem e Informática atendendo aproximadamente 250 alunos, com 18 professores, sendo três da formação profissional e 15 do Ensino Médio. Os cursos oferecidos pelas escolas atendem à vocação da região e podem ser alterados de acordo com a avaliação que fizerem a respeito da necessidade de continuidade ou de introdução de nova área em função do mercado.

Os alunos tomam dois lanches por dia e almoçam na escola. A capacidade máxima dessas escolas é de doze turmas, ou seja, quatro cursos profissionalizantes e três anos de curso. Estão sendo construídas no estado 30 escolas-padrão com oito laboratórios, auditório, ginásio coberto, biblioteca com 30 mil títulos — uma estrutura muito interessante.[1]

Mas qual a relação entre a experiência vivida nessa escola e o trabalho com valores? O Prof. Paulo Sérgio nos conta que tal relação se dá em função da junção de dois projetos distintos: a implementa-

---

1. Há um vídeo do modelo dessas escolas. Disponível em: <http://www.youtube.com/watch?v=0O1J4u0hnXg>.

ção da filosofia de gestão em que se assenta o projeto, nomeada T.E.S.E. (Tecnologia Empresarial Sócio-Educacional) e do Projeto Diretor de Turma.

O Projeto T.E.S.E.

A T.E.S.E. é uma filosofia de gestão adaptada da TEO (Tecnologia Empresarial Odebrecht). A história dessa parceria entre escola e empresa se deu por meio do ex-presidente da Philips e atual presidente do Instituto de Corresponsabilidade pela Educação (ICE), Marcos Magalhães, que foi aluno do Ginásio Pernambucano. Depois de muitos anos afastado da realidade escolar, retornou ao antigo Ginásio e tomou contato com o estado caótico da sua escola, em particular, e da escola pública de modo geral. Marcos Magalhães, então, se sensibilizou e decidiu ajudar. Em sua avaliação, o problema era de gestão. Ele propôs ao estado de Pernambuco uma parceria, criou o ICE e reformou o Ginásio. A partir dos resultados do Ginásio, o modelo passou a se expandir por outras escolas estaduais de Ensino Médio. Hoje, no estado do Pernambuco, há mais de 100 escolas de Ensino Médio replicando essa filosofia de gestão que foi sintetizada no projeto chamado T.E.S.E.

A T.E.S.E. é ao mesmo tempo uma filosofia de gestão empresarial, mas também é um projeto humanístico, e se assenta nos quatro pilares da educação contidos no relatório de Delors (1996): aprender a ser, a fazer, a conviver e a aprender. Um dos princípios da T.E.S.E. é a elaboração anual de um Plano de Ação. Esse plano tem cinco premissas: a atitude empresarial de educadores e educandos, o protagonismo juvenil, a formação continuada dos professores, a corresponsabilidade e a replicabilidade.

A atitude empresarial envolve a avaliação dos resultados. Por exemplo, se um aluno teve resultado negativo, ele é chamado para avaliar seus resultados e traçar novas metas. Para uma avaliação mais ampla, o aluno elabora, assim que entra na escola, um Projeto de Vida.

Esse projeto é revisitado periodicamente para verificar se os resultados estão sendo alcançados ou se novos projetos devem ser desenhados. O relator do projeto esclarece que eles trabalham com três possibilidades: inserção no mercado de trabalho, ingresso na universidade ou se tornar empreendedor da própria vida. A atitude empresarial tem justamente a conotação de **empreender a própria vida**.

O protagonismo juvenil envolve a conscientização do papel do aluno em relação a sua própria vida, à busca de resultados e, em suma, da felicidade. Trabalhou-se inicialmente com teatro e música, para que os alunos entendessem o que significa ser um protagonista, ou seja, o papel central em uma peça ou em um show. Em seguida, trabalhou-se o protagonismo do aluno em sala de aula, ou seja, cada qual deve buscar os caminhos para atingir as metas de sua vida. Aí se vincula também o princípio da corresponsabilidade que prevê alunos e professores em inter-relação para a construção do conhecimento, isto é, a responsabilidade não é nem toda do aluno, nem toda do professor.

Os professores têm dentro da escola uma formação continuada. É, segundo o relator, o que todo professor pede, ou seja, que ele possa ter, além do tempo de sala de aula, um tempo de estudo e preparação. Quando a escola não pode oferecer alguma formação pela SEDUC (Secretaria de Educação) ou pela Regional (CREDE 04), o professor é estimulado a buscar cursos a distância, ou presenciais, mas, como diz o professor Paulo Sérgio, que "busque sempre". Todo professor deve cumprir uma carga horária anual de formação continuada e ele é constantemente estimulado a isso, e até cobrado. O diretor e coordenadores perguntam ao professor qual a formação que ele está desenvolvendo e não admitem que o seu tempo de formação seja ocupado com outras tarefas, como preparação de aula, porque o professor também tem um tempo previsto para preparação de material didático. Há, ainda, um horário coletivo por área e uma oficina interdisciplinar. Semanalmente, há uma reunião de *alinhamento* na hora do almoço. Nessa reunião, são discutidas as atividades desenvolvidas, projetos em andamento e futuros. Mensalmente, há um planejamento de quatro horas com a equipe toda, incluindo o pessoal da cozinha, portaria, secretaria, por-

PROJETOS BEM-SUCEDIDOS DE EDUCAÇÃO EM VALORES   45

que esse é um princípio: todos são educadores. Na organização da escola, há quatro setores: pedagógico, administrativo, financeiro e jurídico, mas os três últimos estão a serviço do pedagógico. O projeto político-pedagógico está ainda em formação, pois querem montar algo com "a cara da escola e não algo puramente formal".

Outro princípio é a replicabilidade, ou seja, a transmissão dessa forma de trabalho para que seja aplicada em outras escolas. Para isso, há frequentes visitas dos alunos a outras escolas, apresentando o projeto T.E.S.E. e outras ações impactantes. A replicabilidade depende do desenvolvimento de uma postura de delegação planejada, ou seja, os líderes devem preparar e formar os seus sucessores.

Além de filosofia de gestão, a T.E.S.E. é também uma disciplina que o aluno tem semanalmente. Nessa disciplina, são trabalhadas as premissas da T.E.S.E. antes mencionadas.

O ingresso de alunos na escola é feito pela análise do boletim do Ensino Fundamental (último ano). No primeiro ano de implantação, houve pequena concorrência, visto que a comunidade ainda não conhecia essa forma de trabalho. No segundo ano, com a apropriação pela comunidade do trabalho desenvolvido na escola, já foi diferente, houve uma seleção pelas notas e até uma demanda de cotas de vagas para alunos egressos da escola particular.

O concurso para os diretores dessas escolas foi bem criterioso com provas, entrevistas, curso de 40 horas para que os escolhidos se comprometessem comprometidos com os objetivos e princípios desse trabalho. Para essas escolas profissionais, o perfil requerido era o de gerente; por isso, não houve a eleição paritária como ocorre nas escolas estaduais do Ceará.

Projeto Diretor de Turma

O Projeto Diretor de Turma chegou ao conhecimento da Secretaria de Educação do Ceará por meio de um Seminário promovido pela

Associação Nacional de Política e Administração da Educação (ANPAE). Esse projeto é uma ação desenvolvida nas escolas públicas de Portugal e foi trazido para o Brasil e integrado ao projeto das escolas profissionais, e agora nas escolas regulares.

No início do ano, são identificados dentre os professores aqueles que têm um perfil de articulador, negociador, que trabalhe bem em grupo e que goste de gente. Esse será o diretor de uma turma, ou seja, de uma classe. O diretor de turma tem cinco horas na sua carga horária para: produzir o Dossiê (documento de acompanhamento da turma), para atendimento aos pais com ou sem agendamento, para ministrar a disciplina *Formação para a Cidadania* e uma hora de atendimento ao aluno. Ele é o presidente do Conselho de Turma que acontece ao final de cada bimestre. Nesse Conselho, cada aluno é avaliado e são feitos os encaminhamentos. O diretor de turma acompanha a turma pelos três anos e recebe um treinamento para que acompanhe sem ser superprotetor ou se torne "pai" ou "mãe" da turma.

A disciplina "Formação para a Cidadania" está na parte diversificada do currículo e trabalha aquilo de que a turma mostra necessidade no momento. Uma das diretoras de turma exemplificou seu trabalho nessa disciplina contando a seguinte situação:

> Estive em licença maternidade e retornei às atividades há aproximadamente um mês. A colega que estava me substituindo havia feito vários mapas de sala porque havia na classe problemas de relacionamento. Quando cheguei os alunos perguntaram se eu faria outro mapeamento. Eu disse que não adiantaria mudar de lugar se não trabalhassem os relacionamentos. Dediquei então a aula de cidadania ao trabalho sobre o relacionamento pessoal dos alunos. (Diretora de Turma)

Outra tarefa do Diretor de Turma é organizar os grupos de estudo. Em cada disciplina há um aluno que assume o papel de coordenador de estudos. Esse aluno é alguém que mostra maior proficiência nessa disciplina e tem o papel de apoiar um grupo com maior dificuldade.

Outras atividades desenvolvidas no projeto

As aulas de campo são realizadas sempre que possível. Há um ônibus com 32 lugares à disposição da escola e a Secretaria da Educação autoriza que rodem aproximadamente 2.400 km por mês. Isso é importante, em especial para as aulas específicas, da área técnica, pois podem proporcionar aos alunos vivência no campo de trabalho em que estão se formando.

A escola incentiva bastante a participação e a presença da família. As portas estão abertas para que os educadores familiares, como são chamados os parceiros da família, possam conversar com o Diretor da Turma ou com coordenadores, ou ainda possam assistir a uma aula. Durante a visita que realizamos, de fato notamos a presença de pais na sala de aula.

Realizam periodicamente um Fórum da Família em que os pais, alunos e professores possam discutir o que pode ser melhorado. Um exemplo disso foi a discussão a respeito da avaliação. O sistema de avaliação previa, além do aspecto qualitativo, uma nota composta de uma prova, trabalhos em grupo e trabalhos individuais. Os alunos ponderaram que permanecendo na escola por dez horas diárias era difícil a realização de trabalhos extra. A avaliação foi revista e agora os trabalhos individuais e em grupo podem ser realizados também durante o horário escolar. Essa foi a decisão de todos após discussão em plenária.

Há, ainda, a disciplina TPV (Temáticas, Práticas e Vivências) que aborda assuntos atuais de interesse da turma, como, por exemplo, sexualidade, futuro, violência, dentre outros. São oferecidos vários temas e os alunos escolhem um. Na sexta-feira, nos dois últimos horários, os grupos se reúnem para estudar o tema escolhido e produzem trabalhos que podem ir para a feira de ciências, para festivais, mostras etc.

Relação com a comunidade

A comunidade olha com muita admiração o trabalho das escolas com esse projeto. Em outras escolas, há sempre a crítica de que os pais não compareçem, mas no projeto, os pais não só compareçem quando chamados, quanto opinam, participam e são verdadeiros parceiros. A renda média dos pais dos alunos é de 1 salário a 1,5 salário e são pessoas que valorizam a educação.

Depoimentos de alunos

Durante a visita tivemos oportunidade de gravar o depoimento de vários alunos. A seguir alguns recortes que evidenciam a satisfação com o projeto:

"É uma educação revolucionária, valoriza o antigo que precisa ser resgatado, mas inova, integra... trabalhamos o aprender a ser, viver, conviver e a aprender. É um modelo muito interessante. No exterior o Ensino é integral. Aqui, esse projeto começou com o ensino médio, mas daqui há alguns anos vai para todos os anos."

"Eu destaco o Diretor de Turma. É alguém próximo. As coisas mais simples são levadas ao diretor de turma. Tem função de acompanhar o educando."

"A aula de campo é importante para aprender também fora de sala de aula, podemos aprender fora da escola."

"No começo é bem difícil, mas a gente acostuma com o tempo, provas, trabalhos."

"Eu destaco a formação profissional e formação para ser um exemplo de cidadão e a TESE que trabalha muito a postura da pessoa, não só na escola, mas na vida."

"Na escola regular eu só estudava um período, aqui é integral. É mais cansativo, mas a gente se acostuma e acaba que nem percebe mais. Passa rápido."

"Na escola normal é diferente, aqui o professor é mais próximo, o professor chega pra conversar. Os professores ficam juntos, almoçam com os alunos. As dificuldades que nós temos, a gente conversa e eles mostram algo mais."

"Eu acho maravilhoso. Quando eu soube que aqui ia ter esse projeto, eu quis vir logo. Tenho oportunidade de fazer um bom curso. A gente vê a preocupação com o aluno do diretor ao porteiro."

"O que faz a diferença é a metodologia de ensino, permite que nós tenhamos um diferencial no mercado de trabalho."

"É uma oportunidade única."

Análise da experiência

Essa experiência pode ser considerada bem-sucedida do ponto de vista da construção de valores por vários motivos, dentre os quais se destaca o envolvimento de toda a comunidade escolar em uma forma de trabalho que não se restringe à introdução de uma disciplina, mas a um método. É importante destacar que tivemos a oportunidade de conversar com vários representantes de todos os segmentos funcionais: diretor, coordenadores pedagógicos, funcionários, professores e alunos. Pudemos participar de um dia todo de atividades, almoçar no refeitório com todos reunidos, observar a sala de aula, participar de uma reunião com os professores, além das entrevistas individuais. Em todos os momentos foi presente o domínio sobre o conhecimento desse método e a satisfação em falar sobre a experiência.

Segundo Cavaliere (2007), o projeto de escola pública em tempo integral vem sendo discutido no Brasil desde a abertura democrática na década de 1980. A autora chama a atenção para a importância de refletirmos não apenas no aumento de número de horas da criança ou adolescente na escola, mas fundamentalmente na busca de qualidade desse tempo.

Parece-nos que o projeto aqui relatado cumpre perfeitamente essa necessidade, uma vez que, ao lado da oferta do tempo integral, há uma diversificação de atividades que conta com ensino formal, profissional e formação cidadã. Essa formação não se limita a conteúdos inseridos em disciplinas, mas a uma forma de gestão que valoriza a participação de todos nas decisões. Um exemplo disso foi a forma como a avaliação foi repensada a partir de uma crítica dos alunos.

Parece-nos importante mencionar também que todos os entrevistados mostraram comprometimento com o projeto, o que é fator fundamental para o sucesso. Isso se vincula à valorização do papel do professor. Um dos entrevistados mencionou que quando trabalhava em outra escola, se via como um operário produzindo aulas, uma vez que tinha que assumir várias disciplinas que não eram de sua formação para cumprir um mínimo da carga horária. Isso levava a um estresse imenso e a um abandono dos próprios princípios ligados à função de educar. Carlotto e Palazzo (2006) discutem como o modelo educacional seguindo o modelo de produtividade leva a uma despersonalização, sentimento de diminuição da relação pessoal no trabalho e, por conseguinte, ao desenvolvimento mais e mais frequente da chamada síndrome de *Burnout*.

O trabalho relatado nesse projeto, apesar da denominação "Tecnologia Empresarial Sócio-Educacional", ou seja, um apelo a técnicas e a colocação da escola como empresa, não funciona produzindo peças à custa de uma maquinaria. O nome do projeto de fato encaminha o observador para uma crítica precipitada. Fica evidente na observação e nas entrevistas que não se trata de uma tecnologia (conjunto de técnicas aplicadas), mas de um método na acepção dada por Morin: "atitude intelectual que busca a integração das múltiplas ciências e de seus procedimentos cognitivos heterogêneos, tendo em vista o ideal de um conhecimento eclético e complexo" (Houaiss, 2001).

Percebemos que algumas vezes os entrevistados mencionam os parâmetros de avaliação externa para dizer da qualidade do ensino; entretanto, o que eles têm em mãos é muito mais do que primeiros ou segundos lugares, e na fala dos alunos isso fica claro: "é uma oportunidade", é "a preocupação com o aluno: do porteiro ao diretor". Os alunos identificam na escola **um lugar deles, em que aprendem e convivem**, e isso é o que pensamos ser determinante para o sucesso do projeto.

Retomando os objetivos mais amplos da pesquisa realizada, temos a preocupação de analisar quais valores ou ideais são trabalhados nessa experiência. Revendo as falas de professores e alunos, temos a clara impressão de que há um projeto de educação moral em execução. O ambiente construído é cooperativo, valoriza o respeito mútuo, a solidariedade, a construção da autonomia, e antes de tudo a valorização do ser. Isso é operacionalizado por meio dos projetos mencionados. Quando tomamos os princípios da T.E.S.E., empreendedorismo, corresponsabilidade e o protagonismo juvenil, vem a preocupação com a construção da autonomia, entendida como esclarece Pascual (1999), a capacidade de analisar criticamente a obrigatoriedade das normas.

A conquista da autonomia moral se dá quando a criança aceita pertencer a uma comunidade moral (La Taille, 2002). As condições oferecidas pela escola aqui analisada fornecem as condições essenciais para o desenvolvimento da autonomia moral, na medida em que a educação ocorre em um ambiente democrático e por agentes que valorizam uma postura democrática com participação ativa dos alunos nas decisões e oportunidades de reflexão dirigida.

Como todos os projetos, percebemos limitações ou barreiras a serem enfrentadas como a dificuldade de formação de professores em uma região afastada da capital do estado. Isso tem levado o diretor a buscar o recurso de Educação a Distância (EAD). Outra limitação é a dependência governamental, isto é, a mudança de governo pode desativar o projeto, uma vez que se trata de uma proposta do governo.

Enfim, como temos visto em vários projetos coletados por essa pesquisa, há limitantes e barreiras a serem superadas em vários níveis. Nossa esperança é de que a persistência do diretor e o entusiasmo de todos os envolvidos possam ser recompensados com o que é o ideal de todos os projetos: a continuidade e a melhoria constantes.

Referências bibliográficas

CARLOTTO, Mary Sandra; PALAZZO, Lílian dos Santos. Síndrome de Burnout e fatores associados: um estudo epidemiológico com professores. *Cad.*

Saúde Pública, Rio de Janeiro, v. 22, n. 5, maio 2006. Disponível em: <http://www.scielosp.org/scielo.php?script=sci_arttext&pid=S0102-311X2006000500014&lng=en&nrm=iso>. Acesso em: 15 jan. 2011.

CAVALIERE, A. M. Tempo de escola e qualidade na educação pública. *Educ. Soc.* [on-line], v. 28, n. 100, p. 1015-1035, 2007. Disponível em: <http://www.cedes.unicamp.br>. Acesso em: 12 jan. 2011.

DELORS, J. (Coord.). Os quatro pilares da educação. In: *Educação*: um tesouro a descobrir. São Paulo: Cortez, 1996. p. 89-102.

HOUAISS, A. *Dicionário Houaiss da língua portuguesa*. 1. ed. Rio de Janeiro: Objetiva, 2001

LA TAILLE, Y. de. *Vergonha, a ferida moral*. Petrópolis: Vozes, 2002.

PASCUAL, Jesus Garcia. Autonomia intelectual e moral como finalidade da educação contemporânea. *Psicol. Cienc. Prof.* [on-line], v.19, n. 3, p. 2-11, 1999.

3
A escola dos muitos projetos*

Camaragibe/PE
Luciene Regina Paulino Tognetta

A vida aqui só é ruim
Quando não chove no chão
Mas se chover dá de tudo
Fartura tem de montão
Tomara que chova logo
Tomara, meu Deus, tomara
Só deixo o meu Cariri
No último pau-de-arara

Pau-de-arara, Fagner

A escola Jarbas Passarinho é uma das muitas escolas públicas de Camaragibe, uma cidade bem próxima à capital de Pernambuco,

---
* Agradecemos à relatora desse projeto, Aiza Arôxa.

Recife. Embora tão próxima à bela capital nordestina que recebe turistas em belas praias cantadas em versos (como Boa Viagem), Camaragibe nada tem de parecido com Recife. Com esgoto correndo a céu aberto, ruas estreitas e muitas sem condição alguma de circulação de veículos pelos inúmeros montes de entulhos que se aglomeram, Camaragibe parece guardar apenas como semelhança, além do sol estonteante de todo o Nordeste, o bom e velho sorriso do seu povo acolhedor.

Com som alto pelas ruas de extenso comércio onde se pode encontrar de geladeiras a blusinhas em liquidação anunciadas nos alto-falantes, os que trafegam por Camaragibe se desdobram por passar de um lado para outro entre tantos transeuntes, bicicletas, vendedores ambulantes, portinholas abertas e ruas sem saída. Essa é a visão que fica ao menos da parte baixa da cidade. Bem no meio de tantas ruelas escondidas, perto de uma reserva de mata, fica a escola Jarbas Passarinho, em reforma neste momento da visita que ocorreu em setembro de 2010.[1]

A Escola Jarbas Passarinho possui mais de mil alunos matriculados entre os cursos de Ensino Fundamental II, Ensino Médio, além dos muitos alunos dos cursos de línguas ministrados e organizados pela unidade escolar.

Conta com um grupo de mais de trinta professores, três coordenadores, oito merendeiras e serventes e seus dois diretores — o diretor administrativo e a diretora pedagógica. Com ela passamos boa parte da visita que fizemos à escola e foi a partir de seus relatos que pudemos entender a dinâmica das onze experiências inscritas como bem-sucedidas e encontrar as explicações para as ações e projetos organizados com tanto entusiasmo nesta insitituição escolar.

---

1. Contudo, depois de conhecê-la, percebemos que em reforma absolutamente por todo o tempo de sua existência na gestão da atual direção.

Um pouco de história...

> Há momentos difíceis pela vida
> Que a gente pensa em desistir
> Jogar tudo pro alto
> E pegar mundo afora
> E sumir

A única coisa que eu quero, Zé Ramalho

Aiza Arôxa é diretora pedagógica dessa escola desde 2003. Sua sala em 2003 era uma "banca", o que pode ser traduzido como uma carteira escolar. Hoje a escola conta com uma sala de direção com ar-condicionado, organizada e acolhedora.

Aiza conta que é gestora há 15 anos juntamente com sua equipe que pensa a educação de valores já incorporada em sua prática. A equipe é formada pelo diretor Marcos Vinícius e, em suas palavras, por todos os outros que pertencem àquela escola. Para a diretora, "só se produz com uma equipe e essa equipe é formada por todos, até pelo zelador". É possível perceber nos olhos de Aiza o entusiasmo com que fala da escola e de como sua equipe é responsável pela gestão participativa que nela acontece. Questionada sobre essa "ação contagiante que possibilitou a inscrição de onze projetos como experiências bem-sucedidas em educação moral", Aiza responde que, segundo ela, trata-se de uma questão histórica. Relata que em 2003 ela e o então diretor Marcos Vinícius estavam em outra escola e foram chamados para assumirem a gestão desta unidade escolar, pois ninguém queria assumir a sua direção.

Ressalta que a escola era um caos: os professores não queriam ficar, os alunos morriam de vergonha de dizer que eram da escola. Não usavam uniforme. Tinha dez salas, contudo, apenas quatro funcionando, pois as outras, pelo descaso, haviam literalmente desabado. A escola era pichada e se escorregava nas camisinhas e restos de maconha pelo chão. Geograficamente a escola fica perto da mata atlântica. "Lá era um anexo de tudo o que rolava na escola", comenta a diretora pedagógica.

Quando chegaram à escola, constataram que havia profissionais que resistiram, pois trabalhavam sozinhos para manter os pouco mais de 400 alunos que ali estavam numa escola que comportaria até 1.500 alunos. A escola era desacreditada na Secretaria de Educação e completamente sem credibilidade perante a comunidade em que estava inserida. Chamados a esse desafio, Aiza e Marcos Vinícius disseram que só viriam se viesse a equipe — dois gestores e a equipe compreendida por representantes de todos os seguimentos — um grupo de 25 professores (que quiseram vir com eles entre os quais, 2 funcionários, um deles, voluntário, duas coordenadoras) e também alunos que já tinham incorporado os valores que segundo Aiza foram formados na escola. Era o começo do que ela chama de "contágio". Estrategicamente, queriam mostrar que a escola poderia ser diferente do que era, trazendo a essa instituição pessoas comprometidas e que já haviam provado sua competência no ramo da educação.

Pedido aceito pelo então secretário de educação, começaram as mudanças na escola. Aiza conta que ao entrarem na escola tiveram um choque com os professores, pois esses achavam que estariam "escravizados". Nas palavras de uma das merendeiras atuantes na escola e que estava ali anteriormente à entrada desta nova gestão:

> Todo mundo fazia o que queria ali, na hora que queria e ninguém queria ser mandado fazer diferente. A gente teve que ter regras, entrar na hora certa, sair e muita gente não estava acostumado a isso.

Para Aiza, o motim organizado pelos professores e funcionários da escola era sinal de que o trabalho da nova gestão deveria ser o de se integrar e trabalhar em grupo para que pudessem perceber que a vinda destes novos profissionais não seria para negligenciar todo o esforço dos anteriores, mas para somar-se a eles. Aiza, que também é professora universitária em várias universidades de Pernambuco trabalhando com o tema da gestão participativa, acredita que

> A primeira coisa que o gestor faz ao chegar num novo contexto é diagnosticar. Então eu passei nas salas para conversar com os alunos.

PROJETOS BEM-SUCEDIDOS DE EDUCAÇÃO EM VALORES

Vagarosamente, com muito tato e muitas reuniões de equipe, Aiza foi conquistando, juntamente com aqueles que já estavam engajados e que haviam vindo com ela, os demais a transformarem a escola. Ela resume o que faltava na escola: "faltava água e aula". Faltava tudo, tanto que relata ter por muitas vezes deixado sua "carteira escolar" (o que seria sua sala) para dar aulas de Artes, em que é formada, acompanhada pelo diretor que dava aulas de História para que os alunos não ficassem sem aulas já que vários professores deixaram suas salas...

Questionada sobre sua relação com os professores, Aiza relata que há aqueles que não são ainda envolvidos. Ela percebe que os professores do turno da manhã parecem estar mais integrados à escola e explica que os alunos deste período são em maior número de séries regulares — estão dentro da faixa etária correta e parecem ser mais acompanhados pelas famílias. Constata algumas explicações: os professores da tarde vêm em grande parte de outras instituições de ensino — particulares, já cansados do turno da manhã nessas escolas, muitas vezes chegam irritados, atrasados, deixando os alunos sozinhos aguardando, e quando chegam, querem "recuperar a todo custo o tempo perdido". Os adolescentes, por sua vez, são meninos e meninas fora da faixa etária esperada para as suas séries, são mais velhos e, em sua maioria, "órfãos de pais vivos". São em grande parte da Educação de Jovens e Adultos (EJA) como uma espécie de "correção do fluxo".

Aiza relata que à noite há ainda o "Programa Travessia" do governo federal. Trata-se de um programa de correção de fluxo que corresponde ao Ensino Médio, assim como também há o EJA, que funciona como em outros lugares, e, para completar, o Ensino Médio. Pondera que, atualmente, o olhar da direção está voltado aos problemas da tarde, ainda que à noite o problema que se tem que enfrentar seja a grande evasão por conta do aluno trabalhador.

Perguntamos sobre os problemas morais que geram a necessidade dos projetos que fizeram e fazem. Comenta Aiza que este ano tem acontecido algo que nunca viu:

> A terceira fase da EJA tem que parar todo o programa e só trabalhar educação em valores. O que para a gente é anormal para eles é cotidiano — matam, roubam, fumam.

À procura de soluções, ela e outros professores buscaram parceria com um pastor da Igreja Batista. Afirma que não há uma conotação de cunho religioso nos trabalhos e que a possibilidade dessa parceria surgiu vendo o bom resultado das conquistas deste amigo de uma das professoras — o pastor, em sua igreja. O trabalho que estão fazendo com esses jovens consiste num encontro nos intervalos: para o turno da manhã, a proposta é que escutem um rock gospel — da banda Fruto Sagrado[2] — que fala sobre a questão de quem faz a diferença. Escutam a música e conversam sobre a letra — se reúnem numa sala com a professora de Matemática da escola. À noite, a estratégia é fazer o encontro de jovens itinerante: durante as aulas, os professores de Matemática e de Filosofia vão, em qualquer aula dos colegas, levantar os pontos que querem discutir. A partir desses pontos vão agrupar os assuntos (o pastor vai ajudar a pensar nesses trabalhos, pois já tem a experiência para pensar como vão trabalhar). Aiza comunica todos os professores do que irá acontecer por sugestão dessas professoras e pede outras sugestões por *e-mail* para todos os professores, assim como sempre faz quando precisa envolver o grupo.

Questionamos então como surgem os projetos. Ela responde que os professores se reúnem para pensar um projeto e como vão organizar as atividades do calendário. Os professores recebem uma minuta do planejamento cuja ênfase seja as vivências do PPP (Projeto Político-Pedagógico). Para organizar os projetos cotidianos, "os professores se organizam e cada professor fica responsável por uma parte da atividade", ressalta certa coordenadora de área. Segundo ela, "em aulas também os trabalhos são ligados sempre a valores: os temas surgem na aula e os alunos se reúnem em equipes para preparar e então eu sugiro: vocês têm 30 dias para preparar isso". Ela cita como exemplo os *blogs*, cartazes, panfletos que são criados sobre violência, Aids, drogas, política, nas aulas de Português.

---

2. Uma banda de rock gospel pelo visto muito conhecida na região nordestina.

PROJETOS BEM-SUCEDIDOS DE EDUCAÇÃO EM VALORES

Há uma experiência interessante: ela conta que tinham muitos problemas com o celular entre os alunos. Começaram a perceber que os alunos utilizavam com frequência seu aparelho para registrar fotos dos colegas e de situações muitas vezes vexatórias. Surgiu então uma proposta: pediu aos alunos que criassem mídias para apresentar um trabalho gravando com o celular — vídeo, programas de rádio, jornal... ou seja, usando dessa tecnologia para criar textos. "Quem escolheu o tema foram os alunos. Eu queria que eles desenvolvessem uma comunicação utilizando as mídias, usando as ferramentas que eles quisessem". Um dos exemplos é o que tivemos acesso no endereço <www.idosoct.blogspot.com>.

Fomos, então, em busca do relato e da avaliação dessa experiência por uma das alunas que criaram o *blog*. Segundo ela, o tema escolhido foi o problema do idoso em tempos atuais, porque "nós escolhemos esse tema porque ficamos impressionados com o jeito que algumas pessoas tratam os idosos como pessoas que não servem mais pra nada. Mas a gente pensou: nós seremos idosos também, não terá jeito". Na avaliação da professora: "Só pelo fato de eles conseguirem elaborar todo esse material já estou satisfeita".

Outra experiência nos chamou a atenção no relato da professora: conta ela que certa vez o professor de Química também se utilizou do celular como uma ferramenta para a aula, solicitando que os alunos gravassem os procedimentos que faziam. Foram muitos minutos gravados, pois havia muitos erros para se chegar a um resultado correto. Então os alunos organizaram clipes com todos os erros e não se focaram somente no resultado encontrado.

Os projetos selecionados[3]

> São coisas que não se esquece
> Só finge quem desconhece
> Não dá pra esconder verdades
> Sobre o que ficou
> São coisas que não se esquece
> E mesmo que eu quisesse
> As fotos não negam os fatos
> Do que se passou
>
> *Coisas que não se esquece*, Caetano Veloso

Ao nos depararmos com o cotidiano da escola Jarbas Passarinho, pudemos constatar que havia muitos outros projetos de trabalho que eram desenvolvidos na escola e que guardavam um objetivo, ainda que indiretamente, relacionado à educação moral. Contudo, inicialmente, procuramos pelos autores dos projetos selecionados e, um a um, pudemos saber de seus protagonistas os motivos das escolhas, seu desenvolvimento e avaliação. Comecemos pelo projeto intitulado "Cidadania na escola".

1. Projeto "Cidadania na escola"

Inicialmente organizado pela professora de Inglês, ela nos conta que nas oficinas que eram propostas durante o evento que chamavam de escola aberta, ministrava aulas para alunos da escola e da comunidade:

> Eu comecei com eles e depois cresceu muito o número de procura pelas aulas de inglês na escola aberta e então o que foi que eu fiz? Como só eu

---

3. Segundo a diretora Aiza Arôxa, outros três projetos descritos no questionário da pesquisa foram trabalhos pontuais realizados por professores que não estão mais no colégio. Dois deles tratavam de questões de homossexualismo. Os três foram projetos ligados ao SEDUC — um órgão da secretaria de educação do Estado e não são, portanto, projetos oficialmente desenvolvidos pela escola.

era professora, peguei os alunos que eram mais antigos de curso, fiz um treinamento e coloquei-os como professores monitores em três turmas.

A professora relata que existia antes um núcleo de línguas em Camaragibe, mas os alunos não eram contemplados para participarem desses cursos. Muitos gostariam de participar e não tinham como fazê-lo. Esse projeto surgiu, portanto, mais da necessidade dos alunos do que por alguma necessidade da escola:

> Nós hoje temos no município de Camaragibe um NEL — Núcleo Estadual de Línguas — na escola Jarbas Passarinho.

Ressalta que dentro da escola aberta esse era um projeto de educação e cidadania porque

> Hoje quando vão competir para o emprego, se tiverem o certificado de outra língua, nossos alunos e pessoas da comunidade têm mais oportunidades.

Entusiasmada, ela nos conta sua alegria por saber que um de seus alunos, competindo com pessoas do estado todo, ficou em segundo lugar num concurso de línguas. Com o mesmo orgulho conta que outra de suas alunas hoje é monitora dos cursos de línguas de uma universidade e antes era monitora do projeto na escola aberta.

Questionada sobre a relação que vê entre os objetivos educacionais do projeto e a educação moral, a professora destaca:

> Isso é cidadania. Eu tive um aluno que hoje é monitor de outra universidade aqui em Pernambuco e começou sendo monitor na escola aberta.

Ela conta que tal aluno apresentava vários problemas de relacionamento com problema muito sério de se relacionar com as pessoas:

> Para ele ser monitor na escola aberta, ele precisava entender que ele, antes de ser professor, precisava ser uma pessoa que se relacionasse bem e que respeitasse os outros.

Entre outros tantos exemplos relembrados ardentemente pela professora, ela ainda ressalta o caso de uma aluna de EJA que tinha muitas dificuldades e, com as aulas na escola aberta, passou a ser monitora e conseguiu passar na Universidade Federal de Pernambuco onde atualmente estuda.

Parece-nos extremamente interessante o fato de que contam, na maioria dos projetos, com recursos de outros órgãos. Conta-nos o coordenador do projeto "Escola aberta", outro professor, que a escola pediu financiamento do Fundo Nacional de Desenvolvimento da Educação (FNDE) — ele inscreveu a escola no programa "Escola Aberta" e, com esses recursos recebidos, conseguiram financiar essa e outras ações como a construção das salas para o núcleo de línguas. Como coordenador, organizou os oficineiros/oficinas buscando, na comunidade, pessoas que pudessem trabalhar. A escola aberta tem acontecido aos sábados e domingos. Em suas palavras:

> Como sou professor aqui há cinco anos e já trabalhei nos três turnos e sou um professor de Matemática que as pessoas têm na cabeça que é um bicho papão consigo conquistar os alunos quando eles veem que estou coordenando a escola aberta.

Continua o professor:

> Dou um espaço para os alunos — a condição para que os alunos e os amigos dos alunos façam parte das oficinas é que participem das aulas. Alguns alunos nos procuram para dar ideias de quais serão as oficinas: que é que tu achas de fazer uma oficina de basquete? São oficinas que não são remuneradas.

Uma ação interessante que pudemos destacar desse projeto: o professor conta que os meninos adoram uma oficina que é chamada de "suingueira". Trata-se de um ritmo nordestino muito sensual em que somente homens dançam. O professor ressaltou que a Secretaria de Educação proibiu que esse ritmo fosse tocado nas escolas, mas ele não quis impor tal condição a seus alunos "oficineiros" (que ensinam

PROJETOS BEM-SUCEDIDOS DE EDUCAÇÃO EM VALORES

a dança a outros que lotam a sala mais procurada de toda a escola aberta). Então, devagar, foi solicitando que os meninos "dançarinos" encontrassem outros ritmos e diversificassem os tipos de danças ensinados na oficina. Relata que hoje ainda há uma ou duas músicas que seguem esse ritmo, mas que são sufocadas em meio a tantos outros que também já conquistaram o público.

2. O projeto "Educação em valores"

O projeto "Educação em valores" foi pensado em função do comportamento dos alunos que não têm acompanhamento familiar e é bastante parecido com os relatos do que a direção havia apontado como trabalho a ser organizado com as turmas em que há problemas de relacionamento (como o rock gospel apresentado anteriormente). Relata a professora que coordenou tal projeto: "Eu queria conversar com os meninos para ajudar, pois às vezes os pais se negam totalmente para vir à escola. Esses meninos precisam de apoio, de conversa... então a gente traz especialistas para conversar com eles sobre temas da adolescência".

A professora se refere a temas que, em sua opinião, são difíceis de tocar, como a orientação sexual. Cita o caso de uma garota que lhe procurou outro dia indagando se "sarro"[4] engravidaria. A professora então, confessando que não conseguiria ter clareza e competência para tratar do assunto já que a dúvida da garota parecia ser também de seu grupo todo, procurou a professora de Ciências, sugerindo que ela tratasse o tema em suas aulas. Contudo, além dessa proposta de retomar tais temas difíceis no cotidiano das aulas, foi proposto este projeto para que outros especialistas pudessem ser ouvidos falando sobre temas como *bullying*, racismo, preconceitos... Na verdade, esse é um projeto das aulas de Português cuja metodologia é destacada por ela:

---

4. A menina se referia ao esperma.

"Fazemos um levantamento do tema, trago um texto para provocar ideias, faço um debate e depois trago convidados para falar... Alguém que sofreu preconceito... Os alunos sugerem temas e pessoas que podem vir falar". A professora acredita que os alunos se sensibilizem com os problemas quando ouvem de outras pessoas o depoimento. Ela também lembra que esse projeto foi concomitante à "Semana da pessoa com deficiência", em que foram trazidas pessoas para dar depoimentos sobre os preconceitos que sofriam.

3. Projeto "Semana inclusiva/semana da deficiência"

A semana da deficiência foi pensada pelos professores e envolveu todos em todas as aulas. Foi pensada uma programação especial para a Semana e durante esse tempo os alunos não tinham aula normal. Cada dia da semana, cada turma tinha uma programação especial preparada pelos professores de determinada área, por exemplo: uma das atividades programadas com uma professora de libras na aula de Português. Na aula de Educação Física, os alunos participavam de uma partida de vôlei com os olhos fechados. Em outra aula, participavam de dinâmicas em que teriam que conhecer os objetos pelo tato. A semana culminou com uma apresentação de dança realizada por um grupo de jovens com necessidades especiais de uma instituição pernambucana de Camaragibe. Questionada se há na escola alunos inclusos, a professora diz que não, embora muitos tenham dificuldades que são sentidas como deficiências. Questionamos também sobre a avaliação que os alunos fizeram dessa semana: todos os envolvidos, professores, alunos e direção, fazem uma avaliação de cada projeto organizado na escola. Infelizmente, não foram encontrados os registros dessas avaliações, embora tenha sido grande o esforço de toda a equipe para recuperar esse material atendendo ao nosso pedido. Houve recentemente um problema com os arquivos da escola e, segundo a direção, muita coisa fora perdida.

4. Projeto "Cidadania na escola: ação solidária"

Segundo as professoras envolvidas diretamente na coordenação, o projeto Ação Solidária aconteceu objetivando resgatar a credibilidade dos alunos da própria escola desacreditada no início do trabalho dessa gestão. Contam que ninguém queria estudar nessa escola e mesmo trabalhar numa instituição como aquela... Então, a equipe de professores começou a contatar diferentes órgãos que pudessem ser de utilidade pública: para emissão de carteira de trabalho, de identidade, registro (muitos alunos não têm registro de nascimento). Por causa disso, as professores concluem que hoje a escola mantém ótimas relações com todos os órgãos públicos e parcerias com diferentes serviços à comunidade (ópticas, supermercados, farmácias...). Os alunos eram voluntários nas salas que viravam "órgãos públicos". Hoje esse projeto não é mais realizado, pois não há tal necessidade.

5. Projeto "Jogos internos"

Segundo uma das professoras de Educação Física da escola, nessas aulas, "a gente não trabalha só visando o esporte, mas também a cooperação, a participação do aluno em todas as diferentes atividades de movimento". Os jogos internos são organizados no período inverso às aulas. Os estudantes do período noturno têm os jogos aos sábados.

Trata-se de uma olimpíada que compreende muito mais do que o esporte: o trabalho é coletivo com outras disciplinas. O grupo de professores escolhe o tema do ano e sobre o tema são organizadas, em todas as disciplinas, as matérias curriculares e a preparação de cada turma que fará parte dos grupos.

A história dos jogos é vivenciada nas aulas de Educação Física. Tudo é dividido por séries: por exemplo, no grupo A se agrupam as 5ªs e 6ªs séries, contemplando sempre alunos maiores e menores de idade e de série. Ao todo, são três grandes grupos que sorteiam os subtemas para que possam preparar a apresentação inicial — a abertura dos jogos — em que também concorrem a um prêmio por melhor apresentação. Os alunos se reúnem durante algumas aulas e nos períodos inversos para tal preparação. Um grupo de artistas vem ensaiar com os alunos e cada grupo tem o acompanhamento de dois professores da casa.

Com grande entusiasmo, a professora conta que toda a organização do local é feita por ela e seus alunos. Fala das diferentes dificuldades que têm de infraestrutura, pois a comunidade é convidada a assistir tal espetáculo que considera "grandioso" para Camaragibe. Ela lembra as muitas vezes em que é preciso pensar em soluções alternativas para o montante de problemas que tem a enfrentar. E esse é o desafio: pensar em soluções junto com os alunos que aprendem além das matérias escolares.

6. Projeto "Nordeste, quero te conhecer"

Com liderança da professora de Português de um colégio parceiro, o projeto "Nordeste, quero te conhecer" é organizado na escola visando à maior integração entre as áreas do conhecimento, como objetivo maior. Contudo, segundo a professora, há algo a mais a se buscar: conhecer o Nordeste pode levar meninos e meninas a encontrar uma identidade, a compreender sua cidadania pela cultura onde estão inseridos.

Tudo começou nas aulas de Português em que eles tinham dúvida sobre as capitais dos estados. Divididos em grupos, cada grupo ficou responsável em conhecer a cultura de um estado nordestino. Contudo, os grupos foram formados por alunos de diferentes séries: por exemplo, alunos do Ensino Fundamental II se juntavam num mesmo grupo a alunos do Ensino Médio. Os grupos se aprofundavam em características de cada estado (filhos da terra — pessoas famosas

—, curiosidades, comidas típicas...). Primeiramente, fizeram leituras de textos, reportagens procuradas pelos alunos e pela professora, que propôs fichamentos dos textos lidos, e depois ilustravam as informações em murais. Apresentaram os dados pesquisados em forma de seminário. Os outros professores das outras disciplinas se envolveram nesta dinâmica de apresentações. O projeto culminou numa apresentação cultural com a exposição de artesanatos, atividades culturais, danças e comidas típicas etc. Os alunos fizeram um *blog*.

Perguntamos à professora: enfim, por que esse projeto foi descrito como uma experiência bem-sucedida em Educação Moral? A resposta dela:

> Porque conseguimos a convivência entre eles. O trabalho em grupo foi proporcionado. A terceira série era uma turma muito difícil com meninos problemáticos que não sabiam conviver. Um deles, desde o projeto (antes foi quase expulso) está envolvido com as aulas pois na apresentação foi um dos mais destacados como ator no Boi bumbá e na atividade de pesquisa.

Pela descrição da professora, é possível compreender que o maior resultado encontrado com a aplicação deste projeto foram o senso de responsabilidade, a produção coletiva e superação dos problemas de convivência.

Procuramos o aluno citado pela professora e lhe perguntamos o que achava do projeto "Nordeste, quero te conhecer". Ele lembra:

> No começo eu nem queria participar, não. No começo a gente tava meio perturbando. Depois a Aiza deu um carão na gente a gente se organizou.

Ao nosso pedido de explicar o que significa "carão", o aluno responde:

> Ela me chamou na sua sala e me falou que eu tinha que mudar de comportamento.

Quando perguntamos quais seriam os ganhos que ele teve com esse projeto, responde:

> Eu ganhei experiência para apresentar várias coisas. Todo ano os meninos me chamavam para atuar, mas eu não queria. O ano passado eu tava fazendo meu projeto, mas me chamaram pra apresentar outro e eu fui.

Questionamos o fato de a professora ter citado seu exemplo como mudança de comportamento a partir do projeto, ao que nos responde: "Tem o garoto de antes e o de depois. Antes do projeto eu era mais bagunceiro. Eu comecei a participar mais. O diretor disse — Se você não melhorar, vou tirar você do colégio", fato que ainda discutiremos quando tratarmos das sanções aplicadas na escola...

Além dos onze projetos descritos pela escola, em nossa visita, nas conversas com professores e direção, foram apresentadas outras experiências que são organizadas por eles. Uma delas, citadas por vários professores, é o projeto que repetem a cada ano de eleições. Intitulado "Escolha dos representantes", chamou-nos a atenção por ser uma atividade que não se realiza apenas como um projeto pontual com começo, meio e fim. Trata-se de um amplo movimento de vivenciar a democracia e a escolha dos que serão representantes de cada turma no conselho da escola. Vale a pena, portanto, descrevê-lo.

7. Um novo projeto: "A escolha dos representantes"

Os professores das áreas de Ciências Humanas precisam se organizar numa força-tarefa para preparar e dividir os trabalhos referentes à proposta de se fazer uma eleição com direito a candidatura, horário político, discursos e dia marcado para votação — com os outros professores. São discutidas as questões de "ficha limpa" e o próprio processo democrático de se inscreverem em "chapas" que concorrerão aos cargos de representação na escola. Discutem, antecipadamente, em quais das aulas serão organizadas tais diferentes tarefas: por exemplo, com os alunos que se candidatam, preenchem formulários de ações que pretendem realizar, os comitês de apoio (partidos) discutem e preparam a campanha eleitoral e os clipes da propaganda eleitoral (são apresentadas em telões durante os recreios); aqueles que se prontificam a ser mesários e a trabalhar nas eleições preparam as cédulas, as orientações para as votações, os títulos eleitorais, bem como organizam a contagem dos votos, a posse dos eleitos etc.

Pelas fotos mostradas pelos professores, notamos o entusiasmo dos alunos por terem essa oportunidade de vivenciarem essa dimensão política da cidadania. Na última semana que antecede as eleições, os alunos candidatos participam de um debate mediado pelos professores. Os representantes têm posse na câmara dos vereadores com direito a coquetel e discurso.

O projeto "A escolha dos representantes", diferentemente dos outros, tem uma ação contínua no decorrer das aulas dos alunos de toda a escola: são eleitos os representantes de turma nesse processo. Tais alunos escolhidos fazem parte do conselho de representação da escola — CRE — conselho de representantes estudantil. Os representantes tentam resolver os problemas da turma primeiro conversando com os professores e depois falando com a direção. Quando precisam, chamam o diretor para mediar a conversa entre os alunos e o professor (por exemplo, os alunos do primeiro ano B estão com problema com o professor de Matemática e precisaram da intervenção da diretora para ajudá-los a resolver o problema com o professor que não aceita, nas palavras dos alunos, as brincadeiras das crianças, mas brinca com o nome delas). As reuniões com os representantes acontecem bimestralmente com a diretora para os informes e discussão dos resultados bimestrais e os eventos. Tivemos a oportunidade de participar de uma dessas reuniões e notar que os encaminhamentos são também realizados pelos alunos quanto aos eventos e demais projetos da escola. Nesta mesma reunião, tivemos a oportunidade de conversar com os alunos sobre o cotidiano da escola, fato que passamos então a relatar.

Educação moral: os projetos dariam conta dessa formação? Tecendo considerações sobre a experiência da escola Jarbas Passarinho

> Seja qual for o caminho
> Ou qualquer a profissão
> Seja hábil com a mão
> E trate disso sozinho
> Apronte com o seu carinho
> Que tudo vai parecer
> Com o capricho de fazer
> Na certa é percebida
> É praticando na vida
> Que muito vai aprender
>
> *É praticando na vida que muito vai aprender,*
> Zé Ramalho

A experiência de Camaragibe nos mostra a riqueza de ideias que professores, entusiasmados por trazer para a escola uma dimensão de participação em termos de cidadania, em termos de política, podem ter. São inúmeros projetos pensados, gestados e trabalhados, diríamos, com paixão por esses professores que ficam na escola grande parte de seu dia e muito a mais do que as horas que ganham para trabalhar. Não dariam conta de fazer tudo o que fazem se apenas cumprissem seus horários. Foi visível nos olhos de muitos deles o amor que têm pela profissão e a certeza de que querem o melhor para seus alunos.

Contudo, a nosso ver, a experiência desta escola ainda aponta para um problema característico de quem pensa a Educação Moral de maneira pontual, com datas marcadas e projetos específicos para cumprir determinado objetivo: os problemas cotidianos continuam existindo e as relações de cooperação entre alunos e professores que poderiam denotar a condução de uma escola realmente democrática ainda estão longe de se fazerem presentes.

Das experiências lidas, vistas, discutidas, ouvidas de professores, pais, direção, funcionários e alunos da escola Jarbas Passarinho, é

PROJETOS BEM-SUCEDIDOS DE EDUCAÇÃO EM VALORES

possível tecer algumas considerações sobre a tarefa que têm desenvolvido e/ou se inserido enquanto proposta de educação moral. Três são os pontos que nos chamam a atenção e que ora nos mostram a distância para a formação de personalidades éticas em que se encontram, ora nos mostram o quanto têm se esfoçado para tal e, finalmente, o que parece brotar como uma certeza para que a educação moral se consolide numa escola: a gestão escolar. Comecemos a tecer essas três considerações.

1. Os projetos pontuais: Educação Moral como fim e não como meio

Em Camaragibe, a Educação Moral está instrinsecamente ligada à formação da cidadania. Sim, pois, é possível perceber que todos os projetos descritos por nós e apresentados pela escola almejam tal formação. A experiência cotidiana que vimos acontecendo, o que não deixou de ser um projeto, nos deixa clara essa ideia: na aula de ética e cidadania que têm, os alunos organizaram em forma de jogos os conteúdos que tinham dessa matéria. Como a professora era a mesma das aulas de História, necessariamente os jogos mesclavam conteúdos de "tratar bem as pessoas" com outros como "como se desenvolveu a civilização maia", o que denota com clareza a ideia de que "ética" ainda é dada como conteúdo da escola. Certamente, há de se ponderar a grandeza do trabalho em que os próprios alunos montaram os jogos, e o entusiamo com que eles nos mostravam o fruto de seu árduo trabalho! Fizeram tal trabalho em grupos, organizaram os jogos, as perguntas, as regras. Tudo extremamente louvável, é preciso destacar. A questão que nos propomos é apenas a dúvida de que tais ações sejam tomadas no cotidiano: aquelas ações de cidadania tratadas nos jogos feitos pelas crianças serão retomadas ao terem um problema no relacionamento com seus pares ou com seus professores e pensadas com as crianças sobre suas causas e possíveis soluções? Infelizmente, não é a resposta.

Pudemos constatar tais reflexões quando ouvimos meninos e meninas na reunião de representantes. Citamos os projetos indicados e pedimos que falassem livremente sobre eles. Uma das meninas fala sobre o projeto "ação solidária". Diz que é tarefa da escola ter a iniciativa de trazer benefícios para a comunidade. Os alunos parecem ter bem claro que essa iniciativa deva ser da escola, mas que há uma questão política por trás: "tem que ter a ação solidária porque faltam essas coisas na comunidade. Se tivesse, não precisava", aponta-nos outra aluna.

Para outro aluno, "os jogos internos são bem legais como atividades extracurriculares". Questionamos o garoto sobre o que ganham com isso, ao que ele afirmou "o que o tema traz a gente começa a saber". Mais um aluno completa: "ponto por participação na Educação Física". Questionamos se reconhecem algum objetivo quanto à formação humana das pessoas nestes projetos, ao que nos respondem: "Trabalho em equipe. É difícil com tantas ideias diferentes a gente chegar ao final. Não dá para ganhar trabalhando individualmente, só coletivamente".

Os representantes, meninos e meninas dessa escola, parecem concordar com seus professores que o trabalho em equipe é uma grande conquista de projetos que envolvam a participação e criação dos alunos. Esse fato nos chama a atenção visto a quantidade de escolas que conhecemos em que seus alunos não participam de ações em pequenos grupos. São privilegiados esses alunos que podem constatar diferenças, discutir escolhas, pensar juntos em diferentes situações. Contudo, quando questionamos se no restante das aulas há trabalhos em grupo, eles nos indicam que não.

Os alunos também fazem críticas quanto a sua pouca participação nas escolhas dos projetos que parecem virem pensados por seus professores: "eu gostaria de participar mais da escolha dos temas. A gente avalia, mas às vezes não nos ouvem e a gente não opta por um tema. Os alunos não participam da organização das salas (dos grupos que participam dos jogos)".

E quanto à participação cotidiana nas aulas? Delval (2008) nos lembra que as modificações nos comportamentos "não são produto de influências exteriores, por exemplo, daquilo que os outros tratam de ensinar" (p. 81) e continua: "Mas é também preciso uma participação ativa por parte de quem aprende". Essa era exatamente a tese de Piaget (1975/1978), que parece ainda estar distante. Os alunos afirmam não participarem da organização das regras da escola. São chamados para realizar os eventos, mas não para organizá-los.

Pedimos que nos dessem um exemplo de uma regra que há na escola e como seus professores agem para resolver o problema. Contam que quando há muita conversa, o professor, como castigo, desliga o ventilador. Por certo, só poderá ser tomado como castigo num calor de 35 graus, permanecerem numa sala com mais de 30 pessoas e sem o ventilador ligado.

A realidade de como são atribuídas as sanções em Camaragibe parece ser a mesma de muitas escolas a que temos assistido ultimamente: os professores têm uma anotação de como os alunos agem e os alunos nem sabem o que significa uma autoavaliação. Contamos-lhes como seria essa atividade, ao que riem e dizem: "nunca fazemos".

Quando brigam, são mandados para a direção. A propósito, assistimos a uma ação da direção quando falava com um aluno que fora enviado para lá por um professor. Ela lhe deu um texto para refletir — "As três peneiras" —, para que pensasse sobre como deveria agir. Infelizmente, professores e direção ainda pouco entendem sobre a necessidade de que para agir moralmente é preciso que os alunos possam pensar e isso significa comparar possibilidades de reparar o problema, reconstituir os fatos, antecipar as consequências e estar sensibilizados — serem reconhecidos em seus sentimentos e poderem falar sobre aquilo que sentem, bem como ouvir de seus pares motivos, desejos e sentimentos que levaram à determinada ação. Como diria Piaget (1974/1977): somente chegar-se-á a uma generalização se a ação, necessariamente mental, for do próprio sujeito que age.

Os alunos nos contam que quando conversam muito, são colocados para fora da sala e lá permanecem até o final da aula. Outros, quando "passam do limite" da conversa em aula, podem passar até uma semana sem recreio. Por certo, o grande objetivo de qualquer escola é contribuir para a construção da autonomia dos seus alunos. Contudo, parece ser uma prática usual dos professores, fato confirmado em Camaragibe, excluir os alunos da sala de aula. Infelizmente, tal punição, como bem salientada por Piaget (1932), não guarda uma relação entre o ato cometido e a reparação dele, apenas acentua o poder de uma autoridade. Quando a exclusão não está diretamente ligada ao problema acontecido e mais, quando o tempo destinado a tal exclusão é determinado pelo educador, o que se tem como resultado é a ausência de uma autorregulação e, consequentemente, a manutenção de formas de heteronomia, já que a regra existe não em função de uma necessidade de se reparar um erro, e sim da obediência a uma autoridade. Certamente, como bem nos lembram DeVries e Zan (1998): "seguir regras de outros por meio de uma moralidade de obediência jamais levará à espécie de reflexão necessária para o compromisso com princípios internos de julgamento moral" (p. 55). E continuam: "Piaget alertou que a coerção socializa apenas superficialmente o comportamento e, na verdade, reforça a tendência da criança para depender do controle de outros." (DeVries e Zan, 1998, p. 55).

Assim como em Camaragibe, em outras escolas de regiões distantes daquela encontramos a exclusão de sala de aula como um recurso disciplinador. Numa investigação que realizamos entre alunos da região metropolitana de Campinas, recentemente, encontramos que 89,15% dos alunos entrevistados já foram colocados para fora da sala de aula. Nesta mesma pesquisa, vimos que 75,90% das respostas dos alunos entrevistados confirmam que a exclusão como correção dada pelos professores aos alunos foi decorrente do desrespeito a determinadas regras convencionais (Tognetta et al., 2010). Esses dados parecem assemelhar-se aos que observamos nas falas de alunos de Camaragibe: quando perguntamos sobre o uso do boné, obtivemos como resposta de um dos alunos entrevistados: "ainda quero a resposta de por que não pode usar. Eles dizem [os professores] que se o governo desse para usar a gente poderia usar".

Outra observação: os alunos questionam algo que nos parece ser óbvio — a regra valeria para todos — novamente encontramos respos-

PROJETOS BEM-SUCEDIDOS DE EDUCAÇÃO EM VALORES

tas muito parecidas com as investigações que conduzimos na região de Campinas (Tognetta et al., 2010). Os alunos se queixam de uma regra absurda: o uso do celular. Dizem que não podem atender ao celular durante as aulas. Mas interessantemente, dizem que quando o celular do professor toca, este pode atender. Contam também de certa vez em que o celular de um aluno tocou durante uma conversa dele com o diretor. Este último o tomou das mãos do aluno, atendeu e disse a quem estava telefonando que "não era hora de ligar para aquele aluno, pois ele estava em aula".

Os alunos parecem compreender bem o que muitos de nós ainda temos dificuldade: em primeiro lugar, ainda que a regra seja convencional — não fere moralmente ninguém o fato de se atender a um telefone e se é prejuízo a quem está presente, essa questão tem que ser tratada entre os pares para que se chegue a uma solução para o problema — a proibição apenas leva a mecanismos de intercepção e de superação da regra. Um fato interessante chamou-nos a atenção sobre esta questão outro dia: contávamos, numa conversa com professores, como alguns alunos se organizam para burlar a regra do celular em suas escolas — levam mais de um entre os aparelhos velhos que todos têm e quando o celular toca e o professor pede para confiscá-lo, entregam o aparelho velho. Qual foi nossa surpresa, quando espontaneamente, a orientadora educacional daquela escola nos diz: "agora entendi porque tenho tantos celulares na minha sala e ninguém vem buscar". Em segundo lugar, podemos ainda acrescentar que o grande problema é ainda a própria heteronomia de nossos professores: na mesma pesquisa por nós organizada e já citada, recentemente, encontramos que para 29,76% dos professores, atitudes que transgridem "regras morais como a agressão a qualquer pessoa e regras convencionais como a organização do trabalho diário, incluindo as tarefas e mesmo aquelas ligadas à estrutura física da escola, são legitimadas com o mesmo valor". Infelizmente, somente 9,53% dos professores admitem nessa pesquisa que ferir uma regra moral é algo superior a ferir outras regras. Infelizmente, também nessa mesma pesquisa, pudemos constatar que vários professores acreditam que "agredir física ou moralmente uma autoridade" seja mais grave do que "agredir física ou moralmente um aluno". Assim como na região de Campinas, em Camaragibe, professores pensam ter privilégios sobre os alunos...

Se perguntássemos aos alunos como poderíamos resolver esse problema do celular, eles teriam a resposta? Os alunos de Camaragibe, sim. Disseram-nos: "tanto professor como aluno pode colocar no silencioso e podem combinar que se for muito urgente atendem, se não, não. Se fosse combinado, a gente cumpria".

Há um terceiro ponto a destacar nesse exemplo: o fato de que o diretor tenha atendido ao celular do aluno. Não faríamos isso com um adulto. Mas fazemos com a criança pela crença de que ela seja diferente de nós. Elkind (1975) já nos lembrava de que esse é um grande equívoco em educação — acreditar que as crianças sentem diferente do adulto. Sentem-se invadidas, chateadas, ameaçadas, indignadas, como nos sentiríamos.

Os alunos parecem ter respostas para o que são conflitos cotidianos e situações que lhes fazem se sentirem injustiçados. Um deles nos questiona: "Você acha que a música faz algum mal para as pessoas?". Antes de respondermos, questionamos o porquê daquela pergunta. O aluno indignado relata que os recreios que têm são tediosos: não podem correr, não podem ouvir música. E a explicação de seus professores é "escola não é lugar de diversão". Continua esse aluno a nos dizer que passam por situações em que se sentem injustiçados. Ele nos conta que quando estava no Ensino Fundamental II, tinha que esperar os maiores, do Ensino Médio, se servirem para depois tomar a merenda, pois eles eram mais fortes, mais velhos e ninguém ousava modificar essa regra. Indignado, agora, estando ele no Ensino Médio, diz que a escola propôs uma regra que acha injusta: os menores devem se servir primeiro. Em seu pensamento heterônomo há uma pontinha de autonomia: o aluno nos diz que teria uma solução simples que atenderia a todos — fazerem duas filas — uma de crianças pequenas e outra de pessoas maiores, fato que demonstra que se perguntarmos, eles têm soluções para os próprios problemas.

PROJETOS BEM-SUCEDIDOS DE EDUCAÇÃO EM VALORES

Por sua vez, a direção, questionada sobre as regras que os alunos disseram incomodá-los pela falta de propriedade como a regra do boné, da música, assegura que sabe que ainda há muito a mudar na escola. Aiza tem clareza de que alguns coordenadores ainda cobram futilidades porque estão presos a uma educação autoritária de que ela gostaria muito que se libertassem. Indagamos então sobre a formação de seus professores. Aiza nos diz haver na escola professores que veem problemas com os alunos em tudo o que fazem. Pensa que o caso do boné ainda é um "carma", pois já conversaram sobre o problema. Consciente, Aiza nos lembra de que se a solução para os problemas for a retirada do objeto que os alunos trazem e que muitas vezes utilizam para atrapalhar a aula, então, teriam que tirar os cadernos, os celulares, os bonés, os lápis, as canetas... E continua: "Celular é algo que incomoda alguns professores. Outros conseguiram usar o bom senso e lidar com ele na sala, como a professora de Português, que usou essa ferramenta para fazer os clipes. Ela percebeu que os alunos usavam os vídeos de celular para filmar nos recreios e ela, em vez de retirar, fez uso da tecnologia".

Aiza nos conta que seu trabalho de gestão é árduo, pois é preciso saber lidar com aqueles professores que se utilizam dos conflitos para construir relações melhores em sala de aula, assim como com aqueles que não conseguem entender que as aulas vão além do conteúdo formal de suas disciplinas.

2. Da paixão dos que educam...

Apesar das dificuldades em trabalhar um cotidiano em que a formação ética aconteça, a experiência de Camaragibe nos apresenta uma bela reflexão sobre o envolvimento de toda a comunidade educativa na tarefa de formar meninos e meninas melhores. Aiza nos fala com paixão de como foi difícil a formação de uma equipe que abraçasse a causa de transformar aquela escola num espaço de acolhida aos alunos. Conta então de um problema que teve com uma determinada funcionária no início de seu trabalho. Uma das merendeiras, quando chegou à escola, mal havia concluído o Ensino Fundamental e era rigidamente contrária a todas as colocações da direção (como destacamos anteriormente). Aiza fez questão de que nós a conhecêssemos. Funcionária da escola há mais de 20 anos, ela se apresenta a nós falando em espanhol; toda animada, ela conta que entra às 9h da manhã, por conta do curso que faz a noite, no EJA, e do espanhol que faz no intervalo da tarde, sai da escola todos os dias às 22h, juntamente com a direção e os professores.

É encarregada de servir a merenda para os alunos e professores, fato que cumpre literalmente, pois, pelo que nos parece, para ela, é essencial que ela sirva todos e não que os alunos se sirvam. Quando questionada sobre sua função na escola, diz "sou educadora da cozinha". Ela diz que seu maior prazer é fazer o prato de todos os professores e do diretor todos os dias. "Eu é que coloco comida pra eles." Foi o que respondeu à nossa pergunta sobre como as crianças se servem. E completou: "eu é que coloco comida para eles e exijo silêncio para comer".

Sabemos o quanto é difícil a integração dos funcionários a uma educação que leve em conta a autonomia, com participação efetiva das crianças na escola. Temos consciência da dificuldade por que passa a escola de Camaragibe, como muitas escolas cujos funcionários não passam também por formações e pouco sabem sobre como se constrói a autonomia de uma criança. Contudo, ainda que lhe falte essa concepção de educação, a "educadora da cozinha" nos dá a certeza de sua generosidade: conta que os alunos ali não passam fome: "Se chegar qualquer um a qualquer hora com fome, pode vir na cozinha que a Neide arruma comida". Ao menos seu olhar generoso é diferente do que temos encontrado por aí em tantas escolas em que os alunos são maltratados.

Aiza conta ainda que, há alguns anos, uma pessoa foi enviada para cumprir uma pena alternativa na escola por agressão física. Ela começou a trabalhar na escola e quando terminou a pena, não quis sair mais. Então, conseguiram um contrato com ela para prestar serviços.

Outro exemplo de que paira sobre a escola um espírito de cooperação é o de um antigo professor de História que teve um acidente e foi reabilitado. Conta que pediu para voltar ao trabalho muito antes de sua licença médica terminar. Voltou como bibliotecário na escola. Diz: "Quem está na escola tem que viver na escola, vivenciar a comunidade". Ele se queixa de que há professores que são "técnicos e não humanos, afetivos". Diz que é preciso fazer alguma coisa pelos alunos. Neste tempo que está na escola, o professor organizou a biblioteca num canto do pequeno pátio da escola com caixas e armários velhos. Dentro de um mês, mostra orgulhoso os quase mil livros acessados pelos alunos quando os colocaram disponíveis. Ele e a bibliotecária contratada do estado aguardam pelos materiais que conseguiram por enviar um projeto ao governo do estado. O governo já fez a biblioteca com ar-condicionado, e ele mostra, orgulhoso, a planta da nova biblioteca que contará com "avencas e outras folhagens que ele trará de casa para tornar o ambiente mais humano".

Este é um ponto que nos parece novamente importante destacar: a escola de Camaragibe recebe bastante ajuda governamental. Mas não é ao acaso como dissemos anteriormente. Seus professores e a direção fazem projetos, ficam atentos a possibilidades incontáveis de conseguir recursos. "Fuçam daqui e dali", como eles mesmos dizem, para saber de onde tirar recursos e exigir seus direitos.

Conta-nos a professora de Educação Física que tirou fotos de tudo o que estava errado na escola e pediu aos alunos que fizessem os ofícios solicitando as melhorias para a escola. Diz que fizeram quatro ou cinco ofícios para a secretaria para melhorar as condições da quadra. Nenhum deles foi respondido. Foi então que ela procurou, junto com os alunos, a Secretaria de Educação do estado. Foram atendidos então.

São, muitas vezes, mal vistos pela comunidade. Ela mesma, a professora de Educação Física, é quem nos conta: professores de outras unidades chegam a duvidar daquilo que fazem na escola Jarbas Passarinho. Conta que certa vez, quando foi a um congresso, convidou vários professores que assistiram a sua apresentação sobre os trabalhos que desenvolvia na escola, para participarem da comissão julgadora do desfile de abertura dos jogos abertos que organizou. Em suas palavras: "Existe uma convicção de que a escola pública não consegue ter qualidade e envolver os alunos e que os profissionais não têm compromisso". A Escola Jarbas Passarinho mostra o contrário: no evento que a professora coordena de xadrez (outro projeto), ela conseguiu as mesas de xadrez para a escola e as cadeiras enviando projetos para a secretaria e outros órgãos.

A realidade da escola Jarbas Passarinho também nos chama a atenção quanto ao atendimento aos pais: ainda que numa salinha sem muita intimidade preservada, presenciamos um atendimento aos pais de uma adolescente da escola. São chamados pela escola que propõe um acompanhamento ao filho. A orientadora começa perguntando sobre como vão as coisas em casa e questiona sobre o monitoramento dos estudos em casa pelos pais. Orienta os pais a seguirem um plano de estudos em que os filhos possam escolher um horário de estudo e que estejam sempre presentes acompanhando o andamento dos estudos. Conta sobre o filho na escola e os problemas que têm sido superados. Ressalta que é preciso ficar "de olho" para ele não sair do "bom caminho". Trata-se do irmão da garota que fugiu de casa e, segundo a orientadora educacional, começou a dar sinais de que seguiria o mesmo caminho da irmã, mas os pais foram chamados e estão mobilizados para dar conta do problema.

Entrevistamos esses pais após a orientação que tiveram. Esses são alunos dos cursos de espanhol e inglês. O pai, bastante interessado pela nossa proposta, relata: "se quero que meu filho progrida eu tenho que mostrar isso".

Os pais ressaltam que a escola exige a participação deles na educação dos filhos. São chamados pelo orientador da escola e esse escuta o que têm a dizer. Dizem que a coordenação é receptiva e orienta as crianças também. "Eu acho que elas observam muito as crianças porque sabem o que dizer sobre eles com propriedade", relata a mãe. E continua: "A gente se considera 'parceiro' da escola porque já somos até alunos. A gente vê como chamam os outros pais e conversam, pois

PROJETOS BEM-SUCEDIDOS DE EDUCAÇÃO EM VALORES 81

observam e falam pra gente o que estão fazendo para ajudar nossos filhos". Perguntamos se acham que esse é um trabalho de qualquer escola: "não é a realidade dos outros colégios. Não há interesse pelos alunos. Gostaria muito que eles terminassem os estudos aqui. Já vou me matricular no curso de francês para ficar por aqui também", conclui o pai.

Por certo, a escola em Camaragibe parece atender à necessidade de estabelecer a parceria com a família. Nas palavras da mãe entrevistada: "Sinto que há uma reciprocidade. A responsabilidade é dos dois. Quando seu filho sai de casa, se o professor for para ele um exemplo, a gente fica tranquilo".

Fica-nos a impressão de que a escola Jarbas Passarinho trata os pais com respeito e como verdadeiros parceiros ao presenciarmos esse atendimento e ao entrevistarmos essa família. Impressão que a nós parece ser ratificada quando ouvimos de Aiza a tarefa da escola para vencer os problemas de relacionamento que têm: "muitos daqui são órfãos de pais vivos. Não dá para esperar que as famílias mudem o que não conseguem fazer". Quando tantos educadores teimosamente responsabilizam as famílias pelas mudanças necessárias à formação moral de suas crianças, a direção em Camaragibe não espera dos pais a mudança — leva até eles essa possibilidade. Esse é um dos fatos que nos levam a nossa terceira consideração.

3. A gestão escolar como mola precursora do desenvolvimento moral

Aiza conta que desde o início de sua gestão seu horário de trabalho é árduo! De seu colega diretor é sempre o mesmo: das 7h às 22h, o que pôde ser constatado por nós em todo o tempo da visita. Almoçam falando com professores e alunos; tomam café em reuniões intermináveis de preparação para os eventos; jantam com um prato em uma das mãos e caneta e papel em outra, em meio a mais e mais reuniões. Para ela, seu trabalho é "social e espiritual". Está presente física e psicologicamente na escola, todos os dias, nos três períodos. Incansável, parece ser a própria presença a estratégia para contagiar o resto da equipe. Por certo, sua atuação concordaria com que ressaltante Paro (2000) sobre a participação democrática na escola que não se dá espontaneamente, e sim sendo um "processo histórico em construção coletiva" (p. 46).

Para Paro (2000), a administração escolar "inspirada na cooperação recíproca entre os homens deve ter como meta a constituição, na escola, de um novo trabalhador coletivo" e ressalta que tal ação seja em decorrência do "trabalho cooperativo de todos os envolvidos no processo escolar, guiados por uma "vontade coletiva", em direção ao alcance dos objetivos verdadeiramente educacionais da escola" (Paro, 2002, p. 160). Para Aiza, a diretora da escola Jarbas Passarinho, a sentença de Paro é verdadeira.

Se concordarmos com Perrenoud (2001), que afirma que a escola de hoje nos impõe que precisamos, enquanto educadores, "decidir na incerteza e agir na urgência", a escola em Camaragibe parece tomar o rumo certo neste imenso e tempestuoso momento histórico, "tempos líquidos"[5] em que vivemos. Assim age a direção da escola Jarbas Passarinho. O olhar de sua diretora é atuante e audacioso em termos de integrar a todos, de estabelecer parcerias de trabalho entre os professores, de encantá-los com o entusiasmo de quem quer estar sempre à frente do seu tempo.

É preciso convir que ao menos em termos de projetos organizados em Camaragibe não "falta ineditismo", como temia Paulo Freire ao falar das experiências que deveriam ser feitas em educação.

A experiência que tivemos em Camaragibe nos leva a refletir sobre a necessária gestão democrática na escola para que professores e alunos estejam impregnados desse ineditismo. A escola dos 11 projetos nos aponta um caminho imprescindível para a democracia (ainda que

---

5. Expressão utilizada por Zigmund Bauman para explicar o movimento característico da pós-modernidade.

tenha muito a caminhar em termos da participação de seus alunos e da integração entre esses e seus professores): a participação coletiva e atuante de seus professores mostra que a educação tem, ao menos, *uma esperança* de se transformar para dar conta do objetivo pela formação ética tão distante a ser alcançado. E esperança, já dizia o poeta, é o que move o homem. O poeta é também um pernambucano, Paulo Freire, de quem fazemos nossas suas palavras:

> Pensar que a esperança sozinha transforma o mundo e atuar movido por tal ingenuidade é um modo excelente de tombar na desesperança, no pessimismo, no fatalismo. Mas, prescindir da esperança na luta para melhorar o mundo, como se a luta se pudesse reduzir a atos calculados apenas, à pura cientificidade, é frívola ilusão. Prescindir da esperança que se funda também na verdade como na qualidade ética da luta é negar a ela um dos seus suportes fundamentais (Freire, 1982, p. 5).

Referências bibliográficas

DELVAL, J. *A escola possível*. Campinas: Mercado de Letras, 2008.

DeVRIES, R.; ZAN, B. *A ética na educação infantil*. Porto Alegre: Artes Médicas, 1998.

ELKIND, D. Alguns equívocos sobre o modo como as crianças aprendem. In: _____. *Crianças e adolescentes*: ensaios interpretativos sobre Jean Piaget. Rio de Janeiro: Zahar, 1975.

FREIRE, P. *Pedagogia da esperança*. São Paulo: Paz e Terra, 1992.

PARO, V. H. *Administração escolar*: introdução crítica. São Paulo: Cortez, 2000.

_____. *Gestão democrática da escola pública*. São Paulo: Ática, 2002.

PERRENOUD, P. *Ensinar*: agir na urgência, decidir na incerteza. Saberes e competências em uma profissão complexa. Porto Alegre: Artmed, 2001.

PIAGET, J. *O juízo moral na criança*. São Paulo: Summus, 1932/1994.

_____. *Fazer e compreender*. São Paulo: Edusp/Melhoramentos, 1974/1977.

TOGNETTA, L. R. P. et al. Um panorama geral da violência na escola... e o que se faz para combatê-la. In: _____; VINHA, T. P.; ARAGÃO, A. M. F. (Org.). *Desconstruindo a violência na escola*: os meus, os seus e os nossos bagunceiros. Campinas: Mercado de Letras, 2010.

4

O Projeto: "Vivendo valores na escola"*

Capinzal/SC
Maria Teresa Ceron Trevisol — Unoesc
Maria Lucinda Corcetti — Unoesc

Durante a coleta de dados para a Pesquisa "Projetos bem-sucedidos de educação moral: em busca de experiências brasileiras" conhecemos diversas experiências interessantes que são desenvolvidas em escolas catarinenses. Das que foram coletadas e analisadas nos deteremos, nesse texto, a descrever uma delas. O projeto selecionado foi desenvolvido na Escola de Educação Básica Belisário Pena, localizada em Capinzal-SC. Buscamos com este texto explanar sobre o projeto desenvolvido, os objetivos e os motivos que desencadearam sua realização, como foi desenvolvido, a avaliação do projeto, os li-

---

* Agradecemos aos demais relatores desse projeto, entre eles a professora Rita Maria Cadorin da Silva (que atua com a disciplina de Ciências e que assumiu, juntamente com outros professores, o projeto e as aulas de Ensino Religioso no ano de 2010).

mites e dificuldades encontrados na trajetória de realização dele. Da mesma forma, analisamos por que esse projeto pode ser considerado "bem-sucedido".

O contexto

A Escola de Educação Básica Belisário Pena situa-se no município de Capinzal, no estado de Santa Catarina. Conta-se na história do município que a origem do seu nome se deu em virtude da grande quantidade de capim muito macio, à beira dos rios que cortam a cidade, que servia de alimento para os tropeiros quando viajavam carregando gado do Rio Grande do Sul para São Paulo. Capinzal fica à 400 km da capital do estado, Florianópolis.

A Escola Belisário Pena é uma escola pública estadual, fundada em 18 de julho de 1950. Está situada na área central da cidade, recebendo alunos de famílias das diversas localidades do município, como também de municípios vizinhos. No ano de 2010 completou 60 anos de atividades educacionais na comunidade. Atualmente atende à segunda etapa da educação básica, isto é, o Ensino Fundamental ($1°$ ao $9°$ ano).

A escola possui 18 turmas nos turnos matutino e vespertino, totalizando 490 alunos. O quadro de docentes é composto por treze professores efetivos com graduação e com pós-graduação em nível de Especialização e sete professores ACT (Admitido em Caráter Temporário), sendo que dois deles ainda se encontram em formação na área específica em que estão atuando.

Oferece em horário de contraturno aulas de dança, espanhol, Grupos de Estudos (os próprios alunos fazem a monitoria das aulas aos alunos com necessidade de reforço escolar sob orientação dos professores), sala informatizada para estudos e pesquisas dos alunos e professores, biblioteca escolar com 15.476 títulos e 20 assinaturas de revistas e periódicos adquiridos pela própria escola ou enviados pelo

PROJETOS BEM-SUCEDIDOS DE EDUCAÇÃO EM VALORES

Ministério da Educação. A escola recebe ainda a assinatura de dois jornais de circulação no território catarinense.

A gestão escolar é composta de uma equipe formada por um diretor, um assistente de educação, um assistente técnico-pedagógico, um administrador escolar e um orientador educacional. Auxilia ainda no trabalho escolar, um professor readaptado que atende à sala de materiais e serviços de fotocópias.

Por que e como o projeto começou?

A escola nos seus 60 anos de existência sempre teve como missão, inserida no seu Projeto Político-Pedagógico, desenvolver valores éticos no indivíduo para a boa convivência de todos dentro e fora da escola.

Durante muito tempo a escola pleiteou junto aos órgãos governamentais e autoridades a construção de um prédio novo com instalações modernas e funcionais que oferecesse, no mínimo, segurança aos alunos e professores. Assim, no início de 2009, as atividades letivas começaram no prédio novo da escola. Também nesse mesmo período, a orientadora educacional, professora Maria Lucinda, reassumiu as atividades na escola, após o período de oito anos exercendo a função de secretária municipal de educação.

Durante a semana de planejamento e organização do ano letivo, juntamente com os professores e equipe gestora, Maria Lucinda discutiu e pesquisou quais os temas que o coletivo da escola considerava necessários para trabalhar com as turmas, principalmente das séries finais do Ensino Fundamental. Ficou definido que se utilizariam as aulas de Ensino Religioso, juntamente com a professora responsável, e se desenvolveria um grande projeto de orientação sobre a valorização da vida, abordando os valores éticos e morais, conduta familiar e social, atitudes na escola, com colegas e professores.

Assim, a escola organizou-se de maneira que teria, semanalmente, um professor ou outro profissional, como a coordenadora pedagógica, em contato com a sala de aula para verificar as necessidades e os problemas, principalmente dos alunos, que, na maioria do tempo, convergem para tumultuar e desequilibrar o ambiente de aprendizagem dentro e fora da sala de aula e os relacionamentos interpessoais, bem como para ouvir as opiniões, buscando a melhoria no e do ambiente escolar.

Mesmo a escola organizando-se com um profissional que pudesse trabalhar de maneira mais próxima e sistemática sobre temas relacionados aos valores, todos os professores assumiram a responsabilidade de colaborar com o projeto proposto e buscar nas suas aulas desenvolver os princípios elencados no Projeto Político-Pedagógico. Assim, a escola através da prática diária desenvolveu os temas: "aprender a aprender"; "vivência dos valores: respeito, solidariedade, disciplina, responsabilidade, coletividade"; "trabalho unificado — coletivo"; "humanizar e compromisso".

O projeto de trabalho pautou-se em programar as aulas com dinâmicas diversas que permitissem aos alunos exporem suas opiniões, refletindo, principalmente, sobre a importância da vida, valorizando-a através de bons hábitos de saúde física, mental e espiritual, reflexão sobre valores, seus próprios comportamentos, atitudes e tomada de decisão.

Relato da ação pedagógica desenvolvida

Buscando alcançar os objetivos propostos, consistiu preocupação constante a organização dos procedimentos metodológicos a serem utilizados no decorrer dos encontros com os alunos. Nesse sentido, optou-se por diferentes dinâmicas de acordo com o assunto (aceitação de si, respeito, solidariedade, sentimentos, identidade, integração, grupo, comunicação e sexualidade) e com a turma, utilizando-se de projeção de filmes, vídeos, slides e documentários, leituras de textos e livros, contação de histórias, apresentações dos trabalhos realizados

PROJETOS BEM-SUCEDIDOS DE EDUCAÇÃO EM VALORES

pelas turmas em Atividade Cívica Cultural (uma a cada quinze dias), exposição dos trabalhos em murais na escola e nos jornais da cidade.

Conforme a temática a ser desenvolvida e de acordo com o conteúdo abordado, outras disciplinas foram se integrando ao projeto, possibilitando ao aluno verificar o interesse dos profissionais que atuam na escola com o projeto que estava sendo desenvolvido. O grupo de professores e a equipe gestora estavam coesos e afinados, voltados ao desenvolvimento do aluno como ser de intelecto, de sentimentos e atitudes.

Em cada um dos encontros semanais, havia delimitado um foco de trabalho, uma história que suscitasse discussão sobre a temática de valores ou que trouxesse à discussão comportamentos e atitudes do cotidiano da escola, da família e sociedade.

Para exemplificar seus procedimentos, a escola nos possibilitou o relato de duas atividades. A primeira aconteceu na turma da 8ª série, no ano de 2009; a orientadora leu a história *Um cego com dois olhos só*, de Carlos Alberto Sanches, da Coleção Encantamento de Valores. Após a leitura, os alunos debateram e opinaram sobre o que cada um entendeu da história, citando situações do cotidiano que envolviam pessoas de suas relações ou até mesmo de si próprios, em função da fase em que se encontravam na adolescência. A temática da história trata da **aceitação de si mesmo**, o que, segundo os professores envolvidos, é difícil para os adolescentes, pois estão passando por uma fase em que transformações, de diferentes naturezas, estão em curso. Nessa idade, se acham os mais feios, pensam que o colega sempre é mais bonito(a); não se gostam, não gostam do cabelo, da cor da pele, reclamam de tudo, ou querem tomar atitudes de adultos. Os adolescentes parecem pensar que podem tudo; a palavra deles é que vale e deve sempre ser a última — principalmente com relação à família.

Após a discussão do texto, solicitou-se que produzissem um outro texto (prosa, poesia) sobre a aceitação de si mesmos, baseando-se na história lida. Os trabalhos foram entregues, corrigidos, expostos no mural da escola e um deles foi escolhido para ser apresentado no momento cívico cultural e posteriormente enviado para ser publicado nos jornais da cidade.

A segunda atividade, dando sequência ao projeto iniciado em 2009, foi realizada em 2010, com o tema *"Bullying, isso não é brinca-deira!"*. Sabe-se que *bullying* é uma forma específica de violência e é um mal que aparece com grande ênfase nas escolas. Na Escola Belisário Pena, segundo relato da orientadora e dos professores, não é diferente, por isso precisou ser identificado, reconhecido e tratado como um problema social, complexo e de responsabilidade de todos. Nesse sentido, desenvolveram-se algumas atividades preventivas e ações combativas para a redução da violência na escola.

Houve, inicialmente, segundo os relatores, uma "boa conversa", clara e aberta, expondo a gravidade contida nesse ato e suas consequências. Em seguida, realizou-se uma apresentação de slides sobre o que é *bullying*, seus tipos, vítimas, agressores e testemunhas, consequências para a vítima e como identificar uma vítima. Organizou-se uma autobiografia escolar, com o objetivo de revelar os pensamentos, sentimentos e emoções que podem estar sendo camuflados ou reprimidos pelos alunos.

Durante o projeto foram elaborados cartazes contando sobre pessoas famosas que durante sua vida foram vítimas de *bullying* e superaram o trauma. Os próprios alunos criaram frases e desenhos que foram espalhados pelos murais e corredores da escola falando sobre a importância de se ter um amigo, de respeitar, de se colocar no lugar do outro, ser solidário, saber ganhar e perder, saber viver com o diferente.

Principais resultados e formas de avaliação

O trabalho sobre valores durante 2009 e 2010 foi bem aceito pelos alunos, pais e professores. Em conversa com a professora de Geografia, ela assim se posicionou:

Trabalhar o tema "Valores" nas disciplinas escolares é fundamental, pois nossos adolescentes estão carentes em vivenciar estas práticas, seja em casa, na rua ou com o grupo de amigos. Nós, educadores, temos o dever de mostrar que a nossa existência deve ser construída e vivida com valores éticos, morais e espirituais, só assim teremos uma sociedade solidária, justa e coerente com seu pensar e agir.

Analisando o posicionamento da professora é possível verificar a compreensão de que os valores são aprendidos não *apenas* na escola, mas *também* na escola. Reportamo-nos ao que nos aponta Zabalza (2000, p. 23) quando sugere três níveis de ação das escolas no âmbito da educação em valores. São eles:

a) por meio dos próprios compromissos institucionais;

b) por meio do currículo;

c) por meio de nosso próprio exemplo como professores/as.

Os valores institucionais não se restringem aos valores que a escola deseja transmitir e exigir dos alunos, mas também aos valores que a instituição, como comunidade educadora, possui; uma vez, que grande parte deles é aprendidada pelas interações com a família, grupos de amigos(as), na escola e comunidade, e é vivenciada nas ações cotidianas. Sob esta ótica, é importante que a escola analise seu estilo de funcionamento, a dinâmica institucional e o modelo educativo que é "respirado" entre todos.

Assim, é importante que o currículo escolar esteja carregado de valores para que se torne parte substantiva dos conteúdos explícitos que as escolas devem transmitir aos estudantes.

[...] propostas curriculares oficiais costumam compilar não apenas os conteúdos de informação que os alunos devem assimilar nas diferentes matérias do currículo, mas também as atitudes e os valores que se pretende comunicar-lhes ao abrigo do trabalho escola nas diferentes áreas curriculares (Zabalza, 2000, p. 23).

E ainda, por meio do próprio exemplo. O professor transmite valores não apenas quando ensina, mas também quando se transforma em exemplo de "estilo de vida", pois os professores são sempre modelos.

Reafirmamos essa compreensão nas palavras de Zabalza (2000, p. 24), que enfatiza:

> A ação do professor como modelo de atitudes faz com que o tema do ensino dos valores transcenda a natureza fundamentalmente técnica do ensino e de outros conteúdos. [...] quando um professor "vive" com intensidade um determinado valor, este acaba sendo transmitido com força aos alunos.

Durante o contato com a escola, tivemos a oportunidade de conversar com algumas alunas que participaram nos dois anos (2009/2010) das atividades realizadas sobre a importância de a escola trabalhar com temáticas pautadas na educação em valores. Destacamos, a seguir, a posição de três alunas:

A aluna F. estuda na 6ª série, segundo ela:

> A Escola Belisário Pena ensina vários direitos e deveres que o aluno deve seguir na escola e na sociedade. Em 2009 aprendemos tudo sobre o jovem, o respeito, sobre seus transtornos e dificuldades e até a beleza de "aprontar". As aulas eram muito boas, pois assim os jovens alunos que encontravam dificuldades podiam esclarecê-las. No ano de 2010 aprendemos tudo sobre *bullying* que com uma simples palavra podemos prejudicar as pessoas. Também aprendemos a dar valor às pessoas e a tudo o que a gente tem, seja de valor espiritual ou material. Foram dois anos muito bons que ajudou a facilitar a vida de muitos jovens.

A aluna B. estuda na 7ª série; ressalta ela:

> Nossa escola comenta e discute bastante sobre drogas (todos os tipos). Acho importante ser falado nas escolas porque os alunos, falando melhor, "adolescentes", estão perdendo a consciência de que droga não traz benefícios, mas sim prejuízo tanto físico quanto psicológico. Falo das drogas porque é um caso que está crescendo rápido, mas não deixo de

lado outros temas trabalhados como amizade, *bullying*, amor e preconceito. Sobre *bullying* muitos trabalhos foram realizados, como pesquisar sobre a vida de pessoas famosas que sofreram *bullying* em algum momento da vida. Eles contam sobre coisas horríveis. As pessoas que cometem *bullying* não sabem o quanto é ruim para as vítimas, não sabem o quanto sofrem e até mesmo eles podem virar agressores depois de tanto serem vítimas. Aprendemos através das aulas sobre respeito, amor e preconceito com momentos de discussão, cada aluno expondo sua opinião. Em nossa escola os assuntos foram bem trabalhados, bem comentados, discutidos. Os alunos se interessam por esses temas. Os trabalhos realizados e expostos na escola deu oportunidade de outras turmas lerem e refletir sobre cada assunto.

A aluna P., da 6ª série, expõe seu ponto de vista da seguinte maneira:

As aulas de Ensino Religioso de 2009 e 2010, trabalhadas por diferentes professoras, que possuíam a mesma intenção: educar mostrando o valor da vida. Em 2009 tivemos diferentes tipos de tópicos, ou seja, diferentes tipos de conteúdos como, por exemplo: sexualidade, amizade, respeito à escola, pessoas, família e valorização da vida. Fazendo uma avaliação das aulas de Ensino Religioso de 2009 e 2010 foram uma lição de vida para todos nós e fica a critério de cada um decidir que rumo tomar e é com a ajuda dessas professoras que vemos quem verdadeiramente somos.

Limites e dificuldades

Um dos grandes fatores que limitam as iniciativas da escola em trabalhar sua proposta fundamentada em valores está relacionado à seleção do professor da disciplina de Ensino Religioso, pois, muitas vezes, essa disciplina é assumida por um professor apenas porque ele precisa completar a sua carga horária. Nem sempre o profissional gosta de desenvolver temáticas dessa natureza em sala de aula. Nesse sentido, são necessários projetos que sejam assumidos e desenvolvidos pelo coletivo da escola, e não ficar somente sob a responsabilidade do professor e da disciplina de Ensino Religioso. Da mesma forma, segundo a professora Maria Lucinda, "a escola, às vezes, investe em momentos esporádicos, com palestras, que também são importantes, mas esquece de que é o contato diário com o aluno que deve proporcionar reflexões sobre si mesmos e sobre suas atitudes no coletivo da escola".

Outro fator limitante, importante, é o pouco envolvimento da família com o cumprimento de regras que a escola tem definidas no seu Projeto Político-Pedagógico. Para algumas famílias, a escola ainda é a única responsável por desenvolver valores e regras de conduta nas crianças e adolescentes.

A professora e orientadora educacional Maria Lucinda avalia as atividades realizadas enfatizando que

> Ao desenvolver as ações planejadas percebeu-se que a escola está, cada vez mais, trabalhando, primeiro, para educar no sentido de desenvolver bons hábitos nos alunos, para fazê-los entender regras de bom convívio, sentimentos de companheirismo e solidariedade, para, em segundo lugar, realizar sua verdadeira atividade que é a de ensinar. Sabe-se que vários são os fatores que interferem na atenção e concentração da pessoa no processo de aprender, dentre eles a inquietude natural das fases de desenvolvimento do ser humano (infância e adolescência), mas que de maneira alguma se deve deixar de lado as exigências que a vida promove, isto é, a seleção natural dos responsáveis com os que não são, dos criativos dos não criativos, dos éticos com os não éticos, dos morais com os amorais, dos solidários com os egoístas, dos autônomos com os dependentes, dos honestos com os desonestos, dos mentirosos com os verdadeiros, confiáveis. Quando se busca desenvolver trabalhos dessa natureza assume-se o conceito de que valores (moral/ética) são adquiridos. Por isso, é necessário que o organismo amadureça, interaja com objetos e outras pessoas, que seja submetido a um processo educativo adaptando-se e desadaptando-se constantemente ao meio físico e social.

Assim, a escola que objetiva ser instituição de relevância no desenvolvimento do caráter de pessoas e homens de bem, principalmente na construção e reconstrução de ambientes harmônicos, dialógicos

PROJETOS BEM-SUCEDIDOS DE EDUCAÇÃO EM VALORES

e de convivência, não deverá deixar de lado a discussão, os debates sobre sua própria condição de convívio, sobre o que é certo e errado, e que afetam o desenvolvimento das parcerias e a coletividade.

Algumas considerações sobre o projeto realizado na Escola Belisário Pena

Mesmo que a descrição do projeto realizado na Escola Belisário Pena, em Santa Catarina, seja sucinto, ele nos oferece interessantes elementos de análise e discussão, favorecendo o alcance dos objetivos desse texto, que, além da descrição do projeto realizado, nos permite analisar por que esse projeto pode ser considerado "bem-sucedido". Nos deteremos, a seguir, a comentar alguns aspectos:

1. Consideramos importante destacar, a partir do registro das duas atividades relatadas, a importância e preocupação dos profissionais que atuam na escola com a organização de procedimentos metodológicos que suscitem no aluno *processos de reflexão* sobre o tema valores e outros temas morais. Para que os objetivos de uma educação moral sejam alcançados, é necessário mobilizar o aluno para processos de reflexão (flexão sobre si mesmo) e descentração (colocar-se na perspectiva do outro), o pensar sobre, a construção de argumentos, contra-argumentos, até alcançar (sempre que possível) o consenso sobre determinados focos, são essenciais para ativar a dimensão cognitiva e afetiva do aluno (Trevisol, 2002); ao contrário de metodologias que somente se baseiam na reprodução, na realização de tarefas que não são significativas para o aluno, que as executa por obrigação e não por interesse, envolvimento com o tema a ser discutido/aprendido.

Por isso, os aspectos relacionados às questões metodológicas, aos procedimentos, a como colaborar com esse processo devem merecer especial atenção. Nesse sentido, atividades que utilizam recursos didáticos, como fábulas, pequenas estórias, análise e discussão de histórias de vida, elaboração de painéis, cartazes, teatro, registro escrito da experiência vivenciada e refletida na escola, constituem estratégia valiosa para o trabalho na dimensão da moral e dos valores.

Nesse sentido, procedimentos que instauram conflitos cognitivos e favorecem a discussão entre sujeitos são essenciais para a construção e ressignificação de conhecimentos. Dewey (1979, p. 23) já afirmara que "os homens não pensam se não têm dificuldades para resolver ou perplexidades a que se sobrepor". Os conflitos atuam como molas propulsoras que ativam nos sujeitos o processo reflexivo; são fonte de desequilíbrio social e cognitivo. Esse conflito "sociocognitivo" (Mugny e Doise, 1983; Perret-Clermont, 1995) não se constitui em uma simples oposição de respostas; refere-se a um conflito entre dois agentes sociais que possuem construções sociais diferenciadas, com leituras da realidade e de determinada situação diversas. Nesse processo de construção envolvendo conflitos, desequilíbrios, reequilibrações, não podemos deixar de considerar, conforme Piaget, a interferência da afetividade, constituindo-se a "energética" das condutas.

No que se refere à confrontação de pontos de vista entre os sujeitos, esses são benéficos para estimular a busca de uma solução para o problema ou temática discutida; favorecer a tomada de consciência de outras possibilidades de pensar e responder aos dilemas propostos; o "outro" proporciona ao sujeito os elementos ou dimensões da nova estruturação. Entretanto, essas inter-relações são favorecidas quando não há uma sobreposição do papel de um sujeito em relação ao outro, mas a possibilidade de que ambas as partes participem ativamente na reestruturação do problema, isto é, sejam "ativos cognitivamente" (Mugny e Doise, 1983). Não se pode deixar de considerar que as relações interpessoais demandam, também, momentos de organização intrapessoal; sem esse nível de organização, não há reorganização cognitiva.

2. A descrição da organização da instituição escolar visando ao trabalho pedagógico na dimensão da moral e dos valores nos permite confirmar que os projetos e as ações pedagógicas que

são realizados nessa escola somente alcançaram seus objetivos em virtude de que estão delineados no *Projeto Político-Pedagógico* dessa instituição. Esse documento sintetiza a visão de homem, de mundo, de sociedade, de processo de ensino e de aprendizagem que norteará "os caminhos" da escola e de seus profissionais. Nesse sentido, é fundamental que todos os profissionais participem da construção e reconstrução desse projeto, principalmente no início de cada ano letivo, pois a "vida da escola" é dialética e dinâmica, não há como pensarmos em documentos que não necessitem de reformulações e ajustes, pois novas e antigas demandas precisam ser repensadas e encaminhadas.

Quando nos remetemos à ação pedagógica relacionada ao tema valores, é fundamental que o coletivo escolar esteja envolvido e consciente de seu papel de intervenção. No projeto relatado, foi possível observar essa parceria entre os profissionais e o reconhecimento dessa parceria nos relatos dos alunos. Formar para os valores implica vivência destes no dia a dia da escola e da sala de aula, no pátio, no refeitório; enfim, todos os espaços de convívio e de diálogo entre pessoas devem estar embebidos desse propósito (Trevisol, 2009).

De acordo como o que se observa em Zabalza (2000, p. 21):

[...], o tema dos valores foi e será um tema-chave em qualquer processo de ação e de reflexão sobre as pessoas e suas ações; desde a Religião à Filosofia, desde o pensamento social às doutrinas econômicas e políticas, desde a Educação à Psicologia. Em geral, tudo está envolto em valores (ou contravalores) que dão sentido às ideias e às propostas que em cada âmbito são estabelecidas.

Assim, sob o viés dos valores, Zabalza (2000) aponta que nenhuma educação terá sentido, se sustentará, se não estiver comprometida com valores. São eles os grandes orientadores que ajudam a dar sentido à vida, a construir-se como pessoa responsável, comprometida, emocional e socialmente ajustada.

Com o foco voltado para uma educação de ascensão do humano, vale ressaltar que:

> A educação deve ser vista como um processo integral que permite às crianças e aos jovens aprender a pensar, raciocinar, sintetizar, serem responsáveis, praticar as virtudes de solidariedade e de amor ao próximo. [...] a educação desenvolva a autonomia, a criatividade, o espírito científico, o espírito literário e artístico. [...] que contribua na construção da identidade e da autoestima, que incite ao respeito dos direitos humanos e dos valores éticos e que, permita desenvolver relações de amizade e de solidariedade com os outros (Parrat-Dayan, 2008, p. 104).

Compreendemos que para que o processo educativo contribua na construção de cada um desses elementos apontados por Parrat-Dayan (2008) é fundamental que os profissionais que atuam na escola não trabalhem de forma descontextualizada em relação ao cotidiano. A análise e discussão "co-operativa" (entre alunos) de cenários e cenas do cotidiano nos parecem essenciais como umas das alternativas para trabalhar a dimensão da moral e dos valores. Se concordarmos que o sujeito constrói o mundo e a si mesmo, por meio de trocas significativas com o meio, a escola, enquanto representante desse meio, pode favorecer, e muito, essa construção. O compromisso da escola com os alunos não se refere somente à transmissão de conhecimentos, pois a escola é lugar de se discutir e vivenciar a dimensão da moral e dos valores.

Para que esse objetivo seja alcançado, é fundamental, tanto para os profissionais que atuam na escola quanto para os alunos, o diálogo. É por meio do diálogo que os sujeitos revelam sua "incompletude", como diria Paulo Freire (1996); seria impossível saber-se inacabado e não se abrir ao mundo e aos outros à procura de explicação, de respostas e múltiplas perguntas.

Parafraseando os professores Cortella e La Taille (2005), a escola é o espaço privilegiado das crianças durante anos; é lá que elas crescem. Não se pode supor que só se vai ensinar uma parte dos conhecimentos, deixando de lado o civismo, a moral e a ética.

3. Consideramos o trabalho desenvolvido na Escola Belisário Pena uma "proposta de educação moral" compreendida não e tão só como um meio de adaptação social ou de aquisição de hábitos virtuosos; também não é apenas o desenvolvimento do juízo moral ou o descobrimento dos próprios valores. A educação moral é uma tarefa complexa que os seres humanos realizam com a ajuda dos seus companheiros e dos adultos para elaborar aquelas estruturas de sua personalidade que permitirão integrar-se de maneira crítica ao seu meio sociocultural (Puig, 1998a). Sendo uma tarefa complexa, deverá ser compreendida também como constante, exigindo processos de retroalimentação do foco que está sendo discutido ou trabalhado.

Nesse sentido, uma proposta de educação moral, articulada com o conjunto de conhecimentos do cotidiano escolar, em muito pode colaborar para a construção de uma "personalidade moral",[1] que se traduz num aluno responsável por si mesmo e pelo meio do qual faz parte, um aluno que se coloca na posição de intérprete da realidade e não somente como espectador, assumindo o desejo da transformação, da mudança, mesmo que em proporções modestas.

Compreendemos que à medida que o desenvolvimento do aluno ocorre, todo um processo de ressignificação[2] dos conhecimentos, de suas representações, vai se constituindo. Dessa forma, há a possibilidade de ele pensar de outro modo os objetos, as pessoas, as relações; conceber novos pontos de vista ou levar outros fatores em consideração quando analisa uma determinada situação ou problema, e, com

---

1. No livro *A construção da personalidade moral*, J. M. Puig (1998a, p. 73) relaciona o conceito de "personalidade moral" a "autorrespeito". Segundo ele, "ter um eu supõe ter desenvolvido uma certa representação de si mesmo em relação com o meio. Sem uma imagem da relação de si próprio com o mundo social, sem uma autoimagem, dificilmente poderão ser elaborados projetos pessoais que mereçam os esforços de autoconstrução".

2. "Ressignificar" (*reframe*) quer dizer modificar o molde pelo qual uma pessoa percebe os acontecimentos, a fim de alterar o significado. Quando o significado se modifica, as respostas e comportamentos da pessoa também se modificam (Bandler e Grinder, 1986).

isso, agir de maneira mais consciente e responsável. Uma proposta de educação moral deveria, a nosso ver, entrar em sintonia justamente com esse propósito: ressignificar a forma de pensar dos sujeitos sobre si e sobre seu entorno, implicando a modificação de seus comportamentos (Trevisol, 2002).

Segundo Puig (1998b), uma proposta de educação moral deve converter-se em um âmbito de reflexão individual e coletiva; deve favorecer a análise crítica da realidade cotidiana e as normas sociomorais que estão em vigor, com o intuito de contribuir para a discussão e construção de formas mais justas e adequadas de convívio entre os indivíduos; deve pretender aproximar os educando de condutas e hábitos mais coerentes com os princípios e normas que vão construindo. E, finalmente, a educação moral deve formar hábitos de convivência que reforcem valores como a justiça, a solidariedade, a cooperação ou cuidado com os demais. Entretanto, cabe-nos ressaltar que esses objetivos só fazem sentido se integrados a uma perspectiva de educação integral, que vise à construção do sujeito em todas as suas particularidades, não somente intelectuais.

Nesse sentido, levando em consideração os aspectos destacados no decorrer do texto, podemos afirmar que se trata de um projeto bem-sucedido.

Referências bibliográficas

BANDLER, R.; GRINDER, J. *Ressignificando*: programação neurolinguística e a transformação do significado. São Paulo: Summus, 1986.

CORTELLA, M. S.; LA TAILLE, Y. de. *Nos labirintos da moral*. Campinas: Papirus, 2005.

DEWEY, J. *Como pensamos*. 4. ed. São Paulo: Ed. Nacional, 1979.

FREIRE, P. *Pedagogia da autonomia*: saberes necessários à prática educativa. 2. ed. São Paulo: Paz e Terra, 1996.

MUGNY, G.; DOISE, W. *La construcción social de la inteligencia*. México: Trillas, 1983.

PARRAT-DAYAN, S. *Como enfrentar a indisciplina na escola*. São Paulo: Contexto, 2008.

PERRET-CLERMONT, A. N. *Desenvolvimento da inteligência e interação social*. 2. ed. Lisboa: Instituto Piaget, 1995.

PUIG, J. M. *A construção da personalidade moral*. São Paulo: Ática, 1998a.

_____. *Ética e valores*: métodos para um ensino transversal. São Paulo: Casa do Psicólogo, 1998b.

TREVISOL, M. T. C. Tecendo os sentidos atribuídos por professores do ensino fundamental ao médio profissionalizante sobre a construção de valores na escola. In.: LA TAILLE, Yves de; MENIN, Maria Suzana De Stefano et al. (Orgs.). *Crise de valores ou valores em crise?* Porto Alegre: Artmed, 2009.

_____. *A construção do conhecimento social*: um estudo dos modelos organizadores do pensamento em sujeitos entre 8 e 14 anos. Tese (Doutorado) — Universidade de São Paulo/Instituto de Psicologia, São Paulo, 2002.

ZABALZA, M. Como educar em valores na escola. *Revista Pátio Pedagógica*, ano 4, n. 13, maio/jul. 2000.

5

Projeto "O Bandeirante na construção de uma cultura de paz"*

Guaporé/RS
Maria Teresa Ceron Trevisol — Unoesc
Silvio Antônio Bedin — UPF

Durante a coleta de dados para a Pesquisa "Projetos bem-sucedidos de educação moral: em busca de experiências brasileiras", conhecemos diversas experiências interessantes que são desenvolvidas em escolas localizadas no Rio Grande do Sul. Dos projetos que foram coletados e analisados nos deteremos, nesse texto, a descrever um deles. O projeto selecionado foi desenvolvido na Escola Estadual Bandeirante, em Gua-

---

* Agradecemos aos demais relatores desse projeto, os professores Berenice M. P. Romanzini, Bernadete T. Montagna, Jocelaine S. Polita, Veridiana M. Tonini, Maria A. G. Lanzoni, Jacira M. O. Postal, Rosalia B. Cáo e Luise Pasquali.

PROJETOS BEM-SUCEDIDOS DE EDUCAÇÃO EM VALORES   103

poré/(RS). Buscamos com esse texto explanar sobre o projeto desenvolvido, os objetivos e os motivos que desencadearam sua realização, como foi desenvolvido, a avaliação do projeto, os limites e dificuldades encontrados na trajetória de sua realização. Da mesma forma, analisamos por que esse projeto pode ser considerado "bem-sucedido".

O contexto

A Escola Estadual de Ensino Médio Bandeirante está localizada em área central urbana da cidade de Guaporé, na região da Encosta Superior Nordeste do Rio Grande do Sul. Foi fundada em 1926. Trata-se da escola pública mais antiga de toda a região, colonizada desde fins do século XIX por imigrantes italianos. É também a maior de todas as escolas da região, dando atendimento, em 2010,[1] a mil cento e trinta alunos em todos os níveis da Educação Básica. A escola atende em três turnos e nela atuam 59 professores e doze funcionários. No matutino, atende à educação infantil, às séries iniciais do Ensino Fundamental e ao Ensino Médio; no vespertino atende à educação infantil e a todas as séries do Ensino Fundamental; no noturno atende ao Ensino Médio.

Desde que assumiu a escola, no ano de 2000, a equipe diretiva, sempre renovada nos processos eleitorais, vem procurando promover uma Gestão Educacional dando prioridade aos fazeres pedagógicos, com o desenvolvimento gradual e sucessivo de inúmeras, articuladas e complementares ações formativas e projetos interdisciplinares, envolvendo a comunidade escolar. Na base de todo esse processo vivido, um intenso programa de formação continuada veio sendo desenvolvido, oferecendo os aportes teórico-metodológicos fundamentais para as mudanças nas práticas pedagógicas que nela passaram a ocorrer, dentre eles o projeto de cultura de paz.[2]

---

1. Em 2001, quando iniciou o projeto, a Escola atendia a mais de mil e setecentos alunos.

2. Dentre os projetos desenvolvidos, cito o Curso de Extensão "Educação e a Ética do Cuidado" (2002), o Curso de Especialização "Gestão Interdisciplinar da Educação" (2004-2006),

Em termos de organização político-pedagógica, a escola possui uma equipe diretiva, atualmente constituída por um diretor, além de professores que ocupam cargos de vice-direção e de coordenação pedagógica, incluídos aí a orientação pedagógica e a orientação educacional. A escola conta também com o Conselho Escolar e com o Círculo de Pais e Mestres (CPM), que foram sendo "empoderados" neste processo de gestão democrática da educação e continuam muito atuantes.

Motivação ou finalidades buscadas no projeto

O projeto denominado "O Bandeirante na construção de uma cultura de paz", foi inaugurado em 2001 e vem sendo desenvolvido até o presente, embora tenha passado por crises e transformações. Nasceu do desejo da equipe diretiva, que assumira a direção da escola no ano anterior, em aprofundar questões relacionadas às manifestações de conflitos e violências que eclodiam no meio escolar e à busca de alternativas para constituir a escola como um lócus saudável de convivência. A equipe buscou apoio externo, inicialmente em uma ONG denominada "Educadores da Paz", de Porto Alegre, que passou a desenvolver um trabalho de assessoria à equipe que, por sua vez, decidiu mobilizar os professores. Os encontros passaram a envolver gradativamente os professores e eram desenvolvidos sob forma de oficinas, garantindo-lhes a apropriação de elementos teóricos, didáticos e metodológicos para o processo formativo que passou a ser desenvolvido em sala de aula.

As temáticas abordadas partiam, tratavam e remetiam ao vivido na realidade da escola, articulando-se os processos reflexivos com a vida concreta dos sujeitos envolvidos, oferecendo-lhes contribuições

---

ambos numa parceria entre a Escola e a UFRGS. Em sucessivas edições, a partir de 2004, veio sendo construído um curso de aprofundamento pedagógico intitulado "encantos e exigências nas práticas educativas".

significativas para que pudessem se transformar e assim transformar as relações e situações conflitivas no contexto da escola. Isso parece ter sido, desde o início, o mais importante do processo, na medida em que os educadores passaram a descobrir-se como protagonistas de um processo de transformação do seu espaço de convivência. Com os primeiros resultados positivos, o processo foi sendo fortalecido e todos os professores e funcionários da escola tiveram a oportunidade de participar de um "curso de educação para a paz", que ocorreu em etapas sucessivas (em 2003-2004). Da mesma forma, o projeto foi sendo ampliado para atender também a alunos e pais. Para os pais, foram criadas as "noitadas da paz", momentos de encontro, partilhas e reflexões de temáticas do seu interesse, sempre aproveitando a presença dos assessores do curso dos professores.

A partir de 2003, o projeto passou a contar também com a assessoria de outra ONG, o SERPAZ (Serviço de Paz) que, por meio de uma metodologia singular e inovadora de oficinas voltadas a capacitar para a gestão dialogal de conflitos, começou a envolver prioritariamente os estudantes jovens da escola. A acolhida da proposta por parte dos estudantes surpreendeu até mesmo a equipe diretiva. Este trabalho de oficinas continua até hoje na escola e foram centenas os estudantes envolvidos no processo, sendo despertados para o protagonismo juvenil.

Segundo relato de alguns professores que atuam na escola, o que desencadeou a necessidade de buscarem alternativas para mudança do cenário escolar foram os seguintes motivos:

> [...] melhorar as inter-relações do grupo (comunidade escolar) promovendo ações pedagógicas transformadoras voltadas ao resgate de valores, interferindo na realidade local em busca da humanização das relações e da justiça social. Educar para a "felicidadania", com o meio, com o outro e consigo. (Professora Berenice)
>
> Tudo começou quando a equipe diretiva começou a dar-se conta de que era preciso encontrar respostas para as situações de conflitos e manifestações de agressividades e de violências que aconteciam no contexto da Escola, envolvendo estudantes entre si, com seus professores, e, também entre os professores e com a equipe diretiva. Tais situações, que colaboravam para

a manutenção de um clima pesado e hostil naquele cenário, afetando a vida de todos, constituíram-se em desafio para a nova direção. Logo se percebeu que era preciso desenvolver ações propositivas de resolução de tais problemas, saindo de cima, ou de frente, do muro das lamentações, alimentadoras de insatisfação e conformismo. (Professor Sílvio Bedin, 2008)

Procedimentos envolvidos para a execução da experiência

Diferentes procedimentos foram utilizados para a execução da experiência, entre eles as oficinas. Seguem uma metodologia de trabalho própria, envolvente e participativa, que é desenvolvida em pequenos grupos (de até 20 pessoas), em 20 horas de atividades, sempre assessorados por três facilitadores. Normalmente acontecem em finais de semana. Para favorecer a participação dos alunos do noturno, a escola passou também a desenvolver as oficinas no decorrer das noites da semana.

No seu conjunto, o projeto contempla um processo de formação continuada, que inicia com Oficinas Básicas, desdobram-se em Oficinas Avançadas, Oficinas de Manutenção e Oficinas que preparam Multiplicadores.

As oficinas buscam desenvolver o espírito de comunidade, de grupo, gerando a criação de vínculos e de habilidades que contribuem para a resolução não violenta dos conflitos. Os participantes são envolvidos em exercícios de autoestima, solidariedade e cooperação, sociodramas que buscam a prática de habilidades para uma comunicação não violenta e construção de formas afetivas de convivência. Os resultados têm sido excelentes, despertando para a participação e o protagonismo juvenil na construção de uma escola saudável e prazerosa.

Além das oficinas, outras ações foram sendo construídas na escola, como os acampamentos da paz, das crianças e dos jovens. Os acampamentos foram criados para servirem de meta e culminância do trabalho em cada ano, envolvendo professores, estudantes e pais. Segundo relato do professor Silvio Bedin, o objetivo dessas atividades é:

PROJETOS BEM-SUCEDIDOS DE EDUCAÇÃO EM VALORES

Desenvolver uma espiritualidade de religação com a vida e de promoção de uma cultura de paz, que possa inspirar a criação de uma realidade de integração da comunidade Bandeirante, mostrando que existem várias formas de viver a vida em harmonia com a natureza, consigo mesmo e com os outros.

Outros procedimentos foram utilizados para trabalhar os temas que demandavam reflexão de crianças e adolescentes. Segundo a professora Veridiana:

[...] encontros, cursos, debates nas diferentes disciplinas, nas vivências e convivências, apresentações, teatros, cantos, acampamento, dança, e na antiga disciplina de Religião, chamada agora de "Espaço aberto", gincanas, jogos de integração, celebrações; viagens; manifestações na cidade; estudos em sala; laboratórios.

Segundo relato da professora Jacira "periodicamente se fazem avaliações sobre os trabalhos desenvolvidos". A professora Maria Angélica também comentou que "ao final de cada ano a escola realiza avaliação das atividades, em que todos os participantes podem opinar de forma verbal ou escrita".

Resultados notados

No décimo ano consecutivo de seu desenvolvimento, o projeto "O Bandeirante na construção de uma cultura de paz" tem agregado, articulado e mobilizado os sujeitos da escola, sendo perceptíveis os frutos gerados no decorrer do processo. Os mais significativos são percebidos nas mudanças de comportamento e nas relações interpessoais no interior da escola, resultando na transformação gradativa do ambiente escolar num espaço ético-afetivo de convivência; na criação de um eixo articulador do empenho coletivo na gestão da cultura da paz como prática pedagógica que busca transversalizar todos os níveis e áreas de conhecimento do currículo escolar; na transformação das aulas de Ensino Religioso em "Espaços Abertos", assumidos por todos os professores, como lócus e tempo de diálogo, interlocução, aconselhamento, vivência de valores e desenvolvimento de projetos, como a da construção das "normas de convivência"; no "empoderamento" dos sujeitos da escola, especialmente no protagonismo juvenil, na criação e desenvolvimento de ações envolvendo a comunidade, sobretudo no tocante às questões ambientais, resolução não violenta de conflitos e direitos humanos; no fortalecimento dos organismos que dão sustentação à Gestão Democrática no interior do educandário, a Equipe Diretiva, o Conselho Escolar, o Círculo de Pais e Mestres (CPM), o Grêmio Estudantil, enfim, corresponsabilidade, solidariedade e cooperação de todos com a escola.

Segundo relato da professora Jocelaine, para garantir o êxito das ações realizadas na escola, a formação continuada "em serviço e voltada para a realidade vivida" foi essencial. Além dessa posição, evidenciamos na resposta da professora Bernadete que "[...] a experiência realizada é de fundamental importância, pois a comunidade escolar reflete sobre suas atitudes e busca posturas mais éticas, melhorando a convivência social, baseada no respeito".

A professora Veridiana avaliou positivamente a experiência realizada, pois "as relações tornaram-se mais humanas; afetivas; percebem-se menos reprovações e evasões; fortaleceu a gestão democrática; maior prazer nas aulas educador/aluno; aluno/educador/funcionário/equipe diretiva/pais/comunidade em geral".

Dificuldades reconhecidas pelos agentes escolares e encaminhamentos

Para ser desenvolvido, o projeto precisou contar com importantes apoios, internos e externos, como, por exemplo, o de recursos humanos para a coordenação do projeto no interior da escola. No início e processualmente, o projeto passou a contar com um número considerado

PROJETOS BEM-SUCEDIDOS DE EDUCAÇÃO EM VALORES

adequado de professores para atuar em níveis de mediação (coordenação, articulação, mobilização).

Nos últimos anos e atualmente, com a política adotada pelo atual governo do Estado, reduziu-se o número de professores para atuar nos setores estratégicos, como Serviços de Orientação Profissional (SOP) e Serviços de Orientação Educacional (SOE), o que comprometeu e compromete qualquer iniciativa de projetos alternativos.

Algumas considerações sobre o projeto realizado na Escola Estadual Bandeirante

O projeto realizado na Escola Estadual Bandeirante merece destaque em muitos aspectos; entretanto, gostaríamos de destacar, ao menos, dois deles, a saber:

1. A ação "ousada" e efetiva da escola e de seus profissionais em mobilizar-se, internamente, diante dos dilemas do cotidiano escolar, buscar parcerias com instituições formadoras visando à construção de conhecimentos e alternativas para encaminhar os problemas escolares e à compreensão da instituição e de seus profissionais de que trabalhar a dimensão da moral e dos valores demanda uma proposta de educação moral transversal. Cabe ressaltar a trajetória de construção dos procedimentos adotados, inicialmente, a formação/conscientização do coletivo da escola para depois haver a transposição do que foi aprendido para ações pedagógicas mais apropriadas. Segundo enfatiza o professor Sílvio Bedin (2008), coordenador do projeto realizado, "logo se percebeu que era preciso desenvolver ações propositivas de resolução de tais problemas, saindo de cima, ou de frente, do muro das lamentações, alimentadoras de insatisfação e conformismo".

Cabe ressaltar a importância da "formação permanente" de todos os profissionais que compõem o contexto escolar visando ao alcance dos objetivos com uma proposta de educação moral. Segundo Imbernón (2009, p. 26):

> A formação permanente do professorado requer um clima de colaboração e sem grandes reticências ou resistências entre o professorado (não muda quem não quiser mudar, ou não se questiona o que faz aquele que pensa que está muito bem), uma organização minimamente estável nos centros (respeito, liderança democrática, participação de todos os membros etc.) que dê apoio à formação e uma aceitação que existe uma contextualização e diversidade entre o professorado e que isso leva a maneiras de pensar e agir diferentes. Tudo isso contribui para conseguir uma melhoria na aceitação de mudanças e de inovação das práticas.

Por meio de um planejamento participativo de formação e intervenção, toda a escola foi se envolvendo na experiência. Evidenciamos a importância atribuída a esses momentos de encontro e reflexão, na tradução do professor Sílvio (2008):

> Naqueles dias de encontro, esparramados pelo ano letivo, a Escola dava-se um tempo de respiração, para encontrar-se consigo mesma, refletir seus problemas e descortinar seus caminhos. As temáticas abordadas, a interlocução com assessores externos, a metodologia empregada, despertavam o poder pessoal e coletivo dos educadores sobre as possibilidades de criação de uma cultura de paz, a começar do cotidiano escolar. Neste caminho palmilhado foi sendo definido aquele que tem sido o objetivo fundamental deste trabalho: educar para a paz na Escola Bandeirante significa o engajamento coletivo na promoção de ações pedagógicas transformadoras voltadas ao resgate de valores, interferindo na realidade local em busca da humanização das relações e da justiça social. Educar para a paz significa educar para a felicidadania na relação com o meio, com o outro e consigo mesmo.

Evidenciamos na Escola Estadual Bandeirante a transformação da escola em "comunidade de aprendizagem". Segundo Flecha e Tortajada (2000, p. 34),

> [...] as comunidades de aprendizagem partem de um conceito de educação integrada, participativa e permanente. Integrada, porque se baseia

PROJETOS BEM-SUCEDIDOS DE EDUCAÇÃO EM VALORES

na ação conjunta de todos os componentes da comunidade educativa, sem nenhum tipo de exclusão e com a intenção de oferecer respostas às necessidades educativas de todos os alunos. Participativa, porque depende cada vez menos do que ocorre na aula, em casa e na rua. Permanente, porque na atual sociedade recebemos constantemente, de todas as partes e em qualquer idade, muita informação, cuja seleção e processamento requerem uma formação contínua.

Em consonância com esse aspecto, a importância atribuída aos processos desenvolvidos com os profissionais de trabalho em equipe, de pesquisa-ação, de exercício de ação-reflexão da prática cotidiana, da verificação dos êxitos e da necessidade de mudança em relação aos procedimentos adotados. É necessário que todos os membros da equipe conservem uma atitude positiva em relação a esses processos. Ao contrário do que se verifica em muitas instituições em que os professores estão habituados a participar de palestras, cursos e seminários, consideramos importante reiterar o papel das atividades periódicas de estudo e capacitação em grupo com os profissionais na escola. É necessário "dar a palavra aos protagonistas da ação" (Imbernón, 2009), para que dialoguem sobre seu cotidiano, as situações problemáticas educativas, e, dessa forma, favoreça os processos de "ação-reflexão-ação", a troca de experiências, o planejamento das intervenções.

Ainda é oportuno mencionar a necessidade de formação de professores para atuar com a dimensão da moral. O embasamento teórico é fundamental para subsidiar a postura e as práticas pedagógicas desses profissionais. Além disso, essa fundamentação teórica leva o profissional à reflexão sobre as decisões a tomar, sobre o conhecimento a respeito do desenvolvimento moral e intelectual dos alunos, de como eles aprendem, aumentando as condições de favorecimento desse processo tão importante e difícil da educação. Ainda leva à aquisição do bom senso e da percepção do quanto ainda se faz necessária caminhar em relação à autonomia moral (e intelectual) dos alunos (Gressana, 2007).

A formação permanente da escola e de seus profissionais é essencial. Não podemos deixar de considerar que, quando nos referimos aos valores no ensino, não devemos referir-nos apenas aos valores que desejamos transmitir e exigir dos alunos. Mais importantes, a propósito, são os valores que a escola, enquanto instituição e enquanto comunidade educadora, possui, já que grande parte de sua capacidade (ao menos no que se refere aos valores) dependerá disso (Zabalza, 2000).

No cotidiano da escola, os professores ocupam papel essencial no processo educacional. Boa parte da responsabilidade no êxito ou no fracasso desse processo reside no modo como o educador o realiza. No campo da formação moral dos alunos, acontece o mesmo. A postura desse profissional quando discute diferentes temas, quando transmite conhecimentos e, principalmente, quando se torna "exemplo de vivência" do conjunto de valores que apregoa será, sem dúvida, uma das condições essenciais na obtenção do êxito educacional (Trevisol, 2009). Os professores são "interlocutores da educação moral". Entretanto, é importante não deixar de considerar que "os professores, além de serem professores, são também pessoas afetadas e envolvidas nas suas convicções, sensações, aspirações como qualquer outra pessoa que conviva com os conflitos e ambivalências éticas e morais da sociedade contemporânea" (Goergen, 2007, p. 748).

Nesse sentido, as comunidades de aprendizagem, instituídas no contexto escolar, colaboram nos processos de ressignificação de conceitos, representações, atitudes de seus profissionais, inclusive da dimensão afetiva, fundamental para o trabalho pedagógico, pois se o professor não se sente bem no que faz, possivelmente, a disponibilidade para o ato de ensinar apresenta-se diminuída.

2. Outro aspecto importante identificado na trajetória do trabalho/ações desenvolvidas na Escola Estadual Bandeirante, como dissemos, é a compreensão da instituição e de seus profissionais de que trabalhar a dimensão da moral e dos valores demanda uma proposta de educação moral transversal. Segundo a professora Jacira, "a educação moral ou de valores não deve ser compreendida como uma disciplina à parte, mas como tema gerador e tramado dentro de cada disciplina". Argumento semelhante evidenciamos na resposta da professora Veridiana:

"uma proposta de educação moral ou educação para valores deveria se dar de forma transversal, perpassar todas as disciplinas, pois educar para valores requer um projeto maior, e não como uma disciplina isolada".

Novamente, verificamos a necessidade de a escola estar articulada em torno de objetivos claros, assumidos pelo coletivo de seus profissionais, bem como da importância de organizar o currículo integrando conhecimentos formais e conteúdos éticos e morais, em decorrência da necessidade de preparar/formar o aluno para "con-viver" com os outros indivíduos, com a sociedade, usufruir de seus direitos e respeitar seus deveres.

O caminho é árduo, mas podemos afirmar que a educação moral, a educação em valores é possível se embasada teoricamente, aplicando práticas e procedimentos coerentes com a teoria. Favorecer a construção de indivíduos com valores universais exige esforço, vontade e muita dedicação; entretanto, o resultado é gratificante não somente para o profissional que participa desse processo, como também para a sociedade que recebe esses cidadãos. Formar indivíduos melhores e com valores é o que busca a educação moral.

A experiência realizada na Escola Estadual Bandeirante, em Guaporé/RS, é merecedora de destaque e disseminação em muitas outras instituições. Enfim, pelo relato possibilitado pelos profissionais pesquisados, ficamos convencidos de que é possível haver mudanças no contexto problemático de muitas escolas; entretanto, há necessidade de bons líderes, que valorizem o diálogo entre os seus pares, idealizadores de novos sentidos e estrutura para a escola, e, por que não dizer, utópicos em seus desejos e sonhos. Por meio da descrição realizada, podemos afirmar que é "uma experiência/projeto bem-sucedido".

Referências bibliográficas

BEDIN, S. A. *Escola*: da magia da criação às éticas que sustentam a escola pública. Passo Fundo: UPF Editora, 2006. v. 1, 262 p.

BEDIN, S. A. Processos, desafios e exigências na construção da gestão democrática da educação. In: SIMPÓSIO BRASILEIRO DE POLÍTICA E ADMINISTRAÇÃO DA EDUCAÇÃO, 23.; CONGRESSO LUSO-BRASILEIRO DE POLÍTICA E ADMINISTRAÇÃO DA EDUCAÇÃO, 5.; COLÓQUIO IBERO-AMERICANO DE POLÍTICA E ADMINISTRAÇÃO DA EDUCAÇÃO, 1., *Anais...*, Porto Alegre, 2007.

_____. Escola da magia da criação: as éticas que sustentam a escola pública. In: CONGRESSO INTERNACIONAL TRANSDISCIPLINARIDADE, COMPLEXIDADE E ECOFORMAÇÃO, 3., *Fundamentos, pesquisas e práticas*: desenvolvimento humano para uma consciência planetária, Brasília, 2008.

_____. Protagonismo, criação e cuidado na gestão educacional: apontamentos e reflexões de uma experiência. In: ENCONTRO INTERNACIONAL DE PESQUISADORES DE POLÍTICAS EDUCATIVAS, 3., *Anais...*, Porto Alegre, Gráfica da UFRGS, v. 1, p. 243-48, 2008.

_____. Gestão democrática da educação: processos, desafios e exigências emergentes nas Escolas. *Espaço Pedagógico*, v. 16, p. 85-98, 2009.

FLECHA, R.; TORTAJADA, I. Desafios e saídas educativas na entrada do século. IMBERNÓN, F. (Org.). *A educação no século XXI*: os desafios do futuro imediato. 2. ed. Porto Alegre: Artmed, 2000.

GOERGEN, P. Educação moral hoje: cenários, perspectivas e perplexidades. *Educação & Sociedade*, Campinas, v. 28, n. 100, out. 2007. [Número especial.]

GRESSANA, A. *A compreensão dos graduandos do curso de pedagogia sobre sua atuação no desenvolvimento moral*. Dissertação (Mestrado em Educação) — UNOESC, Joaçaba, 2007.

IMBERNÓN, F. *Formação permanente do professorado*: novas tendências. São Paulo: Cortez, 2009.

TREVISOL, M. T. C. Tecendo os sentidos atribuídos por professores do ensino fundamental ao médio profissionalizante sobre a construção de valores na escola. In: LA TAILLE, Yves de; MENIN, Maria Suzana De Stefano et al. (Orgs.). *Crise de valores ou valores em crise?* Porto Alegre: Artmed, 2009.

ZABALZA, M. Como educar em valores na escola. *Revista Pátio*, Porto Alegre, ano 4, n. 13, jan./jul. 2000.

6

Projeto "O que os olhos não veem"*

São Gonçalo/RJ
Márcia Simão Linhares Barreto
Débora Pinto Inácio

O projeto "O que os olhos não veem", realizado no Colégio Estadual Dr. Adino Xavier, partiu da necessidade de inserir um aluno recebido pela escola com necessidades educacionais especiais que, a partir das observações dos professores, alunos e demais elementos envolvidos na escola, estava segregado do processo educativo, de modo geral.

Apesar de os Parâmetros Curriculares Nacionais (PCNs) enfatizarem a necessidade da adaptação do currículo a estes alunos, a escola, muitas vezes, se vê sem saber *como fazer* tais adaptações. Além

---

* Agradecemos às relatoras dessa projeto: Yonara Jurema Barros e Lucrecia Gomes Silva de Magalhães.

disso, como fazê-lo sem causar segregação, constrangimento ou retaliação ao processo de ensino/aprendizagem?

Edgar Morin (2003) ressalta o aspecto *antropo-ético* da educação, em que há o entrelaçamento dos aspectos individual, social e genético de espécie constituintes da natureza humana, manifestados diferentemente a depender da cultura e da própria natureza humana. Algo como uma trindade em que as terminações são ligadas: a antropo-ética.

> Cabe ao ser humano desenvolver, ao mesmo tempo, a ética e a autonomia pessoal (as nossas responsabilidades pessoais), além de desenvolver a participação social (as responsabilidades sociais), ou seja, a nossa participação no gênero humano, pois compartilhamos um destino comum.
>
> A antropo-ética tem um lado social que não tem sentido se não for na democracia, porque a democracia permite uma relação indivíduo-sociedade e nela o cidadão deve se sentir solidário e responsável. A democracia permite aos cidadãos exercerem suas responsabilidades (Morin, 2003, p. 118).

Sendo assim, a educação deve ter como foco estas duas dimensões: uma individual e outra coletiva/grupal. A partir daí, cada indivíduo poderá exercer sua responsabilidade, consciência social e atitude cidadã. O ato educativo baseado na orientação, objetivando a autonomia de seus elementos. Tal fato não exime as peculiaridades presentes nas diferentes culturas, mas leva a um caminho possível de tomada de consciência individual focada na coletividade e na cidadania.

> Seremos capazes de civilizar a terra e fazer com que ela se torne uma verdadeira pátria? Estes são os sete saberes necessários ao ensino. E não digo isso para modificar programas. Na minha opinião, não temos que destruir disciplinas, mas sim integrá-las, reuni-las em uma ciência como, por exemplo, as ciências da terra (a sismologia, a vulcanologia, a meteorologia), todas elas articuladas em uma concepção sistêmica da terra.
>
> Penso que tudo deva estar integrado para permitir uma mudança de pensamento; para que se transforme a concepção fragmentada e dividida do mundo, que impede a visão total da realidade. Essa visão fragmentada faz com que os problemas permaneçam invisíveis para muitos, principalmente para muitos governantes.

PROJETOS BEM-SUCEDIDOS DE EDUCAÇÃO EM VALORES

E hoje que o planeta já está, ao mesmo tempo, unido e fragmentado, começa a se desenvolver uma ética do gênero humano, para que possamos superar esse estado de caos e começar, talvez, a civilizar a terra (Morin, 2003, p. 108).

Partindo desta reflexão e do desafio de inserir um aluno na dinâmica viva da escola e da sala de aula, esse Projeto se fez e avançou nos objetivos por ele propostos, logrando êxito não somente para o aluno com necessidades educacionais especiais, mas com todos os envolvidos neste cenário vivo que é o ambiente educacional.

A escola e seu contexto

Com 60 anos de existência, o Colégio Estadual Dr. Adino Xavier tem 2.800 alunos matriculados em três turnos, possui 220 professores, contando com matrículas dobradas, aulas extras, denominadas neste estado de Gratificação por Lotação Prioritária (GLP)[1] e contratos.

O colégio situa-se em São Gonçalo, município localizado na região metropolitana do estado do Rio de Janeiro. Segundo a diretora adjunta Lucrecia Gomes Silva de Magalhães,

> É a segunda cidade do Brasil em que há o maior número de pessoas que estudam ou trabalham fora de seu município. O colégio fica bem localizado, com transporte acessível a localidades mais distantes. A busca por matrícula é bastante concorrida não só por este motivo, mas pelo reconhecimento da comunidade e dos profissionais da área no que tange à qualidade do ensino.

O corpo discente é constituído por alunos de classe média que não têm condição de pagar uma escola particular, mas também há alunos pobres.

---

1. GLP é uma gratificação que a Secretaria de Educação do Estado do Rio de Janeiro concede aos professores das Unidades Escolares da Rede Pública de Ensino e em efetiva regência de turma, indicados pelo critério da melhor conveniência ao serviço, a empreenderem ampliação da jornada de trabalho. Decreto n. 25.959, de 12 de janeiro de 2000.

Trata de um grupo de alunos calmos, apesar de estar muito próxima a uma comunidade perigosa (Chumbada). Não tem problemas de violência, nem conflitos. Só recentemente observou-se *bullying* na internet. Neste sentido temos trabalhado em sala de aula, nas aulas de ensino religioso e com projetos. (Lucrecia G. S. Magalhães)

Por conta da matrícula via *call center*,[2] começou a receber alunos de várias localidades, "mas no período do projeto, as matrículas ainda não eram feitas dessa forma, portanto os alunos moravam próximos, isto foi preponderante para a participação deles", diz Lucrécia.

Na percepção da direção,

O fato do ambiente escolar estar sempre arrumado e limpo contribui para o bem estar social dos alunos, bem como sua auto estima. A filosofia é manter a escola como se fosse a casa deles, um lugar onde se sintam bem, facilitando desta forma um clima de harmonia em que estar na escola é um prazer. O sinal mais evidente dessa satisfação está no fato de que ouvem e falam da escola com orgulho, bem como os pais que foram alunos da escola fazem questão de que seus filhos estudem ali também.

Por que e como o projeto começou

A professora Yonara Jurema Barros informa que:

O projeto "Além do que os olhos veem" surgiu em 2007, a partir da dificuldade de um aluno — deficiente visual e com sérios problemas de locomoção — do então 1º ano do Ensino Médio, que se ausentou das aulas por uma semana. Era um menino altamente inteligente, mas que dependia de outras pessoas para se locomover, por isso ia parar de estudar.

---

2. Trata-se de uma modalidade de atendimento telefônico criada para efetivar as matrículas iniciais nas escolas da rede estadual.

PROJETOS BEM-SUCEDIDOS DE EDUCAÇÃO EM VALORES

A professora, então, procurou-o em sua casa e ajudou incentivando-o a prosseguir. Na escola, ela trabalhou com os demais alunos no sentido de reforçar esse estímulo.

As diferenças começaram a cair e os outros alunos passaram a interagir mais com ele, fazendo com que, desta forma, o aluno fosse se sentindo mais inserido, retornando à escola, se esforçando e conseguindo finalmente concluir os estudos. Esse fato também motivou a alunos que não possuíam as mesmas dificuldades. (Yonara Costa)

A constituição do projeto: temas, meios, atividades desenvolvidas

As relatoras do projeto o planificaram da seguinte forma:

1. Metodologia utilizada:

1.1 Diagnóstico da situação trabalhada

- Em São Gonçalo não há nenhum projeto da Secretaria de Assistência Social que seja voltado para uma pessoa com necessidades educacionais especiais, como a apresentada pelo aluno. Na cidade vizinha, Niterói, fica a AFAC — Associação Fluminense de Amparo ao Cego —, uma instituição tradicional no cuidado com os deficientes visuais, que abriu as portas para o nosso projeto.

1.2 Estabelecimento de objetivos:

Objetivos principais:

- apresentar aos alunos a realidade vivida pelos deficientes visuais;
- sensibilizar para as questões do voluntariado.

Objetivos secundários:

- identificar as ações (ou melhor, a falta delas) do município em relação aos deficientes visuais;

- reconhecer o voluntariado como expressão da cidadania;
- buscar a inclusão do aluno deficiente visual;
- identificar a arte como uma forma de inclusão social;
- despertar o senso crítico para as questões de exclusão/inclusão.

1.3 Planos de ação estabelecidos:
- Vídeo sobre ética e cidadania, seguido de debate;
- Palestras com deficientes visuais e um ledor da Associação Fluminense de Amparo aos Cegos (AFAC);
- Visita à AFAC;
- Formação de um grupo de leitura dramatizada;
- Trabalho voluntário de leitura para cegos.

1.4 Operacionalização do projeto:
- Como primeiro passo para o projeto, os alunos foram convidados pela professora Yonara para inscreverem no Instituto da Cidadania um projeto que fosse voltado para o trabalho com deficientes visuais e narrou a situação do aluno. Os alunos escolheram o título "Além do que os olhos veem" para o projeto.
- O primeiro evento do projeto foi levar ao Colégio usuários da AFAC para uma palestra em que eles contassem um pouco da experiência de suas vidas. Os alunos ficaram divididos em grupos de trabalho: divulgação, organização e lanche. A palestra envolveu os alunos dos ensinos médio e fundamental que foram convidados (e não obrigados) a assistirem ao evento. A maioria nunca tinha parado para pensar em como vivem os deficientes visuais. Foram três deficientes e um ledor da AFAC. Entre os deficientes, havia um menino adolescente com quem eles muito se identificaram.

PROJETOS BEM-SUCEDIDOS DE EDUCAÇÃO EM VALORES

- O segundo evento foi levar os alunos da leitura dramatizada para visitarem a AFAC e lerem para os cegos. Os alunos dramatizaram crônicas de humor de Luis Fernando Veríssimo, fazendo uso do lúdico e da arte como forma de inclusão. Passaram a ser realizadas apresentações uma vez por mês na instituição.

Principais resultados e formas de avaliações

Em entrevistas, diversos são os depoimentos que ressaltam o êxito obtido no Projeto, não só por auxiliar no trabalho com o aluno, objeto principal do Projeto, mas por ter enriquecido a vida pessoal de cada um dos envolvidos. Conforme afirma Barbosa (1995, p. 56):

Particularmente na educação é possível ter muito mais êxito, se na vida houver flexibilidade de se viver ricamente os vínculos e os afetos que nos rodeiam. A falta de flexibilidade em situações de traumas e sofrimentos é uma das dificuldades para harmonizar um projeto de vida.

A professora Yonara afirma que:

O que mobilizou a criação do projeto foi buscar a inclusão de um aluno com visão subnormal; a proposta acabou ganhando maiores proporções quando por ocasião da palestra, o auditório estava repleto de alunos curiosos e dispostos a ajudar.

O alcance de resultados obtidos pode ser avaliado através da mobilização dos alunos e pelo crescente número de voluntários de leitura para cegos.

Na fala dos alunos, "este foi o melhor 'trabalho' que já fizemos". A professora Yonara observou: "como se os trabalhos que envolvem conteúdo específico fossem menos importantes, porque o retorno é quantitativo". Mobilizaram-se para organizar os eventos e ao término de cada um a pergunta era sempre a mesma: "quando faremos o próximo?".

Os professores envolvidos consideraram que:

Mudou nossa visão. É possível fazer algo diferente.

Também alterou a concepção de que o aluno "não sabe". Segundo relatos da professora Yonara Costa,

A escola sempre trabalhou com bons projetos, mas parece que depois desse os demais acontecem com mais facilidade. O projeto mexeu bastante com a autoestima, tanto dos professores como dos alunos. Principalmente a premiação, pois o projeto foi inscrito no prêmio Construindo a Nação 2007/2008 e o Colégio Estadual Dr. Adino Xavier foi o primeiro colocado na categoria Ensino Médio, o que deu ânimo para que todos acreditassem que estavam no caminho certo para colaborar na prática da cidadania.

Em 2008, o projeto cresceu. Professora e alunos começaram a perceber que, devido a tantas dificuldades da comunidade, poderiam fazer um pouco mais; daí começaram a atender a uma creche comunitária de um bairro vizinho.

Os alunos passaram a recolher doações de roupas, brinquedos e alimentos para a creche. Os voluntários vão até a instituição e preparam uma "festa" que consiste em atividades lúdicas, leitura e lanche para as crianças.

Neste novo formato, o projeto foi inscrito no prêmio Escola Voluntária — uma parceria da Rádio Bandeirantes e da Fundação Itaú Social. No segundo semestre, a escola foi considerada uma das dez finalistas. Os alunos receberam capacitação para a produção de um programa de rádio que divulgaria o evento.

A professora Yonara Costa e quatro alunos foram a São Paulo para a final do prêmio. Ao todo foram 623 escolas inscritas, apenas 3 públicas chegaram à final, sendo o Colégio Adino Xavier a única estadual e a única do Rio de Janeiro. "R. saiu da exclusão para ser o centro das atenções. Deu entrevista para rádio e televisão, divulgou o projeto e defendeu-o", diz Yonara. Na final, o Colégio Estadual Dr. Adino Xavier ficou em 2º lugar geral.

PROJETOS BEM-SUCEDIDOS DE EDUCAÇÃO EM VALORES

Desta forma, observa-se que:

A ação ética ancora-se, pois, na intencionalidade da ação, na relação da consciência para consigo mesma, na integridade do ser humano frente a seus semelhantes. O sujeito moral é, por definição, aquele capaz de distinguir entre o bem e o mal; e, portanto, capaz de se desviar do caminho prescrito, capaz de decidir, de escolher, de deliberar — pelo reconhecimento da fronteira entre o justo e o injusto. A confluência entre o tema da ética e a matéria educativa se coloca justamente nessa intersecção entre a autonomia da vontade e a possível formação pedagógica que a habilita. Viver sob parâmetros éticos requer a eleição de princípios do agir, em consonância com os quais se possa pautar a trajetória da vida. Mas as escolhas não estão dadas à partida. É necessário — e recomendável — um exercício continuado para aprender a escolher, no plano dos valores. Em última análise, tal atitude de escolha e de aprendizado das escolhas perdura no decorrer de toda nossa vida (Boto, 2001, p. 87).

Conforme exemplificou a diretora-adjunta, Lucrecia Magalhães,

Esse projeto gerou outro: "Vidas Gonçalences" a partir da temática "O que é uma celebridade?", a partir daí foram pesquisadas pessoas, no município, que haviam se destacado no que faziam. Trouxe uma autovalorização muito grande para os alunos, fazendo-os acreditar que eles também podem fazer diferença em sua comunidade.

Limites e dificuldades

Na fala da professora Yonara,

O aluno, se bem orientado, caminha sozinho. A proposta é feita 15% e ele caminha 50%. Depois que começar, o processo vai acontecendo naturalmente, mas inicialmente a maior dificuldade esteve em não saber por onde começar. Por exemplo: onde conseguir a verba.

Uma limitação a ser considerada é que não houve um envolvimento direto dos demais professores. A principal profissional envolvida no trabalho foi a professora Yonara Costa.[3] Sua iniciativa pode ser creditada ao fato de ter uma personalidade ativa, ser uma pessoa aberta, que vê possibilidades onde outras pessoas não imaginariam. Trabalharam junto com ela outra professora de Língua Portuguesa e religião e outra professora, também de Língua Portuguesa. Inicialmente, alguns alunos do Ensino Médio participaram. O projeto começou com o terceiro ano e foi se abrindo para outros níveis.

É importante ressaltar que o envolvimento do grupo neste movimento foi fundamental para a sua eficácia, porém não foi suficiente para sua manutenção, pois vivenciar a cidadania e o respeito às diferenças requer envolvimento de todos na garantia dos direitos e na prática cidadã, que valida o viver plenamente em sociedade, como destacam os PCNs (Brasil, 1997, v. 8, p. 26).

> Ao lado do trabalho de ensino, o convívio dentro da escola deve ser organizado de maneira que os conceitos de justiça, respeito e solidariedade sejam vivificados e compreendidos pelos alunos como aliados à perspectiva de uma "vida boa". Dessa forma, não somente os alunos perceberão que esses valores e as regras decorrentes são coerentes com seus projetos de felicidade como serão integrados às suas personalidades: se respeitarão pelo fato de respeitá-los.

Algumas considerações sobre o projeto

O relato da professora Yonara ressalta que

> Os alunos estavam vivenciando uma situação de exclusão muito próxima deles e vão conviver com esse tipo de situação por toda a vida. Através desse projeto, puderam ver que a deficiência não alterou a produtividade da pessoa, que ela possui limitações, mas é alguém que

---

3. Professora graduada em Letras (Português/Literatura) pela UERJ, mestre em Literatura Brasileira pela UFRJ, com um livro publicado.

PROJETOS BEM-SUCEDIDOS DE EDUCAÇÃO EM VALORES

sente, fala, participa, age, que ama. À medida que o projeto avançava, a visão de todos também mudava em relação a muitas questões. Houve uma percepção geral de que Rafael estava sendo muito mais valorizado, não só com relação aos alunos da sala dele, mas de a toda a escola.

A leitura para os cegos parou. O projeto deu origem a um trabalho numa creche. "Esse trabalho da creche tem como objetivo tirar um pouco o olhar deles para si mesmos e levá-los a olhar o outro. Quando passam a olhar mais o outro, começam a ver a si mesmos", diz Yonara. E continua:

> Antes de trazerem cegos a primeira vez na escola, havia muita reclamação boba dos alunos, do tipo "eu não tenho Velox", "eu não tenho isso ou aquilo". A partir do projeto, começaram a ver pessoas com limitações maiores que as deles levando uma vida normal. Hoje, na creche, onde a maioria das pessoas é de comunidade carente, podem ver essa realidade também. A partir de então começam a perceber que são capazes de dar um pouco da vida deles para outros. Alunos complicados na escola, ao chegarem na creche, se revelavam pessoas solidárias e com atitude bem diferente, mudando o comportamento também no ambiente escolar. Eles conseguiram ver realmente além do que os olhos veem.

Notou-se na escola um clima muito agradável e harmonioso. Os alunos transitam com bastante desenvoltura e respeito pelas instalações, não encontrando portas fechadas.

Recentemente foram feitas reformas nos banheiros. A direção fez questão de mostrar às pesquisadoras, chamando a atenção para o fato de que a partir de um ambiente limpo e caprichado, a atitude dos alunos tende a fazer manter o clima geral de harmonia.

O projeto criado inicialmente para atender ao aluno deficiente visual não está mais acontecendo, já que ele se formou. As demais atividades voltadas para o tema moral e cidadania também são de iniciativa da professora Yonara.

Infelizmente, a ausência do aluno na escola acabou por provocar certo desinteresse na continuidade do projeto, mas isto não invalidou todo o avanço que a escola teve a partir desta experiência. Como tão brilhantemente nos coloca Morin (2003, p. 117):

> A aventura humana não é previsível, mas o imprevisto não é totalmente desconhecido. Somente agora se admite que não se conhece o destino da aventura humana. É necessário tomar consciência de que as futuras decisões devem ser tomadas contando com o risco do erro e estabelecer estratégias que possam ser corrigidas no processo da ação, a partir dos imprevistos e das informações que se tem.

Referências bibliográficas

BARBOSA, G. S. *A dinâmica dos grupos*: num enfoque sistêmico. São Paulo: Robe, 1995.

BOTO, C. Ética e educação clássica: virtude e felicidade no justo meio. *Educação & Sociedade*, Campinas, v. 22, n. 76, p. 24-56, 2001.

BRASIL. Secretaria de Educação Fundamental. *Parâmetros Curriculares Nacionais*: apresentação dos temas transversais, ética. Brasília: MEC/SEF, 1997. v. 8.

MORIN, E. *Os sete saberes necessários à educação do futuro*, 2000. Disponível em: <http://mariaburguete.com/documents/99.html>. Acesso em: 12 ago. 2003.

7
Um projeto sobre "Ética, cidadania e política:
o voto consciente"*

São Francisco de Itabapoana/RJ
Juliana Aparecida Matias Zechi
Maria Suzana De Stefano Menin

A escola e seu contexto

O Colégio Estadual Joaquim Gomes Crespo situa-se no município de São Francisco de Itabapoana, no estado do Rio de Janeiro, a 320 quilômetros da cidade do Rio de Janeiro. O município de São Francisco de Itabapoana, emancipado há cerca de 14 anos, está localizado na mesorregião do Norte Fluminense e na microrregião de Campos dos Goytacazes e conta com aproximadamente 50 mil habitantes.

---

* Agradecemos à relatora desse projeto, professora Rozana Lemos de Almeida Nascimento.

A escola foi criada em 1936, tornou-se escola típica rural, em 1941, e recebeu o nome de Grupo Escolar Joaquim Gomes Crespo em 1967, em homenagem ao doador do terreno no qual a escola, até hoje, se localiza. Em 1986, foi reconhecida como Colégio Estadual. No entanto, a professora Rozana Lemos de Almeida Nascimento, relatora do projeto que descrevemos, nos explica que os alunos provêm, em grande parte, da zona rural, vindos de povoados próximos, fazendas ou chácaras bem distantes da escola.

A aparência da escola mostra que ela pertence a uma zona rural. Ela fica longe da cidade de São Francisco, num bairro nomeado Praça João Pessoa, e está situada num grande terreno, parte dele de chão batido, e ladeada de plantações. O prédio escolar é espaçoso e limpo, embora muito modesto. A escola conta com uma sala de computação ampla e bem equipada.

No ano de 2010, quando fizemos nossa visita, o Colégio Estadual Joaquim Gomes Crespo contava com cerca de 230 alunos e 38 funcionários, entre eles, 19 professores regentes. A escola oferece o Ensino Fundamental do 6º ao 8º ano de escolaridade, no período da manhã, e 9º ano e Ensino Médio, à tarde.

Rozana Lemos de Almeida Nascimento, responsável pelos projetos que aqui descrevemos, é graduada em História. Cursou, também, especializações em História, Informática e Tecnologia, Gênero e Diversidade, Mídias e Educação e Informática Educativa. Alguns desses cursos foram feitos a distância através do Centro de Educação Superior a Distância do Estado do Rio de Janeiro (CEDERJ), no qual, em 2010, a professora cursava Pedagogia.

No ano de 2007, Rozana, hoje professora de História e orientadora tecnológica, e na época, trabalhando como professora de Projetos, realizou o Projeto "Ética, Cidadania e Política", que teve como tema principal o funcionamento das eleições. Nesse mesmo ano também foi desenvolvido outro projeto sobre preservação ambiental, que incluiu a confecção, pelos alunos do ensino médio, de um jornal onde se discutiam problemas ambientais da região. Voltaremos, mais adiante, a falar desse segundo projeto.

Por que e como o projeto sobre eleições começou

Segundo o relato de Rozana Lemos, o projeto sobre eleições foi motivado pela realidade vivida pela comunidade: "Em nossa comunidade, existe compra e venda de votos, uma política marcada por várias distorções". Como exemplos, a professora conta que dois vereadores foram assassinados nesses poucos anos em que a região tornou-se município; além disso, todo mundo, inclusive os alunos da escola, sabe de casos de ofertas de compras de votos pelos candidatos da região ou conhece alguém que viveu experiências sobre isso.

A constituição do projeto sobre eleições

Os visíveis problemas da região com a manipulação das eleições tornaram o trabalho neste tema bem familiar e relevante, tanto aos olhos da professora Rosana como aos de seus alunos. Segundo relato da professora, valores éticos e de cidadania acerca da eleição, como a liberdade e sigilo do voto, a importância de esclarecimentos e julgamentos a respeito do perfil de um líder político e de seu programa de governo, a lisura nos procedimentos que constituem a eleição, foram trabalhados nas três classes de Ensino Médio.

> Discutimos o tema, trabalhamos textos atuais e informações passadas pela mídia. Foram realizadas várias palestras. Fizemos dois partidos políticos com as três turmas do ensino médio. Cada partido tendo sua diretoria, nome, sigla, slogan, ideais, música, plano de governo e candidatos a prefeito e vereadores. Fizemos a campanha eleitoral que mobilizou todos da comunidade escolar. Foram feitos campanha e propaganda eleitoral respeitando as regras e leis vigentes. Depois fizemos a eleição envolvendo toda a escola; o resultado da eleição foi anunciado numa festa com cerimônia de posse do prefeito e dos vereadores, com toda a comunidade escolar, pais dos alunos e pessoas da comunidade local, com direito a discurso do prefeito e vereadores eleitos. (Rozana Lemos)

Rozana explica que, durante o projeto e utilizando o tempo disponível dentro da disciplina de projetos, foram convidadas pessoas da comunidade envolvidas em política, como o ex-prefeito da cidade, uma vereadora, um funcionário do cartório eleitoral, uma secretária de um dos partidos na cidade e a secretária municipal de educação e cultura. Essas pessoas explicaram diferentes facetas da constituição da eleição, como a elaboração de um plano de governo, as exigências para a formação de um partido e as normas de sua composição, as normas para a constituição de cédulas, de apuração de votos, entre outras. Os demais alunos da escola, assim como professores e funcionários, foram convidados a assistir às palestras.

Em função dessas palestras e de informações adicionais que os alunos das classes de Ensino Médio pesquisaram, foram montados dois partidos políticos, com candidatos a prefeito, vereadores e deputados. Cada partido construiu a sua plataforma de governo com planos de ação, fizeram slogans de campanha e realizaram palestras em outras classes da escola para defender suas plataformas. Embora o projeto tenha se desenvolvido nas três classes de Ensino Médio, toda a escola participou da eleição. Esse processo durou cerca de um ano e a festa de apuração de votos e "posse" dos candidatos aconteceu ao final do ano. Vemos a seguir um dos discursos do partido vencedor.

DISCURSO

Eu acredito que vocês já estejam enjoados de ouvir promessas e mais promessas, discursos que muitas vezes nos emocionam e nos faz até chorar. Felizmente eu não estou aqui hoje simplesmente para falar palavras bonitas e emocionar o povão. Estou aqui para declarar que tudo que foi colocado na campanha por mim e por meu partido vai se concretizar.

O slogan que foi apresentado na campanha é: Alçando voo para um futuro melhor. É um slogan interessante mais o que realmente significa isso? Vocês aí estão me vendo de uma forma, já eu estou vendo vocês de uma forma completamente diferente. Claro que eu não estou pedindo pra vocês criarem asas, pelo menos não no sentido literal, mas o que eu quero é que São Francisco de Itabapoana possa ver as coisas e as pessoas a sua volta de uma forma diferente. Alçando voo? Mas como assim? Voar não é uma coisa normal, afinal de contas o ser humano não pode voar. É exatamente isso que quero colocar, quero que saiamos da mesmice, chega de só andar. Com a união e conscientização de todos podemos voar. E voar bem alto.

O maior problema do ser humano é pensar e olhar só para seus próprios interesses e por causa disso já estamos vendo os resultados, como foi abordada também a situação do planeta em relação ao aquecimento global, o mundo está indo por água abaixo. Como mudar a situação? Como reverter os efeitos? Acredito que seja tarde demais pra mudar todos os efeitos do aquecimento global, mas se nos unirmos podemos fazer bastante diferença. O que temos a fazer é mudar em nós o que nos tem colocado nessa situação. Ideia maravilhosa, mas na prática é um muito mais difícil. Então, coma fazer isso?

Bom pra isso Deus nos mandou o próprio filho, para nos ensinar a viver e amar. Seguindo o exemplo Dele podemos ter a base de como devemos viver diante de Deus e da sociedade. Devemos olhar por cima das diferenças e esquecê-las, pensar mais nos outros e não só em nos mesmos. Para isso Ele nos deixou os mandamentos: Amar ao próximo como a si mesmo e a Deus acima de todas as coisas. Assim poderemos viver numa sociedade justa, igualitária e amigável.

Quero agradecer primeiramente a Deus por essa grande vitória. E em segundo lugar à professora Rozana Lemos que criou com muito carinho o Projeto Ética, Política e Cidadania.

Agradeço pela presença de todos e quero parabenizar o PPRE, porque apesar de não terem ganhado a eleição, se esforçaram muito. Reconheço que meu oponente era forte e que deu o seu melhor. Aos eleitores que votaram em mim elevo toda a minha gratidão.

A vocês desejo toda a sorte de bênçãos e muito obrigado.

Discurso do candidato eleito

Ainda dentro desse projeto sobre eleições, os alunos do Ensino Médio realizaram uma peça, na forma de comédia, apresentada também para a comunidade da escola e da cidade, cujo tema foi corrupção na política. Na estória, um candidato a prefeito manda matar o outro candidato. O crime é descoberto e vai a julgamento. Durante o processo, um dos advogados de defesa tenta "comprar" o juiz que não aceita o suborno e condena os culpados. A peça termina enaltecendo a honestidade das pessoas e a importância do respeito aos procedimentos democráticos na política. Todas as filmagens foram realizadas por alunos com o uso de câmaras digitais.

Durante nossa visita, pudemos ver, juntamente com ex-alunos participantes do Projeto, um vídeo mostrando a festa correspondente à "solenidade de posse" do candidato a prefeito vencedor e outro vídeo correspondente à filmagem da peça sobre corrupção na política. Pudemos observar o orgulho, a alegria e a vibração dos ex-alunos em contemplar seu trabalho naquele ano.

Nas campanhas dos candidatos à eleição dentro da escola, um dos temas que apareceram foi a necessidade da preservação ambiental. A cidade de São Francisco de Itabapoana e a região de Barra de Itabapoana sofrem com problemas ambientais e climáticos, como a estiagem, descuido com o ambiente, queimadas, lixo jogado em terrenos impróprios, ausência de tratamento de esgoto. Considerando esse conjunto de problemas, a professora Rozana, já na época orientadora tecnológica, e seus alunos do Ensino Médio decidiram fazer, também em 2007, um jornal temático sobre meio ambiente. O jornal foi nomeado "Alunos em alerta" e contém artigos e fotos, todos produzidos pelos alunos, sobre aquecimento global, estiagem e seus efeitos, sujeira, lixão e falta de tratamento de esgoto, mandamentos da ecologia, queimadas, e entrevistas com alunos a respeito das atitudes dos seres humanos em relação ao ambiente. Na última seção do jornal, há lembretes sobre eventos promovidos pela escola e outras instituições da região. A realização do jornal foi possível com a ajuda de outros professores da escola, da direção e da Secretaria Municipal de Educação.

Os resultados alcançados

A professora Rozana, referindo-se primeiramente ao projeto sobre eleição, afirma que este foi uma experiência bem-sucedida de educação em valores. Segundo ela, no projeto sobre eleições, "os alunos demonstraram que introjetaram os conhecimentos adquiridos e praticados. No ano seguinte, uma das turmas recebera uma proposta para vender seus votos e decidiram não fazer isso". Assim, segundo a professora, o projeto ensinou "a vida em sociedade, tanto em regras de convivência, quanto na política no que se refere ao exercício do voto consciente". A maior contribuição do projeto foi, então, a construção da cidadania dos alunos enquanto eleitores.

Outro professor relata que o projeto foi muito importante para a escola:

> Nossa escola, nos últimos tempos, vem perdendo aluno, então começa a diminuir a força da escola, de projetos. Quando vem um projeto igual esse — inovador — você vê os alunos participarem ativamente, isso levanta a escola, você vê a escola viva novamente. Um projeto desses é a forma de você manter viva a esperança na escola, saber que a escola pode crescer, que os alunos que estão aqui podem render, produzir algo. A relação escola e comunidade também foi muito importante. Um projeto que marcou muito essa turma. Foi importante para a escola, para eles, para a cidadania. Eles puderam aprender mais sobre cidadania, sobre política e os bastidores da política. [...] Quando você vê algo novo na escola, você se anima. Não foi importante só para os alunos, mas para a escola, especificamente. (Professora de Educação Física)

Em entrevista com os alunos participantes do projeto, pudemos observar que estes guardaram fortemente na memória as vivências da experiência, dizendo que, por meio dela, puderam entender tudo o que uma eleição envolve, como: o que significa ser candidato, o poder de sedução dos discursos e promessas e a responsabilidade do eleitor em buscar conhecimentos sobre os partidos, sendo conscientes em suas escolhas e fiel a elas, não se deixando subornar.

Seguem exemplos de falas dos alunos:

Fizemos entrevistas com o ex-prefeito, vários debates. Podemos tirar as dúvidas que tínhamos e ele respondia. O mais interessante foi a maneira que ele explicou para a gente. Teve uma pergunta interessante que ele falou sobre a questão do voto secreto. Ele disse que o voto é secreto, tem muita compra de voto, mas ninguém tem que saber. Achei interessante porque muita gente fala "eu vou comprar seu voto" e na hora você tem que votar, senão a pessoa vai saber. Ele falou que não tem nada disso. As pessoas ficam com medo e acabam votando realmente na pessoa que comprou o voto. Achei interessante ele explicar bastante sobre política porque a gente não entendia nada. Falou sobre o título de eleitor, porque, às vezes, as pessoas pegam o título e falam que vão segurar e assim vão saber se a pessoa votou nele, mas não tem como porque o voto é secreto.

Os alunos participaram bastante. Era um saindo para procurar entrevista, outro saindo para organizar, fazer panfletos. A turma toda que estava nesse projeto pode aprender alguma coisa. Eu particularmente que não sabia quase nada de política, que nunca me interessei pude aprender bastante, as dificuldades também que tem na política, porque não é só coisa fácil não. Tem coisa fácil e difícil, aprendemos tudo isso. Com certeza todos têm uma lembrança boa sobre o projeto porque foi bom para todos.

Teve também a participação da comunidade. Todo mundo torcendo para seu prefeito. [...]. Tinha grito de guerra, música, foi muito agradável. A gente viveu tudo o que acontece na política.

Os alunos relatam na entrevista que, nas campanhas, trabalhavam com temas voltados para as necessidades da comunidade, por exemplo, o asfalto, "porque o asfalto na comunidade estava muito precário" (Aluno).

O aluno, eleito como prefeito no projeto, relata que percebeu mudanças na escola a partir da realização do projeto:

Estava todo mundo feliz no período das eleições. Também a gente aprendeu como eles fazem, como é todo o período das eleições e a função de cada um do partido. A gente foi aprendendo na prática. Todos esses projetos somam muito para a escola, é muito interessante para moldar o caráter do aluno, para aprenderem a viver mesmo e não só aprender Matemática e Português.

PROJETOS BEM-SUCEDIDOS DE EDUCAÇÃO EM VALORES 135

Segundo relato dos alunos, o período do projeto sobre eleições foi um tempo em que ninguém faltava às aulas, todos estavam envolvidos nas atividades. "As aulas eram importantes, mas os projetos também, então houve compreensão de todos os professores (alunos)." De acordo com um professor, "os alunos estavam tão envolvidos com o projeto que não tinha como não serem contagiados. Então todos (os professores) acabavam se envolvendo".

Com relação ao projeto do jornal que abordou a temática do meio ambiente, a professora Rozana destaca que os alunos produziram trabalhos muito interessantes. Segundo a relatora, os estudantes atentaram-se aos vários descuidos em relação ao meio ambiente, tomando consciência deles na medida em que pesquisavam e tiravam fotos da região. Esses passaram, então, a participar mais efetivamente das aulas, percebendo a relevância dos temas abordados na disciplina de Ciências. Além disso, a confecção do jornal propiciou um bom treino e domínio de técnicas de produção de textos e imagens.

Rozana aponta que houve mudanças de comportamento dos alunos na escola, como maior participação e empenho deles nos projetos realizados e nas aulas. Diz que agora é possível abordar os temas trabalhados nos projetos com mais constância e facilidade. Segundo ela,

foi uma experiência muito boa e gratificante que mudou a forma de trabalharmos e nos deu suporte para a realização de outros projetos. Através do projeto pudemos também mostrar os trabalhos realizados na escola, o talento e competência dos nossos alunos e professores.

Os relatos dos alunos revelam a importância do jornal como forma de conhecerem e valorizarem a sua própria realidade.

Eu não tinha noção sobre como é fazer um jornal e foi bom a nossa escola desenvolver um jornal do nosso município, com nós mesmo buscando informações. Eu mesmo fui longe para tirar foto, para conhecer a realidade aqui. É interessante porque, às vezes, a gente não sabe o que está acontecendo no município onde a gente mora. Através desse jornal a gente ficou sabendo. (Aluno)

Os projetos sobre eleição e meio ambiente não estão mais ocorrendo na escola. No ano de 2009, Rozana trabalhou, na disciplina de História, o projeto "Linha do tempo", em que os alunos do ensino médio descreviam fatos de suas vidas como num relato de história. Eles aprenderam a produzir *blogs* nos quais colocavam fatos considerados importantes ou pitorescos de suas vidas. Os alunos em entrevista apontaram o quanto o fato de terem que construir um relato sobre suas histórias de vida os fez sentirem-se valorizados.

No ano de 2010, Rozana trabalhou com os temas "Escravidão — Racismo e Preconceito", utilizando histórias em quadrinhos e *gifs* que estão sendo feitos pelos alunos das turmas da disciplina Projeto (8º ano do Ensino Fundamental e 3º ano do Ensino Médio). Os *gifs* são animações que podem ser feitas no computador representando bonecos em movimento. Dessa forma, Rozana aprofundou, num mesmo projeto, o domínio de técnicas de produção audiovisual e a reflexão de valores relativos à não discriminação ou não preconceito nos alunos.

Para a realização desse projeto, utilizaram mapa conceitual, *blog*, escrita colaborativa em grupo — tinham um tema e tinham que desenvolver a escrita do texto de forma colaborativa usando a internet. Os alunos do 8º ano abordaram o tema da escravidão, refletindo questões, tais como: relação patrão-empregado, dominação dos escravos, vida dos escravos, quilombos, liberdade dos escravos. Cada aluno discutiu um tema. Os alunos do 3º ano abordaram a questão do preconceito, refletindo sobre racismo e mercado de trabalho, racismo e escola, histórias de discriminação na escola. Segundo a relatora, os alunos "criam cenas para passar uma ideia contrária ao racismo, aprendem a usar a tecnologia, mas têm que usar sabendo que sentido ela tem. Introduzir as mídias e ao mesmo tempo trabalhar os conceitos".

Questionados sobre a importância do trabalho com os projetos, os alunos relatam: "Nós não achamos isso perda de tempo, pois foram postos vários temas sobre relacionamento, o abuso sexual e isso tudo gera uma consciência sobre o que a gente aprendeu". Outra aluna relata a importância de colocar em prática o que estão aprendendo, "viver como é a realidade", exemplifica dizendo que fez seu filme sobre idosos e que:

> foi muito importante ver como é a realidade dos idosos e se conscientizar que isso não é algo que está longe da gente, precisamos aprender isso, esses projetos são muito importantes. A escola tem mesmo que conscientizar os alunos e nós precisamos mesmo crescer nisso porque quando a gente participa, a gente entende, interage, quer crescer, aprender, a gente pode até mudar e ajudar as pessoas a mudarem também.

Sobre o projeto "Linha do tempo", uma aluna relata que este "contribuiu para parar e pensar o que foi importante na vida, e ao colocar esse projeto num site, podemos passar um pouco do que nós somos para o mundo. Os alunos estão interagindo e estão vendo novas tecnologias".

Finalizando: por que considerar este projeto como bem-sucedido?

Ressaltamos vários aspectos dos projetos que descrevemos que nos fazem concluir que essa experiência foi uma prática bem-sucedida de Educação em Valores.

Primeiro, destacamos a motivação para a realização do projeto "Ética, Cidadania e Política" e do jornal "Alunos em alerta". Essas propostas se originam em problemas que afetam toda a comunidade e a escola: a manipulação nas eleições e a necessidade de preservação ambiental. Conforme aponta Serrano (2002), uma proposta de Educação em Valores terá resultados positivos se priorizar em sua constituição os problemas da comunidade e da escola. Os projetos aqui descritos levaram os alunos a uma reflexão sobre o entorno escolar, motivando-os a buscarem ações que possam responder aos problemas que se apresentam na comunidade. Os relatos dos alunos revelam a importância do jornal como forma de conhecerem e valorizarem a sua própria realidade.

Em segundo lugar, destacamos que esses projetos foram desenvolvidos levando em consideração a reflexão e a atuação prática dos alunos. Conforme aponta Béal (2010), educar para a cidadania só é possível mediante a adoção de uma prática cidadã. Ao abordarem os temas acerca da política e preservação ambiental, os alunos discutiram e vivenciaram valores éticos e de cidadania.

A discussão sobre questões políticas, tais como a liberdade e sigilo do voto, a importância de esclarecimentos e julgamentos a respeito do perfil de um líder político e de seu programa de governo, a lisura nos procedimentos que constituem a eleição, contribui para a formação de sujeitos críticos, engajados e conscientes da importância da política e da democracia para as transformações sociais. Essa educação se torna essencial na escola pelo fato de que os problemas mais importantes da humanidade não são problemas que tenham uma solução exclusivamente técnico-científica; mas sim, situações que precisam de uma reorientação ética e de valores. Além disso, há a necessidade de manter e aprofundar a democracia como procedimento dialógico que permita tratar conflitos e adotar princípios e normas (Puig, 1998).

Também o trabalho com o jornal "Alunos em Alerta", demonstra que o tema da preservação ambiental pode ser uma finalidade legítima da educação em valores morais (La Taille, 2009). Ao vivenciarem os descuidos com o meio ambiente nas visitas ao entorno da escola, os alunos parecem ter incorporado os valores ligados à preservação ambiental.

Cabe ainda destacar a importância da reflexão realizada sobre o tema do preconceito. Estudiosos em educação vêm demonstrando cada vez mais a necessidade de adotarmos uma concepção de escola como lugar onde não apenas se ensinam conhecimentos e se transmitem conteúdos, mas também onde se aprende a viver com os outros e a respeitá-los (Serrano, 2002).

Ao abordar o tema do preconceito, a escola parece buscar uma educação para o respeito e valorização das relações sociais. De fato, o respeito é o sentimento que nos leva a reconhecer os direitos e dignidade do outro, sendo que o respeito aos demais é a primeira condição

PROJETOS BEM-SUCEDIDOS DE EDUCAÇÃO EM VALORES 139

que estabelece os fundamentos para a convivência em paz; portanto, é fundamental que a escola desperte nos alunos o respeito a si mesmo e aos demais, assim como o respeito ao meio ambiente, contribuindo para que estes descubram o valor da convivência e a aceitação das diversidades (Carreras et al., 1998).

Como limitações desse projeto, vemos certos fatos que se repetem em outras experiências relatadas nesse livro. Por mais que os projetos envolvam, frequentemente por contágio da animação que provocam, outros professores da escola, o projeto não é **da escola**, e sim de um ou dois professores idealizadores. O projeto e suas finalidades têm o apoio da direção da escola, mas não está inscrito no Projeto Político-Pedagógico, nem é tomado como um tema transversal por outras disciplinas. Se essa transversalidade ocorre, é mais pelo envolvimento informal e voluntário de alguns professores conquistados pelas ideias do projeto do que por planejamento da gestão escolar.

A dificuldade que vemos, então, relaciona-se à dependência que essas iniciativas mostram em relação a um professor específico. Se este não cria e dirige o projeto, envolvendo-se em atividades muito além de suas funções, iniciativas como as que vimos nesta escola podem simplesmente não existir.

Outra limitação que notamos nos projetos do colégio "Joaquim Gomes Crespo" e que se repete em outras escolas é certa cisão que existe entre a formação em valores dentro do projeto e no restante da vida pedagógica e disciplinar da escola. Se, por um lado, visa à construção autônoma de valores dos alunos, tais como civilidade, honestidade, responsabilidade com o coletivo, respeito à reflexão crítica e à livre adesão partidária, respeito ao meio ambiente, por outro lado, nada muda na vida disciplinar da escola; nessa esfera, regem as mesmas normas e regras tradicionais vindas de um regulamento escolar só conhecido nos momentos de sua aplicação e a heteronomia dos alunos se mantém.

Fica, então, o desafio, nada fácil, para as escolas e para nós que aprendemos com elas, de integrar as motivações para os projetos, seus métodos e seus efeitos com o restante da vida escolar.

Referências bibliográficas

BÉAL, Y. Cidadão no saber e/ou no mundo? In: APAP, G. *A construção dos saberes e da cidadania*: da escola à cidade. Porto Alegre: Artmed, 2010.

CARRERAS, L.; EIJO, P.; ESTANY, A.; GÓMEZ, MT. T.; GUICH, R.; MIR, V.; OJEDA, F.; PLANAS, T.; SERRATS, M. A. *Cómo Educar en valores*: materiales, textos, recursos y técnicas. 6. ed. Madrid: Narcea AS de Ediciones, 1998.

LA TAILLE, Y. de. *Formação ética*: do tédio ao respeito de si. Porto Alegre: Artmed, 2009.

PUIG, J. M. *A construção da personalidade moral.* São Paulo: Ática, 1998.

SERRANO, G. P. *Educação em valores:* como educar para a democracia. Porto Alegre: Artmed, 2002.

8

Projeto "A reutilização do óleo saturado em defesa das águas do rio Carangola"*

Natividade/RJ
Maria Suzana De Stefano Menin

O contexto

O Colégio Municipal Alvorada, fundado em 1940, encontra-se situado à Rua Vigário João Batista, n. 8, no município de Natividade, no estado do Rio de Janeiro e a 330 quilômetros da cidade do Rio. O colégio dedica-se ao ensino fundamental. No prédio da escola funcionam o CEDERJ, um centro de cursos a distância coordenado pela Universidade Federal do Rio de Janeiro (UFRJ), e o Anfiteatro Alcenor Lengruber Boechat.

---

* Agradecemos à relatora desse projeto, professora Jamille Muniz Rodrigues.

O corpo docente é formado por vinte professores municipais e a clientela é variada: são atendidos cerca de 200 alunos de 6º ao 9º ano, grande parte deles da zona rural. Jamille, a professora responsável pelo projeto que relatamos, aponta que o colégio tem uma boa localização, mas sua infraestrutura está muito deteriorada. De fato, no momento de nossa visita, em outubro de 2010, o colégio encontrava-se fechado para reforma. Tanto os professores como os alunos estão provisoriamente em outra escola.

Por que e como o projeto começou?

A coordenadora do projeto *A reutilização do óleo saturado em defesa das águas do rio Carangola* é a professora Jamille Muniz Rodrigues, atual professora de Ciências.

Jamille relata que o projeto surgiu a partir de uma atividade que estava desenvolvendo num curso de pós-graduação a distância da UFRJ em Mídias na Educação e de sua preocupação com a preservação do meio ambiente. Sua finalidade maior foi o fortalecimento, nos alunos e suas famílias, de valores ligados ao respeito ambiental e conservação dos bens naturais; entre eles, o cuidado com as águas do rio Carangola.

Em seu planejamento, Jamille colocou os seguintes objetivos:

- Sensibilizar alunos e comunidade quanto às questões ambientais e suas consequências para o rio Carangola, desenvolvendo-lhes capacidades e habilidades que permitam intervir na realidade para transformá-la.

- Proporcionar conhecimentos ao público-alvo sobre a reutilização do óleo saturado, contribuindo para a formação de cidadãos conscientes, aptos a decidir e atuar na realidade socioambiental de modo comprometido com a vida, com o bem-estar de cada um e da sociedade, local e global.

- Incentivar o acompanhamento da sociedade com respeito aos problemas ambientais da atualidade em nosso município (Natividade/RJ).

PROJETOS BEM-SUCEDIDOS DE EDUCAÇÃO EM VALORES 143

- Reconhecer a importância de termos atitudes hoje, para que tenhamos um "MEIO AMBIENTE" digno para as futuras gerações.

- Estabelecer parcerias com entidades governamentais e não governamentais para criação de uma COOPERATIVA onde os pais/responsáveis dos alunos desta instituição confeccionariam o sabão e a COMUNIDADE teria o Alvorada como ponto de entrega do seu óleo saturado e uma comissão faria o sabão e venderia, aumentando sua renda, autoestima e, o principal, este óleo não contaminaria as águas do rio Carangola.

O rio Carangola atravessa Natividade e passa bem ao lado da escola Alvorada, podendo ser visto de seu refeitório. Quando chove muito, o rio sobe e invade partes da cidade, provocando enchentes em vários bairros. Parte da comunidade da escola, como a diretora, professores e alunos, tiveram, por vezes, suas casas alagadas. Assim, um projeto ligado à despoluição do Rio foi amplamente reconhecido como relevante.

Nós temos um problema, sofremos com a questão do lixo, porque temos enchentes sérias. Para onde vem essa água suja? Para nossa casa! Bebemos essa água suja. A gente sempre discute sobre isso, pois afeta a vida de muitos alunos. (Diretora da escola)

Jamille relata que o projeto foi realizado em conjunto com a comunidade e funcionários do colégio; por isso, teve uma aceitação muito grande da comunidade e resultou, até, na criação da Cooperativa dos Pais dos alunos para confeccionar o sabão com óleo saturado.

A constituição do projeto

O projeto constitui-se de várias atividades ligadas à preservação ambiental, como discussões desse tema em classe por diversos professores e confecção de produtos com materiais recicláveis. Mas o que mais envolveu toda a comunidade da escola, e fora dela, foi a proposta de transformação do óleo caseiro, usado nas cozinhas pelas famílias dos alunos, em sabão.

Normalmente, o óleo de cozinha era jogado nos ralos das casas, quando não nas ruas, desembocando no rio, e sendo, assim, um dos fatores de poluição das águas. Os alunos e suas famílias não tinham nenhuma consciência desse agente poluidor provocado dia a dia por todos. Como diz Jamille:

> Como nosso Colégio fica às margens do rio Carangola e é dele que a maioria da população consome suas águas, é de suma importância sua preservação. Constatamos com outro projeto realizado, que várias pessoas jogam óleo saturado no esgoto, solo etc.

Assim, Jamille, inspirada nesse fato e utilizando o que estava aprendendo em seu curso sobre Mídias e Educação, iniciou o projeto, buscando nele envolver a equipe gestora da escola, funcionários, professores e alunos do 1º ao 9º ano, famílias e entidades externas à escola como a Secretaria de Educação, Cultura e Desportos de Natividade.

Dentro do projeto, Jamille, como professora de Ciências, abordou temas em suas aulas ligados à ecologia e preservação ambiental, discutindo tópicos como: Como evitar o desperdício de energia; A intensificação do efeito estufa; Biogás: uma reciclagem que gera energia; O que fazer com as pilhas? O que fazer com tanto lixo? — Reduzir, reutilizar e reciclar; Coleta seletiva; Evitar embalagens plásticas e conferir validade dos produtos; energia solar; evitar embalagens com isopor — não são biodegradáveis.

Com o apoio da diretoria da escola e de outros professores, buscou-se transformar a preservação ambiental em tema transversal, de modo que fosse trabalhado em várias disciplinas. Em nossa visita, vimos, por exemplo, alguns resultados de atividades que os alunos fizeram, em Artes, com o aproveitamento de materiais descartáveis, num projeto chamado "O luxo do lixo".

PROJETOS BEM-SUCEDIDOS DE EDUCAÇÃO EM VALORES 145

As principais atividades realizadas

Pudemos notar em nossa visita que o ponto alto do projeto que visava à construção de valores voltados ao respeito ao meio ambiente foi mesmo o convite à comunidade para a transformação do óleo saturado em sabão.

O projeto iniciou-se com os alunos levando às suas famílias e a outras casas na redondeza da escola garrafas PET, etiquetadas com o nome do projeto e da escola, na qual se pedia o armazenamento de óleo usado e se marcava uma data para o recolhimento, também pelos alunos.

> As pessoas viam nosso comprometimento, pois já na garrafa PET havia a data de recolhimento. O trabalho foi sério e os alunos se comprometeram. (Jamile)

Segundo Jamille, quando todo o óleo das famílias foi recolhido, as pessoas puderam ver a imensa quantidade juntada em tão pouco tempo e que se transformaria em poluição:

> O óleo recolhido superou nossa expectativa e nos motivou, ainda mais, a acreditar no projeto, pois a quantidade recolhida foi surpreendente e todos pensaram: "Como estamos fazendo bem para com as águas, pois todo esse óleo, se não fosse recolhido, as pessoas o jogavam no ralo da pia, contaminando as águas do nosso rio Carangola!".

No planejamento do projeto escrito por Jamille, pode-se ler:

> Em agosto, o tema do projeto será apresentado aos pais e a toda comunidade escolar e do entorno. Também haverá um recital (teclado), onde apresentaremos várias músicas, em especial *Planeta Água* (Guilherme Arantes). Nesta palestra, no Anfiteatro Alcenor Lengruber Boechat, para sensibilizar os alunos e comunidade sobre as mudanças climáticas (Efeito estufa e Aquecimento global), mostrando que só depende de nós reverter essa situação, será usado o *Globo Repórter*: Reutilização do óleo saturado, Aquífero Guarani, Reutilização do lixo numa forma consciente, e as fotos da enchente no município de Natividade. Será realizado

um Concurso de Poesia, professores de Português onde os alunos pesquisaram o assunto escolhido (Meio ambiente, Aquecimento global, Ciclo da água etc.) na aula que tiveram com a professora do Laboratório de Informática.

No dia de culminância do projeto, em junho de 2009, esses eventos, segundo Jamille, aconteceram tal como planejado, e houve a demonstração sobre como confeccionar o sabão com o óleo saturado. Pedaços do sabão, embrulhados numa bonita apresentação, foram entregues às mães dos alunos com a receita de como prepará-lo. A professora conta que esta receita foi obtida com sua mãe e segue os procedimentos que eram, antigamente, usados pelas donas de casa.

Receita de Sabão
"Óleo Saturado"

05 Litros de Óleo Saturado
01 Litro de Água
01 Kg de Soda Cáustica
01 Copo Duplo de Detergente
01 Copo Duplo de Sabão em pó
01 Copo americano de Álcool

Modo de Fazer

Colocar a Soda numa vasilha adequada, adicionar a água, mexendo bem até diluir toda soda. Coloque o detergente, diluir o sabão em pó com um pouco de água e colocar. Mexer bem. Em uma vasilha a parte coar o óleo saturado. Vá despejando em cima desta mistura o óleo, terminado vai mexendo. Para dar o ponto mais rápido, adicionar o álcool. Parar de mexer quando sentir que pesou e engrossou. 12 horas depois cortar. Não vai ao fogo.

Obs.: Você pode substituir o sabão em pó por 01 copo americano de Cloro, também dá certo.

Acesse o *blog* para ver a Confecção do Sabão no YOUTUBE:

http://laboratoriodeinformaticadoportella.blogspot.com;
http://alunosportellaano2010.blogspot.com (Tudo junto).

Agradecimento: Margareth Dutra Bandoli
Profª.: Jamille Muniz Rodrigues
Colégio Estadual Francisco Portella
Projeto: Vamos Reciclar, Reduzir e Reutilizar, para o PLANETA não acabar?!

PROJETOS BEM-SUCEDIDOS DE EDUCAÇÃO EM VALORES

Por um período, a escola continuou a receber o óleo saturado e, em algumas situações, os alunos, acompanhados de alguma professora, confeccionaram o sabão e o levaram à feira para divulgar a iniciativa e mesmo vender os pequenos pedaços acompanhados pela receita. Algumas mães de alunos passaram a produzir o sabão para consumo próprio, como relataram alguns alunos. Jamille conta que a venda do sabão na feira pelos alunos parou de acontecer, apesar do entusiasmo dos adolescentes e crianças em fazer isso, pois poderia esbarrar num problema legal de trabalho infantil.

Como relata Jamille:

> Nossa escola já é um polo onde as pessoas entregam seu óleo e uma comissão formada por pais dos alunos e professores do Colégio fazem o sabão e vendem para a comunidade; a Secretária de Educação Maria Cristina Vieira, que muito apoiou o Projeto anterior, compra a maior parte do sabão confeccionado para as escolas do município usarem.

Além do trabalho com o óleo saturado transformado em sabão, que mobilizou grande parte da escola e da comunidade, Jamille previu em seu projeto muitas outras atividades para realizar com seus alunos, tanto em suas aulas de Ciências como em eventos maiores, como o dia da culminância dos projetos de preservação. Realizou, por exemplo, uma campanha para que não se jogassem pilhas no lixo comum; construíram uma caixa para recolhimento e, posteriormente, mandavam as pilhas para o Banco Real, que tem um programa *Papapilhas*. Em aula, a professora explicou

> que as pilhas e baterias de celulares, câmeras digitais, controle remoto, relógios, contêm materiais que contaminam o solo e os lençóis freáticos deixando-os impróprios para utilização, podendo provocar problemas à saúde, como danos para os rins, fígado e pulmões. São eles: cádmio, mercúrio, níquel, chumbo.

Jamille liderou, também, uma atividade de pesquisa pelos alunos em que eles investigaram outras fontes de poluição das águas do rio Carangola, como o lixo nele jogado e sobre outros problemas ambientais da cidade. A professora conta que os resultados da pesquisa foram transformados em reivindicações mostradas, pelos alunos, a alguns vereadores de modo que estes pudessem levá-las ao prefeito e que estas pudessem enriquecer a Agenda 21 do município, sobre preservação ambiental.

Outra atividade foi a confecção, a partir de materiais reutilizados como bandejas de isopor e tampinhas de garrafa, de tábuas de leitura em sistema Braille para pessoas com deficiência visual. Essa atividade foi inspirada num curso que Jamille fez na Coordenadoria de Educação de Bom Jesus sobre Direitos Humanos.

A professora Jamille utilizou filmes e palestras para sensibilizar seus alunos sobre a importância da preservação ambiental. Conta sobre um filme, passado aos alunos, sobre Mudanças no Clima/Mudança de Vida que retrata situações como:

> secas, inundações, furacões, pessoas que perderam suas casas, suas plantações, seus amigos e até sua fé. Através dele, os alunos poderão perceber como o aquecimento global já afeta o Brasil e ver também as fotos da última enchente no nosso município e o do curta metragem "Ilha das Flores", de Jorge Furtado (<www.curtanaescola.com.br>), pois retrata a angústia de uma população que vê no lixo sua fonte de alimentação, então fazer um paralelo com a sua vida para não desperdiçar alimentos enquanto muitos não têm o que comer.

Atualmente, ainda dentro da disciplina de Ciências, a professora Jamille está confeccionando um aparelho caseiro para aquecimento de água com garrafas PET. Esses aquecimentos serão colocados nas casas de alguns moradores de um bairro considerado pobre na cidade.

Principais resultados e formas de avaliações

O entusiasmo com que Jamille relata todas as atividades que coordenou é contagiante, não só para nós que a ouvimos no dia de nossa visita, como para alunos e outras professoras da escola. A professora

PROJETOS BEM-SUCEDIDOS DE EDUCAÇÃO EM VALORES

acredita que seu projeto foi bem-sucedido, destacando o envolvimento e comprometimento de alunos, direção, professores, pais de alunos e pessoas ligadas às secretarias do município. Esse comprometimento demonstra, segundo a professora, que os valores ligados à preservação ambiental foram muito assimilados por todos.

A principal mudança verificada, segundo Jamille, foi "mais consciência ecológica nas atitudes dos alunos". De fato, a adesão dos alunos às atividades propostas e ao projeto de despoluição do rio Carangola parece evidenciar que essa consciência foi despertada.

Não pudemos notar nenhum procedimento mais sistemático de avaliação do projeto. Mas, segundo Jamille, a avaliação aconteceu durante toda a execução do projeto, por meio da participação dos alunos nos eventos e da execução dos vários trabalhos propostos. Na visita, pareceu nos que os maiores resultados alcançados por Jamille relacionaram-se com uma grande sensibilização aos problemas ambientais que ela provocou com a quantidade e diversidade de atividades propostas. Além disso, ficou evidente como os projetos iniciados pela professora ultrapassaram os muros da escola, envolvendo grande parte da comunidade. Com isso, Jamille provocou uma valorização dos alunos e de suas iniciativas e uma parceria com a comunidade para a busca de soluções de problemas ambientais, antes pouco vistos.

A professora, em sua descrição do projeto, afirmou:

A avaliação do projeto será feita no decorrer da vida, pois se as pessoas envolvidas se tornarem pessoas mais HUMANIZADAS para com seu próximo e mais preocupadas com seu MEIO AMBIENTE, tendo atitudes empreendedoras, sinto que alcançamos os nossos objetivos.

Na visita pudemos perceber, em certas falas dos alunos, essa "formação para a vida":

É algo que é necessário fazer, porque nossa geração tem que ser encarregada disso. É a nossa geração que está sendo afetada, e só percebemos quando somos afetados. E ainda as futuras gerações serão ainda mais afetadas. (Aluna)

A gente quer incentivar as pessoas, bater de porta em porta pra avisar que o óleo saturado para fazer o sabão é muito bom. E sempre quando pegamos uma garrafa PET para jogar no lixo, pensamos duas vezes e acabamos não jogando. (Aluno)

A gente está tentando mobilizar as pessoas para que nossos filhos e netos não sofram com a falta de água; além disso, temos que cuidar do lixo, pois aqui tem muita enchente. (Aluna)

Perguntamos sobre a formação que Jamile recebeu para realizar esse projeto e nele inserir tantas atividades; vimos que o curso de pós-graduação *lato sensu* em mídias na Educação (curso a distância desenvolvido em parceria com a SEEDUC e UFRJ) desempenhou um papel nessa realização, uma vez que solicitava aos alunos que desenvolvessem um projeto em escola utilizando os recursos aprendidos. No entanto, acreditamos que as crenças e princípios de Jamille sobre o papel do educador na construção de valores para a cidadania, pertencem a ela mesma e a motivam na realização dessas atividades. São palavras da professora:

> Pensar em educação nos dias de hoje vai muito além de estarmos entre as 4 paredes da sala de aula. Se queremos formar cidadãos conscientes do seu papel enquanto pessoas que interferem em suas vidas, social e econômica, e de sua comunidade, temos que deixar de ser meros explicadores e assumir o papel de ator coadjuvante nesse processo ensino-aprendizagem. Estar realmente abertos a aprender a aprender e quando estamos sintonizados com os alunos, considerando suas questões, partindo do levantamento de suas hipóteses e de suas dúvidas temporárias até chegar à elaboração da comunicação do conhecimento construído, estamos dando a eles um sentido para sua aprendizagem. Este é o real valor da aprendizagem, instrumento para se obter uma sociedade mais justa e mais fraterna. Pois, para o educador, o Meio Ambiente não se restringe ao ambiente físico e biológico, mas inclui também as relações sociais, econômicas e culturais.

PROJETOS BEM-SUCEDIDOS DE EDUCAÇÃO EM VALORES 151

Limites e dificuldades

Uma das dificuldades que Jamille relata em seus projetos foi certa interrupção destas, na escola Alvorada, devido ao seu fechamento para reforma. No entanto, a professora continua grande parte de suas iniciativas na outra escola em que atua agora e mostra ter o apoio da atual diretora.

Na visita, como destacamos, notamos o grande entusiasmo da professora Jamille pelos projetos que realiza e como estes são diversificados e eficazes no sentido de sensibilizar os alunos e parte da comunidade fora da escola. No entanto, os projetos não chegam a fazer parte do Projeto Pedagógico da escola e o envolvimento de outros professores nos pareceu esporádico. Nesse sentido, se a professora Jamille deixar de liderar esses projetos de preservação ambiental, não nos parece que a escola, e outros professores, possam tocá-los. Assim, no nosso ponto de vista, uma das dificuldades do projeto é certo isolamento das iniciativas de Jamille em relação aos demais professores da escola.

Outra dificuldade apontada por Jamille para a continuidade do projeto sobre o óleo saturado é o que chamou de "entrave" do poder público. Às vezes, por pequenas coisas, o andamento do projeto é prejudicado; por exemplo, eles não conseguiram ainda um latão grande para as pessoas colocarem o óleo saturado que as famílias ou alunos trazem para a escola.

De qualquer modo, Jamille continua atuando com seu entusiasmo e criatividade para que a educação em valores de respeito ao meio ambiente seja intensa e efetiva. Esperamos que seu projeto se torne, com a repercussão que tem apresentado e sua continuidade, um projeto da escola envolvendo formalmente a equipe de professores.

Finalizando: por que considerar este projeto como bem-sucedido?

Ressaltamos pontos positivos que nos fazem concluir que a experiência sobre o rio Carangola foi uma prática bem-sucedida de Educação em Valores.

Primeiro, pareceu-nos que a motivação para o projeto embasa-se num problema real que afeta a escola e toda a comunidade: a enchente do rio Carangola. Assim, como aponta La Taille (2009), a preservação ambiental parece ser um possível ponto de partida e uma finalidade legítima para processos genuínos de educação moral. O respeito ao meio ambiente foi, então, o valor mais enfocado em todo o projeto e considerado relevante, não só pela professora idealizadora, mas pelos alunos e outros agentes escolares. Esse valor foi, portanto, o foco de um investimento afetivo genuíno e partilhado por todos da escola e não algo externo à escola, dogmático ou arbitrário (Menin, 2002).

Em segundo lugar, percebe-se que os métodos utilizados pela professora baseiam-se na participação voluntária e mesmo entusiástica dos alunos e há espaço para que eles criem e escolham suas atividades. Dessa forma, como já apontado desde Piaget (1966, 1977), a autonomia como fim — a adesão consciente de valores morais — é produzida pela autonomia como método. Além de processos democráticos adotados, apontamos também, como pontos positivos, os procedimentos variados usados pela professora e o envolvimento de outros docentes da escola. De fato, por um período, a preservação ambiental transformou-se num tema transversal à escola, aproximando-se dos modos apregoados pelos Parâmetros Curriculares Nacionais de se fazer projetos voltados à Ética e Cidadania (Brasil, 1998).

Em terceiro lugar, de acordo com o que ressaltam Serrano (2002) e Araújo (2000), a comunidade externa à escola foi envolvida no projeto, tanto como participante das atividades como recebedora de seus benefícios. Isso resulta num fortalecimento dos valores passados, no caso, sobre preservação e cuidados com o ambiente, e numa valorização da escola e suas finalidades. Aliás, aprendemos nesta pesquisa que quanto menor a comunidade, maior a probabilidade de ver-se a escola como parte dessa comunidade e por ela beneficiada.

Finalmente, os resultados alcançados parecem de fato apontar para uma incorporação voluntária e entusiástica, pelos alunos, de valores ligados à preservação ambiental. O quanto essa adesão é durável e o quanto fará parte de uma hierarquia de valores de persona-

PROJETOS BEM-SUCEDIDOS DE EDUCAÇÃO EM VALORES

lidades éticas (Puig, 2004) só um acompanhamento mais de longo prazo dos alunos da escola poderá evidenciar.

Referências bibliográficas

ARAÚJO, U. F. Escola, democracia e a construção de personalidades morais. *Educação e Pesquisa*, São Paulo, v. 26, n. 2, p. 91-107, jul./dez. 2000.

BRASIL, Secretaria de Educação Fundamental. *Parâmetros Curriculares Nacionais*; terceiro e quarto ciclo: apresentação dos temas transversais. Brasília: MEC/SEF, 1998.

LA TAILLE, Y. de. *Formação ética*: do tédio ao respeito de si. Porto Alegre: Artmed, 2009.

MENIN, M. S. S. Valores na escola. *Educação e Pesquisa*, v. 28, n. 1, p. 91-100, 2002.

PIAGET, J. [1932]. *O julgamento moral na criança*. São Paulo: Mestre Jou, 1977.

_____ [1930]. Os procedimentos de educação moral. In: MACEDO, L. (Org.). *Cinco estudos de educação moral*. São Paulo: Casa do Psicólogo, 1996. p. 1-36.

PUIG, J. *Práticas morais*: uma abordagem sociocultural da educação moral. São Paulo: Moderna, 2004.

SERRANO, G. P. *Educação em valores*: como educar para a democracia. Porto Alegre: Artmed, 2002.

9

Projeto "Conviver":
estabelecendo as relações e organizando o currículo*

Osasco/SP
Denise D'Aurea-Tardeli

A convivência é a capacidade das pessoas de viver com outras em um marco de respeito mútuo e solidariedade recíproca. Implica o reconhecimento e tolerância pela diversidade, a capacidade das pessoas de se entender, de valorarem e aceitarem as diferenças e os pontos de vista dos outros. A convivência é uma aprendizagem: se ensina e se aprende a conviver. Por isso, é também responsabilidade da escola trabalhar estas relações que são produzidas no espaço escolar entre os diversos integrantes da comunidade educativa: estudantes, docentes, gestores, familiares, funcionários e serventes.

---

* Agradecemos às relatoras desse projeto: Maria Aparecida da Silva (diretora), Glória Cortez (vice-diretora) e Ana Cristina Barrovieira de Paula (coordenadora pedagógica). Colaborou nas entrevistas com as gestoras e participou da visita à escola, Lucian da Silva Barros (Unisantos/SP).

PROJETOS BEM-SUCEDIDOS DE EDUCAÇÃO EM VALORES

A agressividade pode ser entendida como constitutiva dos seres humanos e não pode ser eliminada, mas, sim, deve ser direcionada conforme princípios e valores morais aceitos em sociedade. E o conflito é um fato social que existe em todo grupo humano; então, o que se pode fazer para que estas manifestações inevitáveis não resultem em atos de violência? Exercitando a capacidade do diálogo, da escuta verdadeira, dos argumentos e ideias, da empatia e mediação, como os mecanismos de ajuda na resolução dos conflitos de maneiras mais eficazes. O relato a seguir apresenta alguns destes aspectos.

O contexto

A Escola Estadual Walter Negrelli está localizada no Jardim Piratininga, um bairro da cidade de Osasco/SP, com várias realidades sociais. Concentrando-se ao sul do bairro, há uma grande quantidade de indústrias e transportadoras, e, ao norte, situa-se a parte residencial, com vários tipos de moradias de acordo com os vários segmentos sociais. Na parte mais antiga do bairro, há casas de alvenaria e algumas indústrias situadas do lado esquerdo da rodovia Castelo Branco, sentido São Paulo interior, onde ainda é possível ver áreas desabitadas, como, por exemplo, a que beira a rodovia, e a outra, às margens do rio Tietê.

No lado direito da rodovia, encontra-se um conjunto residencial "INOCOOP", com 2.500 unidades construídas, e o antigo "IAPI" (Instituto de Aposentadoria e Previdência dos Industriários), outro conjunto habitacional com ruas planejadas.

Três outros grupos de moradias constituem o bairro. O primeiro, projeto "Terra Nossa", originou-se de uma invasão de terras da CO-HAB em 1989. O segundo grupo é o projeto "Canaã" da prefeitura, constituído a princípio por barracos que aos poucos se transformaram em casas de alvenaria. Aí, encontram-se instaladas 800 famílias, aproximadamente, oriundas de áreas livres. O terceiro grupo é formado por três grandes áreas livres que esperam por soluções das autoridades.

No interior do bairro foi construído um grande conjunto habitacional, em sistema de cooperativa "COPROMO", com prédios de apartamentos praticamente já todos ocupados, que atendem a mais de mil famílias.

O bairro conta com três escolas públicas estaduais e seis escolas da prefeitura. A EE Walter Negrelli é uma das três, contando em 2010 com 1.859 alunos, 92 professores, 33 funcionários e funcionando em três períodos letivos de manhã à noite.[1]

O Projeto "Conviver" que vamos relatar iniciou-se em 2000 e completa 10 anos de funcionamento neste ano. Foi idealizado pela diretora da escola, professora Maria Aparecida da Silva, que ocupa o cargo até hoje, e conta com a participação de toda a equipe gestora que também é a mesma desde a implantação do projeto. Conta ainda com boa parte dos professores e funcionários.

Por que e como o projeto começou

No bairro contextualizado anteriormente se localiza a E. E. Walter Negrelli construída em 1986 para atender às necessidades dos conjuntos residenciais que começavam a se formar naquele contexto. A escola foi projetada para atender inicialmente 600 crianças deste bairro cujos moradores pertenciam a um segmento social com salários que permitiam acesso à moradia, convênios de saúde e transporte.

Quando a atual diretora chegou, no final de 1989, a escola funcionava apenas no período diurno com alunos até a 4ª série. Usavam como uniforme um abrigo verde que ficou conhecido na época e o índice de promoção nunca era inferior a 78%.

---

1. Estas informações sobre o histórico do bairro foram sintetizadas a partir do Projeto Político-Pedagógico da Escola, cedido pelas gestoras.

PROJETOS BEM-SUCEDIDOS DE EDUCAÇÃO EM VALORES

Em 1991 o prefeito da cidade de Osasco, com o objetivo de implantar o ITO (Instituto Tecnológico de Osasco) no terreno situado atrás do Fórum, retirou a favela do "Buraco Quente" e os seus moradores foram, então, deslocados para uma área situada ao lado do Jardim Piratininga, desprovida de infraestrutura. Já em 1992 as crianças e adolescentes passaram a procurar vaga na escola Walter Negrelli. Para atender à demanda das 5ªs séries de adolescentes, surgiu pela primeira vez o curso noturno.

O grande desnível social fez da escola palco de conflitos que perduraram durante toda a década de 1990. Em meados dessa década, a escola foi ampliada para atender ao triplo de alunos. Este contexto endossa o panorama mundial da década, período em que as reflexões sobre a violência nas escolas surgiram e vários pesquisadores discutiram o tema, como Abramovay (2002), Charlot (2002) e Debarbieux (2002).

Foi neste período que adolescestes traficantes de drogas passaram a frequentar os portões da escola Walter Negrelli. Encontravam dificuldades em adentrar o prédio e, por esse motivo, lançavam "laça-gatos"[2] nos fios da rua, promovendo curtos-circuitos que apagavam a luz da escola e dos prédios próximos. Os alunos eram dispensados e a droga era altamente comercializada no entorno, causando enorme preocupação nos moradores dos prédios que criticavam a deterioração da escola e do bairro como um todo, relacionando este fato à chegada dos novos moradores.

A dificuldade em trabalhar com o tema da violência nas escolas é notória, como diz Charlot (2002), apesar de não ser um fato recente, porque é constante o surgimento de formas outras de violência, como o exemplo da escola Walter Negrelli citado acima. Os estudos de Charlot (2002) mostram que há três tipos distintos de violência na escola: quando a própria escola é o local da violência que tem origem externa a ela, como foi o caso da Walter Negrelli — violência *na* escola; a vio-

---

2. Cadarços e outros tipos de fios amarrados a objetos que são atirados nos fios de energia, provocando curto-circuito.

lência *à* escola que é atacada diretamente, como depredação do patrimônio; e a violência *da* escola, quando as vítimas são os próprios alunos.

Com isso, de maneira geral, as comunidades escolares vêm demonstrando um sentimento de angústia e impotência (D'Aurea-Tardeli, 2003), e passam a ficar em estado de alerta à menor presença de sinais que representam perigo físico ou ameaça psíquica (Charlot, 2002). A comunidade escolar da Walter Negrelli, porém, reagiu a esta onda de desmotivação.

Foi justamente a oferta de drogas no portão da escola que promoveu a união das lideranças dos dois bairros vizinhos, que, junto com a escola, organizaram uma marcha com mais de duzentas pessoas à Eletropaulo solicitando recapeamento dos fios da rua que estavam todos deteriorados com os ataques. Como em outros países que trataram os casos de tráfico de drogas com a presença da polícia e do sistema de justiça (Charlot, 2002), a escola Walter Negrelli junto com a comunidade resolveu adotar outras medidas. A vitória dessa ação conjunta consolidou a união das lideranças que, fortalecidas, passaram a ter uma atuação pontual dentro da escola. Porém, os conflitos (dentro e fora) persistiram. Brigas de alunos terminavam em guerra de gangues fora dos muros da escola.

Preocupada com o desfecho dessas brigas, a escola desenvolveu no 3º bimestre de 2000 a "Campanha da Paz". Enquanto perdurou a campanha, a convivência melhorou. No 4º bimestre, por considerar a campanha já vitoriosa, o evento não aconteceu; então os conflitos ressurgiram. Na avaliação daquele ano letivo, sentiram a necessidade de uma campanha permanente que minimizasse os conflitos, já que estes sempre existiriam, mas um projeto permanente poderia suavizá-los, segundo concepção da equipe gestora. Desta necessidade surgiu, em 2001, o Projeto "Conviver".[3]

---

3. Estas informações sobre o histórico do bairro foram sintetizadas a partir do Projeto Político-Pedagógico da Escola, cedido pelas gestoras.

A constituição do projeto: temas, meios, atividades desenvolvidas

Inicialmente, o Projeto "Conviver" teve como objetivos instrumentalizar os alunos para, através do diálogo, solucionar, dentro da escola, conflitos provenientes das diferenças sociais, individuais e culturais. No entanto, foi percebido desde o início que atacar só as brigas era uma medida somente curativa e não preventiva. Então o Grupo Gestor sentiu a necessidade de sistematizar uma série de medidas fundamentais na prevenção dos conflitos. Eram ainda ações pontuais que o grupo listou para executar naquele ano letivo.

Algumas dessas medidas foram discutidas e decidiu-se pela inserção destas no currículo:

a) Explicitação nas séries mais adiantadas das origens das diferenças sociais.

b) Análise da ocupação do solo urbano, partindo da própria história dos dois bairros.

c) Valorização das diferentes formas culturais e o papel da TV na construção da cultura de massa.

d) Exploração do lado positivo das diferenças individuais com a valorização das competências e habilidades de todos.

O Grupo Gestor passou então a construir o Projeto "Conviver" junto com os professores na HTPC (Hora de Trabalho Coletivo Pedagógico). Um ponto altamente favorável é que a equipe gestora é a mesma desde então, o que garante a continuidade e coesão do projeto. Há envolvimento, responsabilidade e uma carga grande de afetividade destas professoras — as mesmas três que nos deram a entrevista — com os alunos, com os objetivos educacionais e com o cumprimento de metas de excelência.

A ideia de inserir estas atividades no currículo escolar possibilitou ainda o estudo de conteúdos e a reformulação do projeto pedagógico. A comunidade escolar, envolvendo gestores e professores, entende por

Currículo o conjunto formado pelo conhecimento historicamente acumulado, valores e atitudes que constituem a "cultura escolar". Ou seja, é um grupo de professores que se regulam diante das mudanças educacionais nacionais e buscam referência em autores consagrados da literatura educacional.

Segundo elas próprias, são três as principais referências teóricas do currículo desta escola:

1) Paulo Freire — porque acreditam que o currículo tem como ponto de partida a cultura do aluno. E também que a decodificação do conhecimento deve promover a "Leitura de Mundo" para que o aluno se situe como agente de transformação.

2) Piaget — porque acreditam que o aluno é o construtor do conhecimento dentro das diversas etapas de evolução humana.

3) Vigotsky — porque possibilita diversas formas de interação social, pois o conhecimento é construído nestas mediações.

Há ainda a inserção do conteúdo "valores" que não são descritos por elas como morais, mas que apresentam um caráter ético e religioso, sem credo partidário segundo as gestoras, mas com características de uma essência espiritual. Por isso, buscam a construção de um ser humano ético e valorizam a construção da cidadania, entendendo por cidadão o ser pleno de direitos e deveres. Nas palavras de Tognetta (2010):

> Comprovamos em outros momentos que um ambiente escolar cooperativo, ou seja, aquele em que se considera toda a dimensão humana, nos seus aspectos morais, cognitivos e afetivos favorece a construção de valores morais nos sujeitos. [...] em sendo assim, o papel das instituições educacionais para desenvolver esta formação torna-se inquestionável e imprescindível (p. 26).

Em todas estas ações, a equipe gestora tem consciência da importância da organização e da força da ação coletiva na construção de um mundo menos desigual, mais justo, onde o diálogo seja o instrumento

PROJETOS BEM-SUCEDIDOS DE EDUCAÇÃO EM VALORES

para a superação dos conflitos. Estas ideias que, *a priori*, parecem utópicas, na verdade são uma crença na potencialidade do ser humano e na convicção de que é possível a formação de sujeitos mais autônomos. Como diz Tognetta (2010), as pessoas são sempre motivadas por desejos de superação pessoal, isto é, "todos podem vir a ser" (p. 31).

Metodologia do projeto

Após toda a experiência acumulada, atualmente o Grupo Gestor, já nos primeiros 15 dias do início das aulas, atua no sentido de preparar a escola para viabilizar o Projeto "Conviver". A partir do Planejamento (início do mês de março), todos passam a ser responsáveis pelo desenvolvimento do projeto — professores, alunos, funcionários e pais que fazem parte do "Participais" — grupo que se organizou a partir do envolvimento no Projeto "Conviver" e hoje funciona como um órgão colegiado.

Na metodologia do Projeto existem quatro passos fundamentais:

1º Momento — Foco nos Alunos (geralmente em fevereiro)

— Organização da escola: todos os professores são orientados a discutir as normas com todos os alunos.

Na discussão, os alunos são levados a refletir sobre a importância das normas sociais que existem em todo agrupamento humano. Os alunos também são instigados a revisarem estas normas, para fazerem modificações, se necessário. Nesse momento, os alunos tomam consciência da decorrência do não cumprimento das normas. É também nesta fase que os professores são orientados a localizar e tentar desenvolver competências/habilidades nos alunos. Iniciam o processo de construção da autoimagem positiva sem a qual dificilmente acontecerá aprendizagem, segundo as gestoras. O foco está nas múltiplas habilidades/competências dos alunos, como: liderança, espírito crítico, solidariedade, ética, capacidade de resolver problemas, criar, agir, se organizar, transformar.

2° Momento — Foco nos Professores (após as duas primeiras semanas de aula)

— Os professores escolhem uma sala em que despertou a afinidade. Alguns professores já priorizam o quesito desafio e escolhem a sala em que mais foram confrontados. Cada uma das salas de aula passa a ter seu "Professor Coordenador ou do Coração" que vai desenvolver o Projeto "Conviver" em "sua" sala. Ele escolhe também um parceiro para ajudá-lo. É a forma que encontraram de envolver quem é recém-contratado na escola.

É interessante ressaltar que este professor que recebe o título carinhoso de "Professor do Coração" busca despertar nos alunos o senso moral, pois só assim o projeto terá sucesso. Como diz La Taille (2006), o "querer agir moral" (p. 108) é carregado de sentimentos, como o medo, o amor, a confiança, a simpatia, a indignação e a culpa, que alicerçam afetivamente a criança ao seu entorno social, possibilitando assim a consciência moral.

3° Momento — Projeto na Sala

— O professor mapeia com os alunos as grandes dificuldades da sala. As que mais ocorrem — especialmente nas séries iniciais — são conversas fora de hora, apatia, desorganização, individualismo, apelidos, palavrões. Nas séries mais avançadas, os problemas tomam outro rumo.

Em seguida, o professor foca as situações de liderança. Ressalta a importância do mediador e organiza três duplas que têm perfil para favorecer o trabalho dos problemas de sala. A equipe gestora não es-

PROJETOS BEM-SUCEDIDOS DE EDUCAÇÃO EM VALORES

pecificou como são escolhidos esses perfis. Cada dupla tem então cinco dias para elaborar um projeto que deverá resolver esses problemas. Após a apresentação dos projetos das duplas para a sala, acontece a eleição de alunos coordenadores e as chapas que disputaram, e não foram eleitas, convertem-se em "secretários" da chapa vencedora. No final, todos se integram num único grupo mediador.

Nas salas iniciantes — alunos mais novos — o enfoque dos projetos situa-se na organização do espaço imediato que é a classe. Por exemplo: mapeamento da sala, modificado quinzenalmente para que todos se conheçam; manutenção da limpeza; organização de murais com enfoque no trabalho das diversas disciplinas ou em datas comemorativas (por exemplo: aniversariantes, Dia da Mulher, Meio Ambiente etc.).

Nas 7ª e 8ª séries, os adolescentes já são motivados a difundir em toda a escola projetos de interesse dos colegas: drogas, gravidez na adolescência, Estatuto da Criança e Adolescente etc. A possibilidade do jovem se inserir em experiências significativas e vivências de participação é um ótimo caminho para a sua formação moral e a consolidação de um projeto de vida solidário (D'Aurea-Tardeli, 2011).

No Ensino Médio, o Projeto "Conviver" busca a formação do jovem protagonista. Nesta fase, os jovens atuam também nas etapas anteriores, porém a ênfase está na divulgação de notícias de interesse comunitário nas igrejas do bairro. Nesta fase, há jovens voluntários monitorando a biblioteca da escola, em aulas de música e na sala de informática. É também nessa fase que o projeto amplia-se para chegar à comunidade.

Em todas as fases participam ativamente de campanhas de solidariedade locais, dependendo da demanda.

4º Momento — evento no final do ano letivo

Ao término do ano letivo, as classes organizam um evento com atividades musicais e teatrais que retratam os aspectos trabalhados durante o ano. Geralmente é organizado um conjunto de performances para apresentar às famílias, e para toda a comunidade escolar, as questões mais significativas e/ou conclusivas das atividades que foram desenvolvidas com as classes. Todos colaboram, desde a elaboração dos cenários até a divulgação pelo bairro. Como este evento se tornou algo representativo do projeto e esperado, a escola investe na produção, procurando formas de registro — filmes e fotos —, melhores figurinos, escolha dos alunos, divulgação e reserva do teatro municipal da cidade.

Principais resultados e formas de avaliações

Em todo término de semestre letivo, o projeto é avaliado, discutido e reformulado para o ano seguinte. As avaliações inicialmente recaem sobre os professores coordenadores. A equipe gestora estipulou uma classificação para a atuação dos professores em termos de sua apropriação com o projeto.

- AVANÇADO: Professores que, junto com o Grupo Gestor, promovem intensamente o avanço do Projeto "Conviver".

- MODERADO: Professores que tentam viabilizar o Projeto "Conviver", mas, por diversos motivos, não conseguem resultados significativos.

- ESTAGNADO: Professores que por alguma razão entendem o Projeto "Conviver", mas não avançam.

- RECUADO: Professores que já pertenceram ao grupo AVANÇADO e estão num momento de recuo.

- NÃO AVALIADO: Professores que por virem apenas um dia da semana têm ações de pouca visibilidade para o coletivo da escola.

A equipe tem quantificado a participação dos professores ao longo dos anos:

Gráfico 1. Participação dos professores no Projeto "Conviver"

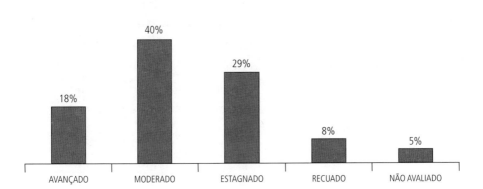

Como se observa no Gráfico 1, o envolvimento dos professores é ainda algo por desenvolver, pois há o alto índice dos estagnados. Tognetta (2009) nos diz que o papel das pessoas significativas e dos pares na construção da formação ética de crianças e jovens é fundamental. Há um movimento de atribuir valor a este outro significativo que provoca uma construção progressiva nos sujeitos. Neste contexto entra o professor que muitas vezes é modelo de virtudes para os alunos. O projeto da escola Walter Negrelli, de certa forma, deposita no professor esta responsabilidade.

Quanto aos alunos, recebem nota bimestral como qualquer outra disciplina e o critério é a participação nos projetos da sala. Numa gradação, os alunos são avaliados:

— Há os que participam intensamente de todos os projetos.

— Há os que participam razoavelmente, mas não se envolvem com todos.

— Há os indiferentes.

— Há os que além de não participarem vão na contramão de tudo o que a escola propõe. Felizmente, segundo a equipe gestora, esses são a minoria e é nesta minoria que concentram as interferências permanentes do Grupo Gestor e professores.

A sala que concentrou grande esforço na elaboração e execução do Projeto recebe no final do semestre um prêmio: todos os alunos desta sala ganham um passeio patrocinado pela escola. Os professores coordenadores de todas as salas também participam desse passeio.

Em agosto tudo recomeça: revisão das normas, mapeamento das dificuldades das salas, elaboração de projetos e eleição. *É hora de aprender a não votar errado* (palavras da diretora Cida).

Limites e dificuldades

Quando construímos um projeto para resolver conflitos não imaginávamos o seu alcance. Não tínhamos clareza da intensidade da força das relações na construção da aprendizagem. Não imaginávamos também que ao enfocar valores, revisamos nossa própria vida. (Diretora)

Professores e familiares dizem ser visível a modificação permanente dos alunos que é concretizada em ações que ocorrem nas diversas etapas da metodologia. A comunidade escolar acredita que, com uma autoimagem positiva, a aprendizagem é potencializada. As avaliações externas — SARESP e outros — e internas da escola estão acima da média das escolas da cidade.

Além disso, a escola está bonita e bem cuidada, fato que se evidencia logo na entrada do portão principal, com o muro ao redor todo grafitado pelos alunos, com motivos variados que é possível se observar nas ruas do entorno. Além de enfeitar a quadra, incentiva a expressão das crianças e adolescentes a terem voz e a marcarem suas identidades. Alunos se orgulham e os pais confiam na escola.

As brigas não acabaram e os conflitos existem como em qualquer escola, mas esta comunidade escolar sabe bem como lidar com eles e resolver as situações mais constrangedoras com coragem e de forma respeitosa. Enquanto estivemos lá, presenciamos alunos que foram levados à coordenação e à direção e foram atendidos e ouvidos sem deixar de serem repreendidos se necessário.

> Aprendemos também, que pelo menos na construção de valores e atitudes, os resultados na Educação não acontecem a longo prazo. Num curto espaço de tempo, eles se fazem visíveis aos nossos olhos, dando alento a nossa crença de que um mundo melhor pode ser construído coletivamente ao se buscar uma Educação de Qualidade. (Diretora)

Algumas considerações sobre o projeto

O Projeto "Conviver" da Escola Walter Negrelli nos pareceu um projeto completo no sentido de sua implantação e continuidade. Além disso, busca o que acreditamos ser de fundamental importância nas escolas: a inserção de um trabalho que desenvolva a formação ética dos alunos no currículo da escola. A possibilidade de trazer o aluno à participação e intervenção social, de conscientizá-lo para as questões de seu tempo e de seu contexto, de desenvolver um senso crítico e moral para as mazelas humanas é o princípio básico da educação. O projeto não resolveu somente o problema da violência da escola, mas modificou as famílias e criou um "laboratório" de práticas morais, como diz Puig (2004), para a formação dos professores. Esse mesmo autor questiona quem protagonizaria estas práticas nos ambientes escolares e a Escola Walter Negrelli soube bem responder a isto: toda a comunidade escolar. As práticas são ações que devem acontecer na escola toda e têm um sentido sempre cultural e moral, além de permitir enfrentar situações significativas, complexas ou conflitantes. Todo o processo de uma prática moral, explicado por Puig (2004), fica evidenciado efetivamente na descrição do Projeto "Conviver". Por isso, esse projeto foi destacado como uma experiência bem-sucedida em Educação Moral e de Valores.

O nome do projeto foi o que primeiro despertou o interesse e nos motivou a visitar a escola. O ideal da boa convivência e das boas relações interpessoais é o que se pretende com os estudos e pesquisas na área da Psicologia e Educação Moral. A escola, como segundo contexto socializador depois da família, deve educar os alunos para uma boa convivência, não somente de forma implícita nas relações diretas entre professor e aluno, mas de forma explícita nos diferentes segmentos escolares. A convivência é um dos fatores que transcendem o bem-estar e a felicidade, sustentando a saúde total do ser; assim, a busca da conscientização de que esse é atualmente o maior desafio das escolas e a possibilidade de capacitar adequadamente os professores para que trabalhem nesta direção é, em nossa opinião, a grande meta dos teóricos e pesquisadores da educação.

Referências bibliográficas

ABRAMOVAY, M.; RUA, M. G. *Violência nas escolas*. Brasília: Unesco, 2002.

CHARLOT, B. A violência na escola: como sociólogos franceses abordam essa questão. *Sociologias*, Porto Alegre, ano 4, n. 8, p. 432-43, jul./dez. 2002.

D'AUREA-TARDELI, D. *Solidariedade e Projeto de Vida*: a construção da personalidade moral do adolescente. Campinas/São Paulo: Mercado de Letras/Fapesp, 2011. (Col. Educação e Psicologia em Debate.)

DEBARBIEUX, E. *Violência nas escolas e políticas públicas*. Brasília: Unesco, 2002.

LA TAILLE, Y. de. *Moral e ética*: dimensões intelectuais e afetivas. Porto Alegre: Artmed, 2006.

PUIG, J. M. *Práticas morais*: uma abordagem sociocultural da Educação Moral. São Paulo: Moderna, 2004.

TARDELI, D. D. *O respeito na sala de aula*. Petrópolis: Vozes, 2003.

TOGNETTA, L. R. P. *Perspectiva ética e generosidade*. Campinas: Mercado de Letras, 2009.

_____ et al. *Um panorama geral da violência na escola... e o que se faz para combatê-la*. Campinas: Mercado de Letras, 2010.

10

O Projeto "Cidadania na escola"*

Caiuá/SP
Claudiele Carla Marques da Silva
Maria Suzana De Stefano Menin

O contexto

A Escola Estadual José Sanches Postigo está localizada no centro de Caiuá, estado de São Paulo. O município está a uma distância de 630 km da capital, São Paulo.

A cidade do interior paulista é considerada pequena, segundo o IBGE; tem cerca de 5.450 habitantes, destes 2.423 são da zona rural. O município conta com três escolas públicas, sendo duas Municipais

---

* Agradecemos à relatora desse projeto, professora Neuza Ferreira Lima.

e uma estadual. A Escola Estadual José Sanches Postigo é a única escola da cidade que abrange o Ensino Fundamental (2º ciclo) e o Ensino Médio.

Há na Escola Estadual José Sanches Postigo cerca de 263 alunos, destes muitos são da zona rural da cidade. Os alunos são atendidos em tempo integral, segundo a relatora Neuza Lima, e esse é um fator muito importante, pois muitos discentes são desfavorecidos financeiramente.

A escola desenvolveu desde 2007 três subprojetos: "Água, fonte de vida", "Caminhos e escolhas: lendo a política" e o "O mundo das leituras e as leituras do mundo", sendo que os três projetos são interessantes para a educação. Porém, nesta descrição, abordaremos somente os projetos "Água, fonte de vida" e "Caminhos e escolhas: lendo a política", pois tratam de questões ligadas à cidadania e ao tema da pesquisa: Educação em Valores. Denominamos "Cidadania na escola" porque essa nomenclatura abrange os dois projetos que serão aqui discutidos.

Recebeu-nos para a visita a professora, responsável pelos projetos, Neuza Lima. Apresentaremos separadamente os projetos "Água, fonte de vida" e "Caminhos e escolhas: lendo a política".

1. Projeto "Água, fonte de vida"

Por que e como o projeto começou?

Segundo Neuza Lima, relatora da experiência e professora da escola, o Projeto "Água fonte de vida" surgiu em 2007 quando ela ainda era coordenadora dos projetos. O projeto surgiu a partir de uma problemática local: a população de Caiuá paga apenas um valor simbólico pelo uso da água e as torneiras da cidade não possuem hidrômetro. Dessa forma, há um grande desperdício de água na cidade como, por exemplo, lavar calçada apenas com a mangueira,

PROJETOS BEM-SUCEDIDOS DE EDUCAÇÃO EM VALORES

troca de água de piscinas com grande frequência, entre outros. Surgiu, então, a seguinte polêmica "até que ponto vale a pena pagar pouco?".

Apesar de a indagação partir da relatora do projeto, envolveu toda a escola, desde os alunos até a coordenação. Os professores discutiram sobre o projeto nos HTPCs, a fim de desenvolverem um trabalho conjunto; nesse sentido, buscou-se abordar o tema em todas as disciplinas.

Segundo a relatora, esse projeto foi inscrito no Prêmio Construindo a Nação, ocasião em que recebeu o prêmio de menção honrosa pelo trabalho social e educativo que contribuiu de forma efetiva para o desenvolvimento da cidadania no Brasil.

Constituição do projeto: temas, meios, atividades desenvolvidas

O projeto "Água, fonte de vida" teve início com um desfile por ocasião do aniversário da cidade no dia 19 de março. Este desfile voltou-se para o tema da água e os alunos desenvolveram cartazes e faixas alertando sobre a necessidade do uso racional da água.

Antes do desfile, segundo a relatora Neuza Lima, buscou-se trabalhar com todas as séries uma conscientização a respeito do tema: o que é o desperdício, a água no planeta, a necessidade da água para vivermos, como a água é desperdiçada na cidade, principalmente, pela gratuidade. A partir disso, foi elaborado o desfile.

O projeto da água, segunda a relatora Neuza Lima, também é uma questão política:

Pois qual prefeito iria instituir uma lei para que fossem instalados hidrômetros nas casas e cobrado água? Certamente esse prefeito não iria mais se eleger [...] por conta disso é necessário uma conscientização sobre o uso responsável da água. (Neuza Lima)

Também no dia 22 de março (Dia Mundial da Água) a escola foi decorada com cartazes e faixas de conscientização e alerta para a escassez da água. Várias atividades foram desenvolvidas com todos os alunos da escola sobre o tema da água: palestra com a professora de Ciências, teatro de fantoche, música e jogral.

Após o momento de mobilização, foi feita uma entrevista com o Prefeito Municipal em que um grupo de alunos aplicou o Questionário Ecológico. Esse questionário, segundo Neuza Lima, foi elaborado pela professora de Ciências com o apoio de alguns alunos, buscando informações a respeito da água no município. Foi também realizada uma pesquisa de campo junto à população para colher informações sobre o consumo de água e foi aplicado, novamente, o Questionário Ecológico. Os alunos se dividiram em turmas e percorreram toda a cidade para obter informações sobre o uso da água.

O projeto foi trabalhado em todas as disciplinas (interdisciplinares), afirma Neuza Lima; dessa forma, os resultados da pesquisa realizada pelos alunos junto à população e ao prefeito foram discutidos em cada matéria com os professores: "a correta utilização da água, o desperdício, o que se pode fazer para mudar a situação da cidade etc." (Neuza Lima)

A escola aproveitou o tema em todas as atividades possíveis, como, por exemplo, o Parlamento Jovem 2007 em que um grupo de alunos do 1º ano do Ensino Médio elaborou um projeto de lei, versando sobre a obrigatoriedade do hidrômetro.

O parlamento jovem é um concurso promovido pela Assembleia Legislativa do Estado de São Paulo, tem como objetivo possibilitar aos estudantes uma visão de alguns aspectos da democracia. A intenção é oferecer, pela vivência de um dia de sessão parlamentar, esclarecimentos sobre a razão de ser, as funções e o cotidiano do Poder Legislativo. A escola seleciona um projeto dos alunos que concorrerá com outros projetos do estado de São Paulo. Segundo a relatora, a lei sobre o projeto dos hidrômetros foi elaborada por seis alunos que se interessaram do 1º ano do Ensino Médio. A seguir (Figura 1), a lei elaborada pelos alunos do 1º ano do Ensino Médio:

PROJETOS BEM-SUCEDIDOS DE EDUCAÇÃO EM VALORES

Figura 1. Projeto de lei

PROJETO DE LEI Nº ..../2007

Dispõe sobre a obrigatoriedade de instalação de hidrômetros nas residências de todos os municípios do estado de São Paulo.

Parlamento Jovem Paulista decreta:

Artigo 1º — Ficam os proprietários de residências construídas em todos os municípios do Estado de São Paulo obrigados a instalar o hidrômetro para a medição do consumo de água.

Artigo 2º — A instalação do hidrômetro deve seguir as normas do Departamento de Águas de cada município.

Parágrafo 1º — O proprietário da residência deverá adquirir o hidrômetro e em seguida requerer junto ao Departamento de Águas de seu município a ligação do mesmo.

Parágrafo 2º — As despesas de aquisição do hidrômetro e outros materiais utilizados na sua instalação será de responsabilidade do proprietário.

Parágrafo 3º — Ao Departamento de Águas do município caberá os custos de instalação enviando um funcionário especializado da Prefeitura Municipal.

Artigo 3º — O prazo para instalação dos hidrômetros será de 2 meses a contar da publicação da presente lei.

Artigo 4º — A fiscalização das instalações dos hidrômetros caberá ao Departamento de Águas de cada município.

Artigo 5º — A não instalação do hidrômetro no prazo aludido no artigo 3º implicará em multa no valor estipulado por cada município.

Parágrafo 1º — O morador que não possuir condições financeiras para adquirir o hidrômetro e outros itens para sua instalação deverá se dirigir ao Departamento de Água do município a fim de comprovar sua carência.

Parágrafo 2º — Após a comprovação de sua carência, o morador obterá o hidrômetro e sua instalação sem qualquer ônus, ficando as despesas a cargo da prefeitura de cada município.

Artigo 6º — As despesas decorrentes da presente lei correrão por conta das dotações próprias consignadas no orçamento vigente, suplementadas se necessário.

Artigo 8º — Esta lei entrará em vigor na data de sua publicação.

Segundo a relatora, o projeto teve fim com a Feira Cultural em que houve danças, teatro e música versando sobre a questão da água para toda a comunidade caiuaense, bem como foram demonstrados todos os trabalhos realizados e o resultado da conscientização junto aos moradores.

A avaliação do projeto "Água, fonte de vida" ocorreu durante todo o processo de desenvolvimento, por meio das atividades desenvolvidas pelos alunos, como o auxílio na elaboração do questionário, aplicação e discussão dos resultados. Segundo a relatora, após debates entre os professores, avaliaram-se a interação entre os alunos e o envolvimento no projeto.

As mudanças percebidas estão relacionadas com a maior conscientização e responsabilidade sobre o uso da água. Neuza Lima aponta que essas mudanças também foram práticas, pois relata um fato que aconteceu na escola após a conclusão do projeto:

> Havia na escola uma torneira quebrada, que propiciava o desperdício de água [...] Frente a essa situação, vários alunos protestaram com os funcionários da escola e logo ela foi consertada. Percebemos que o projeto atingiu os objetivos, que era a conscientização em relação ao uso consciente da água. (Neuza Lima)

2. Projeto "Caminhos e escolhas: lendo a política"

Por que e como o projeto começou?

O projeto "Caminhos e escolhas: lendo a política" foi embasado, segundo a relatora Neuza Lima, nas teorias de Paulo Freire e no pensamento do filósofo Aristóteles. O projeto surgiu em 2010, ano das eleições presidenciais, pois grandes escolhas deveriam ser feitas e, assim, era necessária uma conscientização.

Segundo relatos da Neuza Lima, o projeto surgiu a partir de reflexões da equipe gestora sobre a necessidade da conscientização política para a mudança do país, bem como pelo fato de se constatar que muitas vezes os alunos não possuem uma consciência e atitude política. Posteriormente, foi discutida a proposta do projeto com todos os alunos.

Assim, o projeto teve como objetivo estimular a reflexão crítica dos alunos em relação à política, bem como conscientizar em relação aos possíveis interesses da mídia por determinado partido político:

PROJETOS BEM-SUCEDIDOS DE EDUCAÇÃO EM VALORES

Desconfiar; não se conformar com o que recebem como verdade absoluta; despertar a curiosidade por outros tipos de informação e o desejo de construir; formular reflexões diferentes sobre a realidade política e social do país e do mundo; e despertar o desejo por transformação e formação autônoma de opinião. (Neuza Lima)

Vale ressaltar, assim como afirma a relatora, que "não se trata de um enfoque partidário, mas sim de uma conscientização política e cidadã visando, sobretudo, à transformação da sociedade" (Neuza Lima).

Quando questionada sobre a finalidade do projeto, Neuza Lima apontou que:

A finalidade foi de despertar a consciência política [...] de ser cidadão, para conhecer a política, mostrar o outro lado para os alunos, mostrar que a política não é algo ruim [...] O HOMEM É UM ANIMAL POLÍTICO (Aristóteles), temos que ter pessoas para nos governar. (Neuza Lima)

Constituição do projeto: temas, meios, atividades desenvolvidas

O projeto teve seu início com uma grande mobilização na escola sobre o conceito de política. Esse conceito foi trabalhado concomitante à eleição do Grêmio Estudantil que, na prática, é um ato totalmente político desenvolvido na escola.

Em relação ao Grêmio, existe a votação, as chapas, campanhas nas salas, divulgação das ideias e propostas [...] é um ato verdadeiramente político realizado na escola, para a escolha de um representante [...] na eleição há fiscais, mesários, apuração com os responsáveis e a posse da chapa. (Neuza Lima)

Inicialmente, o projeto foi apresentado aos alunos, em multimídia, para que conhecessem a justificativa, objetivos e atividades que seriam desenvolvidos. Após a campanha, eleição e posse do Grêmio, cada sala de aula da escola apresentou, por meio de inúmeras atividades, tais como música, teatro, cartazes, painéis e pesquisas, o conceito de política desenvolvido pelos professores, em cada sala de aula. A apresentação aconteceu no pátio da escola com a participação de toda a equipe escolar.

Foi realizada, também, uma palestra com uma vereadora da cidade de Presidente Venceslau, cidade próxima de Caiuá, que contou suas experiências, deveres e atribuições do cargo. Segundo a relatora, esta palestra contou com a participação dos pais que, além de participarem da palestra, conheceram o projeto desenvolvido na escola: "a integração com os pais é indispensável para que eles se tornem nossos parceiros" (Neuza Lima).

A partir disso, foi criada a primeira edição 2010 do Jornal Mural "Leitura Viva". Cada série, juntamente com seus professores, desenvolveu atividades de leitura, pesquisa e produção de textos com enfoque político, sendo cada uma responsável mensalmente pela elaboração do jornal. Os temas do jornal mural foram: ética e cidadania, constitucionalidade, direitos e deveres do cidadão, representação política, os três poderes, partidos políticos, papel e responsabilidade dos jovens eleitores na escolha dos seus representantes e o papel institucional de Brasília.

Esse projeto também concorreu ao Parlamento jovem, assim como no projeto "Água, fonte de vida". Os alunos do Ensino Fundamental elaboraram projetos de lei para participarem de uma seleção em nível escolar e outra em nível estadual.

Nesse projeto também foi desenvolvido o "Turismo cívico". Segundo a relatora, o turismo cívico foi realizado tendo como princípio a ideia de que, quando a escola vai além da sala de aula, os horizontes são maiores; além disso, a viagem é um elemento motivador para dar encanto à educação:

> O projeto foi elaborado nos limites conceituais que abrangem o turismo, a educação e a cultura, de forma a estimular a ocorrência de oportuni-

PROJETOS BEM-SUCEDIDOS DE EDUCAÇÃO EM VALORES

dades, ambientes e espaços pedagógicos, onde serão tratados, reforçados e ampliados nos currículos escolares temas como: ética, cidadania, representação política, direitos e deveres do cidadão, constitucionalidade, o papel e a responsabilidade de jovens eleitores na escolha de seus representantes. (Neuza Lima)

Inicialmente, foi planejado para que os alunos do Ensino Médio visitassem a Capital Federal, entretanto, por falta de verbas e parcerias, essa atividade foi suspensa. Dessa forma, o "Turismo Cívico" aconteceu apenas com os alunos da oitava série. Esses alunos conheceram em São Paulo espaços históricos e cívicos, como o Museu do Ipiranga, entre outros. Após essas visitas e passeios, os alunos produziram matérias para o jornal mural.

Segundo relatos de Neuza Lima, foi realizada uma simulação da eleição para presidente da República e governador do estado, em que os alunos, caracterizados de candidatos, apresentaram suas propostas de governo, com o objetivo de estimular a observação e análise dos verdadeiros candidatos.

Após todas essas atividades, houve o encerramento do projeto no final do ano, com um grande evento em que os alunos apresentaram à comunidade todo o aprendizado em forma de música, teatro, vídeo e exposição.

Os conteúdos trabalhados envolveram todas as disciplinas e relacionaram-se com o tema do projeto (política). Os temas de cada matéria foram:

Língua Portuguesa/LPT/Hora da leitura

Leitura, produção e análise de textos dos mais variados gêneros, dramatizações sobre o tema estudado etc.

Matemática/Experiências matemáticas

Escala, unidade de medidas, resolução de situações-problema, porcentagem, tabelas e gráficos.

História

Representação política (os três poderes); direitos e deveres dos cidadãos; constitucionalidade; o papel institucional de Brasília, a capital da República; transformações sociais etc.

Geografia

Espaço, localização e construção de Brasília; a interiorização da Capital; integração regional e a redução das desigualdades sociais; Patrimônio cultural da humanidade (Brasília) etc.

Biologia/Ciências

Meio ambiente (Planalto Central).

Artes/Atividades artísticas

Arquitetura de Brasília; desenho, análise de obras (leitura e releitura); linguagens corporal e teatral; música, história da arte; paisagismo; pintura etc.

Física

Movimentos que se realizam no cotidiano; conceituação de deslocamento; distância percorrida; intervalo de tempo; velocidade média e velocidade instantânea etc.

Química

Transformações químicas.

Inglês

Vocabulário; produção de pequenos textos descritivos; leitura de fôlderes etc.

Filosofia

Ética; liberdade; autonomia; cidadania; representação política, direitos e deveres do cidadão, constitucionalidade.

Sociologia

Comportamento humano; o papel e a responsabilidade de jovens eleitores na escolha de seus representantes.

Educação Física/Atividades físicas

Capacidades físicas e habilidades motoras.

Informática educacional

Elaboração de álbum em *power-point* e pesquisa.

Orientação de estudos e pesquisas

Essa disciplina irá auxiliar as demais nas pesquisas que serão realizadas como parte do projeto.

Segundo Neuza Lima, a avaliação do projeto "Caminhos e escolhas: lendo a política" também ocorreu durante todo o processo, por meio das atividades desenvolvidas pelos alunos como o jornal mural, as pesquisas, os debates e a eleição do Grêmio Estudantil. Dessa forma, após debates entre os professores, avaliou-se a interação entre os alunos e o envolvimento no projeto.

Entre os principais resultados obtidos, Neuza Lima aponta a conscientização sobre a responsabilidade política e sua real importância para a mudança do país; além disso, houve uma reflexão sobre a influência da mídia nas decisões sobre as eleições políticas. Assim como afirma o relato de uma aluna: "A gente pôde saber mais sobre os políticos e suas funções, conhecer melhor os candidatos e a melhor forma de escolher, votar." (Aluna do Ensino Fundamental)

Segundo a relatora, esses resultados só foram possíveis por conta do envolvimento de toda a equipe escolar, principalmente, pela participação ativa de alguns membros da equipe, comunidade escolar, famílias e o apoio financeiro da Prefeitura Municipal de Caiuá e de alguns fazendeiros da região para desenvolver algumas atividades do projeto.

Considerações sobre os projetos

Podemos fazer algumas perguntas que irão englobar toda nossa discussão teórica em relação aos projetos: Por que esses projetos foram selecionados e considerados bem-sucedidos? O que eles contêm? Quais suas lacunas?

A função da escola e da educação já não é apenas de transmitir conhecimentos socialmente acumulados. É unânime entre autores da Educação e da Psicologia da Moralidade que a Educação deve ter por finalidade uma formação integral do aluno, para além dos conhecimentos científicos. Nessa formação, inclui-se, obrigatoriamente, a Educação Moral ou em Valores Morais.

Ora, discutir a questão da preservação da água e da consciência política é, nos dias atuais, educar em valores e para a cidadania. A cidadania muitas vezes é relacionada à "educação cívica", ainda que documentos oficiais, como os Parâmetros Curriculares Nacionais (PCNs), apontem que "deve empregar todo o sistema educacional". Béal (2002) mostra que as práticas escolares mais comuns estão "direcionadas para uma educação cívica, isto é, aprendizagem de princípios a serem aplicados posteriormente. Apesar da insistência institucional, muito poucos propõem que tais princípios sejam vividos na escola" (Béal, 2002, p. 129).

Dessa forma, concebemos que educar para a cidadania só é possível mediante seu exercício, sua prática cidadã "para se tornar cidadão, é preciso agir como cidadão, intervir sobre seu ambiente, [...] não há antes nem depois, só um fazer em perpétuo movimento" (Béal, 2002, p. 130).

Os projetos desenvolvidos na escola Estadual José Sanches Postigo foram elaborados levando em consideração a atuação prática e a reflexão dos alunos sobre temas vividos em sua própria realidade. Sobre a cidadania, Béal (2002) ainda aponta que:

> É evidente que ninguém nasce cidadão, mas que se torna cidadão. Não se trata de um estado [...] mas de uma gestão evolutiva, de uma conquista permanente. O cidadão é capaz de intervir na cidade, de exercer um

PROJETOS BEM-SUCEDIDOS DE EDUCAÇÃO EM VALORES

ponto de vista sobre as coisas. [...] Portanto, a cidadania é a capacidade construída para intervir, ou simplesmente, para ousar intervir, na cidade (Béal, 2002, p. 130).

Alguns autores em Psicologia (Belintane, 1998; Serrano, 2002; Araújo, 2007) apontam que para a educação em valores fazer sentido para os sujeitos alvos, são necessárias reflexões sobre o entorno escolar, sobre ações voltadas a responderem problemas que se apresentam na comunidade, bem como sobre a participação da comunidade nessas ações de mudança. Ou seja, os problemas da comunidade e da escola devem ser considerados na constituição do projeto para que este tenha sentido para os alunos e para todos aqueles que serão afetados, direta ou indiretamente, pela experiência.

Nesse sentido, o projeto "Água, fonte de vida" atendeu a esses pressupostos, pois apesar de o assunto ser de importância para toda a sociedade é, também, e sobretudo, próprio daquela comunidade, já que na cidade de Caiuá não há hidrômetros nas casas e a cobrança da água é feita por um valor simbólico. Isso acarreta um desperdício ainda maior nessa região. Dessa forma, conscientizar alunos e a população sobre a necessidade do uso consciente da água é uma questão importante nos dias atuais, principalmente para aquela comunidade.

A discussão sobre questões políticas, tais como a formação do Grêmio Estudantil, é incontestavelmente válida, principalmente na sociedade em que vivemos, pois está relacionada com a formação de sujeitos críticos, engajados e conscientes da importância da política e da democracia para as transformações sociais.

Acreditamos que para educar o aluno para viver em uma sociedade democrática, é necessário, antes de tudo, viver essa democracia na escola, e um exemplo disso é a eleição e a participação do Grêmio Estudantil nas decisões da escola. O projeto ainda propiciou aos alunos o entendimento sobre o funcionamento, as funções e as responsabilidades de um político, por meio do concurso "Parlamento Jovem".

Segundo Jares (2005), a educação deve valorizar a democracia na organização da escola, como acontece no Grêmio Estudantil, possibilitando a vivência diária de práticas democráticas. Mais do que refletir sobre eles, é preciso vivê-los, ou seja, a participação em práticas democráticas é necessária para a formação de sujeitos democráticos (Jares, 2005).

As finalidades de ambos os projetos estão relacionadas à formação da cidadania. Essas finalidades podem ter influências dos Parâmetros Curriculares Nacionais (PCNs) que apontam em seus objetivos "compreender a cidadania como participação social [...], assim como exercício de direitos e deveres políticos, civis e sociais" (Brasil, 1998, p. 9).

Além disso, um dos objetivos do projeto "Caminhos e escolhas: lendo a política" foi o de conscientizar os alunos em relação aos possíveis interesses da mídia por determinado partido político. Nesse sentido, Jares (2005) aponta a necessidade de educar para a verdade, pois atualmente os perigos da manipulação da informação, doutrinação e propaganda aumentam em nossa sociedade e o recurso à mentira existe como frequente estratégia política institucionalizada. Uma educação para a verdade deve enfatizar a busca de conhecimento, bem como sua compreensão e consciência crítica e não sua aceitação passiva à autoridade de quem a transmite. (Serrano, 2002; Jares, 2005).

Em relação aos métodos utilizados, destacamos que não houve apenas um método e, em grande parte das atividades, os alunos tiveram um papel de protagonistas. Os meios foram diversificados desde aplicação de questionários junto à população até criação de chapas para concorrer ao Grêmio Estudantil.

Cada projeto durou cerca de um ano. Assim, podemos afirmar que não foram atividades pontuais, como, por exemplo, a semana da água ou o dia da política. Além disso, o projeto abrangeu todas as turmas, professores, gestores da escola e, em alguns casos, a comunidade. Nesse sentido, alguns autores da área tal como Menin et al. (2010), Serrano (2002) e Puig (2004), apontam que há a necessidade de incluir a educação moral em uma dimensão que deve impregnar todo o sistema educacional — no tempo e no espaço — e todas as pessoas envolvidas no processo educativo — gestores, professores, funcionários da escola, famílias, alunos e a comunidade.

PROJETOS BEM-SUCEDIDOS DE EDUCAÇÃO EM VALORES 183

As mudanças percebidas estão relacionadas, segundo a relatora do projeto, à conscientização em relação à política e em relação ao cuidado com o meio ambiente. Porém, ressaltamos a necessidade de sistematizar um modo de avaliação que possa demonstrar as mudanças que ocorrem em relação aos valores e aos comportamentos dos alunos. Acreditamos que é preciso que se faça uma análise das condutas antes e depois dos projetos.

Para sintetizar o que foi apontado até aqui, destacamos que esses projetos foram selecionados, pois tanto o tema, a finalidade, os procedimentos, o tempo de duração, as mudanças percebidas quanto o número de participantes foram condizentes com aquilo que aponta a literatura na área para considerar uma experiência como bem-sucedida. Por outro lado, ambos os projetos tiveram algumas dificuldades de implantação e de desenvolvimento. Uma das dificuldades para a realização do projeto "Água, fonte de vida" foi a falta de cursos para auxiliar no desenvolvimento do projeto. Não houve nenhum curso oferecido pela Secretaria de Educação que auxiliasse os agentes para o desenvolvimento do projeto.

Outro aspecto que destacamos como dificultador foi em relação à pouca participação da comunidade nos projetos. Apesar de o problema partir de uma necessidade da comunidade, esta apenas respondeu aos questionários e os pais ficaram como expectadores das apresentações dos alunos que participaram do projeto. Acreditamos na necessidade de uma participação mais ativa da comunidade ao redor da escola.

A lei que concorreu ao concurso do Parlamento Jovem foi escolhida pelos agentes escolares, sem a participação ou a votação dos alunos.

Apesar de o projeto "Caminhos e escolhas: lendo a política" contar com o apoio financeiro da prefeitura municipal e de alguns fazendeiros da cidade, como já citado, teve dificuldades para desenvolver todas as atividades previstas, como as viagens culturais. Dessa forma, segundo a relatora, é necessário fazer parcerias com empresas e fazendeiros da cidade para o desenvolvimento de todas as atividades. Porém, muitas vezes o apoio financeiro não é suficiente para a realização de todas as atividades previstas, o que pode limitar o sucesso do projeto.

Outra dificuldade foi em relação ao envolvimento do corpo docente. Segundo Neuza Lima, apesar de haver a participação dos professores no projeto, alguns têm uma sobrecarga de aulas na própria escola e também em outras escolas e há também alguns menos engajados e participantes no projeto: "Existem aqueles que encabeçam e aqueles que vão na onda, porque têm que dar muitas aulas fora da escola" (Neuza Lima)

O fato de os projetos serem realizados sem uma formação específica parece demonstrar um descaso dos poderes públicos sobre o tema da Educação Moral nas escolas públicas. Nesse sentido, acreditamos serem necessários cursos de formação para que os agentes escolares possam desenvolver, da melhor forma possível, questões relacionadas à Educação Moral.

Assim, para tornar o tema da Educação Moral presente em um maior número de escolas, é necessário, antes de tudo, investir em formação para professores, gestores e funcionários da escola. Pois, assim como afirma Serrano (2002), o professor é responsável direto e elemento-chave para a reforma educacional. Na Educação Moral, isso não é diferente; para tanto, é necessário ter claro seu papel nessa área. O papel do professor e dos agentes escolares "[...] não é transmitir conhecimentos acerca da moral e dos direitos humanos, e sim despertar nos alunos uma nova sensibilidade para esses tipos de valores, um envolvimento afetivo no fomento destes, assim como provocar uma mudança em seus comportamentos" (Serrano, 2002, p. 59). Para isso, deve-se contar com alguns princípios orientadores que podem ser obtidos nos cursos de formação específica na área do Desenvolvimento Moral.

Ressaltamos que esses projetos relatados não faziam parte do Projeto Político-Pedagógicos da escola, o que pode, por vezes, tornar o projeto desvinculado de um projeto maior, que é a organização didática da própria escola.

Além disso, apesar de os projetos "Água, fonte de vida" e "Caminhos e escolhas: lendo a política" serem considerados bem-sucedidos, eles não mudaram o cotidiano das relações interpessoais da escola; não houve a discussão de valores como o respeito, a solidariedade e a cooperação; não houve a discussão das regras escolares; não se buscou a autonomia moral dos alunos. Nesse sentido, Goergen (2001) faz uma ressalva apontando que não há um projeto único, que abordará todas as questões importantes, pois vivemos em ambientes multissignificativos. Essa pluralidade de ambientes, acompanhada da perda de certezas tradicionais, abre possibilidades para diversas discussões e reflexões. Acreditamos que um projeto pode completar o outro e, nesse processo, é necessária uma sistematização de projetos e experiências.

Para finalizar, concluímos que experiências bem-sucedidas podem acontecer em escolas públicas e não são apenas construções utópicas de teóricos. Porém, é necessário considerar as condições das escolas públicas brasileiras e, nesse sentido, admitir as possibilidades diante das precariedades que estas enfrentam.

Referências bibliográficas

ARAÚJO, U. F. A construção social e psicológica dos valores. In: ARAÚJO, Ulisses F.; PUIG, Josep Maria; ARANTES, Valéria Amorim (Orgs.). *Educação e valores*: pontos e contrapontos. São Paulo: Summus, 2007. (Col. Pontos e contrapontos.)

BÉAL, Y. Cidadão no saber e/ou no mundo? In: APAP, G. *A construção dos saberes e da cidadania*: da escola à cidade. Porto Alegre: Artmed, 2002.

BELINTANE, C. O poder de fogo da relação educativa na mira de novos e velhos prometeus. *Cadernos Cedes*, v. 19, n. 47, p. 20-35, 1998.

BRASIL. Secretaria de Educação Fundamental. Parâmetros Curriculares Nacionais; terceiro e quarto ciclos: apresentação dos temas transversais. Brasília: MEC/SEF, 1998.

GOERGEN, P. Educação Moral: adestramento ou reflexão comunicativa? *Educação & Sociedade*, v. 22, n. 66, p. 147-74, 2001.

JARES, Xésus R. *Educar para a verdade e para a esperança*: em tempos de globalização, guerra preventiva e terrorismos. Porto Alegre: Artmed, 2005.

MENIN, M. S. S.; ZECHI, J. A. M. D.; SILVA, C. C. M.; OLIVEIRA, A. P. Educação moral ou em valores nas escolas: concepções de educadores em escolas públicas brasileiras. In: ENCONTRO DE PESQUISA EM EDUCAÇÃO DA REGIÃO SUL, 8., *Anais*..., Londrina, p. 1-12, 2010.

PUIG, M. J. *Práticas morais*: uma abordagem sociocultural da educação moral. São Paulo: Moderna, 2004.

SERRANO, G. P. *Educação em valores*: como educar para a democracia. Porto Alegre: Artmed, 2002.

11

Projeto "Jovens construindo a cidadania" (JCC)*

Tupã/SP
Alana Paula de Oliveira
Maria Suzana De Stefano Menin

O Projeto "Jovens Construindo a Cidadania" é desenvolvido por meio de uma parceria entre as escolas estaduais Índia Vanuire e Joaquim Abarca e a polícia militar. Este projeto foi instalado a partir do programa "Jovens Contra o Crime" (JCC), originado nos Estados Unidos e no qual a Polícia oferece sua parceria às escolas e comunidades para desenvolverem um trabalho preventivo em conjunto.

Nos Estados Unidos, o programa intitulado "Youth Crime Watch of America" (YCWA) foi criado em 1979 pelo Grupo de Observação

---

* Agradecemos aos relatores deste projeto: Rosângela Robles, Luciana Beluci, Sirlene I. de Carvalho, Márcia Cristina J. L. Ramiro, Osvaldo Ramiro, Maria Aparecida Ruiz, Maria Geni Batista Combinato e Alice Sanches Ruiz.

Criminal da Flórida (fundado em 1974), com o objetivo de promover a segurança pública nas escolas. O programa iniciou-se quando os moradores dos bairros de Miami acompanharam o estupro de uma criança de 12 anos, ocorrido na Flórida, no Dia das Bruxas. Assim, pelo fato de a tragédia ter ocorrido com uma vítima tão jovem, os membros do Grupo de Observação Criminal se comoveram e criaram rapidamente um componente jovem para colaborar com a comunidade, o qual ficou conhecido como "Youth Crime Watch".

De acordo com o Manual do Programa, o YCWA tem a missão de proporcionar um ambiente livre do crime e das drogas por meio de um movimento social encabeçado pela juventude. Seus objetivos são:

- dar à juventude a oportunidade de tornar-se parte da solução em vez de ser parte do problema;

- ajudar as pessoas mais jovens a valorizarem seus talentos e desejos e a fazer o bem na escola para serem bem-sucedidos na vida;

- proporcionar a liderança e orientação para outras organizações que trabalham com jovens para alcançar a prevenção dos crimes e das drogas;

- mostrar às pessoas mais jovens que, unidas, afiliadas e em parceria, problemas difíceis de serem tratados isoladamente tornam-se mais fáceis quando são tratados coletivamente.

Nos Estados Unidos, o programa envolve escolas primárias, escolas de Ensino Fundamental e comunidade, tendo como componentes-chaves: prevenção do uso de drogas e de prática de crimes, denúncia anônima de crimes, patrulha de jovens, monitoração e mediação, treinamento para a resolução de conflitos e assembleias.

O modelo americano aponta as orientações para o desenvolvimento do programa, oferecendo o suporte de apoio para a sua implantação, mas reconhece que cada comunidade deve criar e seguir o seu próprio método.

No Brasil, este programa teve sua doutrina apresentada pela primeira vez na cidade de Bauru, São Paulo, em 24 de fevereiro de 1999,

PROJETOS BEM-SUCEDIDOS DE EDUCAÇÃO EM VALORES

pelo tenente Gerald Rudoff do "Miami-Dade Police Department", durante um Seminário sobre Polícia Comunitária promovido pelo Comando de Policiamento da Região de Bauru. A partir de então, o Brasil foi o primeiro país da América Latina a adotar o programa, considerado, nesse seminário, como um dos modelos para reverter o grave problema de drogas e violência na maior parte das escolas.

Em Bauru, a iniciativa começou através de discussões com a Diretoria Regional de Ensino, que se estendeu aos diretores de escolas estaduais. Professores e alunos de várias escolas, por meio de reuniões, montaram o perfil de como poderia ser implantado o programa do Brasil.

O passo decisivo foi dado no encontro de líderes estudantis promovido pela Diretoria Regional de Ensino, com alunos representantes de 72 escolas. Paralelamente, manteve-se contato constante com o YCWA em Miami buscando-se mais informações e troca de experiências.

Em 23 de junho de 1999, uma Equipe de Oficiais da Polícia Militar do Estado de São Paulo reuniu-se em Miami com os diretores do "Youth Crime Watch of America" e estabeleceram o intercâmbio para o desenvolvimento do "Jovens Contra o Crime do Brasil", a ser iniciado em Bauru e região. Nesta ocasião autorizou-se, com adaptações, o uso do emblema do YCWA pelo JCC do Brasil.

O modelo brasileiro, em essência, segue o americano; contudo, foram feitas algumas adaptações à nossa cultura e estrutura institucional, sendo que a principal dessas modificações é a orientação do programa, que aqui é feita pela polícia militar, apoiada por dirigentes de ensino, professores e pela comunidade.

Na cidade de Tupã, com a parceria e o trabalho voluntário de um policial militar, o programa é desenvolvido pelas escolas estaduais Índia Vanuire e Joaquim Abarca.

Tupã é um município brasileiro do estado de São Paulo que conta, atualmente, com cerca de 65 mil habitantes. Localiza-se à oeste-noroeste do estado e está, em linha reta, a 435,9 km da capital do estado ou cerca de 530 km por via rodoviária. É uma das mais importantes cidades da chamada Alta Paulista, região que tradicionalmente se refere como a faixa de terras situada entre os rios Aguapeí e do Peixe, por onde passava o traçado do Tronco Oeste da antiga Companhia Paulista de Estradas de Ferro.

Colonizado a partir da década de 1930, Tupã teve um desenvolvimento inicial pujante, fortalecido pela expansão cafeeira. Porém, nas últimas décadas, sua economia sofre de grande estagnação, ainda dependente de produção primária. Alguns motivos para esperança de um melhor futuro surgiram nos últimos anos, entretanto. Rico em recursos hidrográficos e contando com um distrito (Varpa) com tradição de imigrantes da Letônia, o município foi recentemente declarado como estância turística pelo governo estadual, algo que pode vir a ser mais bem explorado. Além disto, a cidade assistiu à implantação de uma unidade da Universidade Estadual Paulista e à ampliação de faculdades privadas locais.

As escolas estaduais Índia Vanuire e Joaquim Abarca estão entre as 12 escolas estaduais do município que oferecem o Ensino Fundamental e entre as 6 escolas estaduais que contam com o Ensino Médio. Ambas as escolas atendem ao Ensino Fundamental (Ciclo II) e Ensino Médio.

A escola Índia Vanuire foi criada em 23 de fevereiro de 1948. Tem, hoje, um total de 1.800 alunos e 100 funcionários, sendo desses 80 professores. Sua diretora atual é a senhora Júlia Cristina Alves e Messas. Nesta escola, o questionário da pesquisa foi respondido por Rosângela Robles e Luciana Beluci. Na visita à escola, realizada em outubro de 2010, para conhecer mais sobre o projeto, entrevistamos a atual vice-diretora Márcia Juvenal Ramiro e alguns alunos participantes do JCC.

A escola Joaquim Abarca foi criada em 17 de maio de 1952. Tem, hoje, um total de 1.200 alunos e 80 funcionários, sendo desses 60 professores. Sua diretora atual é a senhora Alice Sanches Ruiz. Nesta escola, o questionário da pesquisa foi respondido por Sirlene I. de Carvalho. Na visita, realizada no mesmo dia da outra escola, entrevistamos

PROJETOS BEM-SUCEDIDOS DE EDUCAÇÃO EM VALORES 191

a atual diretora, Alice Ruiz, uma coordenadora pedagógica aposentada, Maria Aparecida Ruiz, que trabalhava na escola quando o projeto foi implantado, a atual coordenadora, Maria Geni Batista Combinato, e alguns alunos envolvidos no projeto.

Na visita, também entrevistamos o policial Ramiro, principal responsável pela parceria entre as escolas e pelas atividades e trabalhos desenvolvidos dentro do JCC.

Por que e como o projeto aconteceu nas duas escolas?

Em 2004, o programa JCC foi implantado, inicialmente, na escola Joaquim Abarca por iniciativa do policial militar Ramiro, que conheceu o trabalho feito na cidade de Bauru e decidiu implantá-lo em Tupã. Ramiro escolheu esta escola como experimental, ou seja, para testar se o programa traria resultados positivos.

Uma coordenadora pedagógica que trabalhava nesta escola quando o projeto foi implantado conta que "talvez a Joaquim Abarca foi escolhida por ser uma escola grande, que tem desde 5ª série até o Ensino Médio, então o projeto poderia abranger todas as séries" (Maria Aparecida Ruiz). O policial Ramiro complementa que

> A escola foi escolhida porque, em 2004, a polícia militar estava implantando a Polícia Comunitária e, naquela época, estas escolas centralizadas nos bairros foram escolhidas para estarem trabalhando como posto da polícia. A gente trabalhava dentro da escola, tinha uma sala aqui, a gente fazia as escalas do policiamento. A escola cedeu uma sala [...] Então, como eu estava trabalhando já dentro escola, resolvemos implantar primeiramente aqui.

Antes da implantação do projeto na escola Joaquim Abarca, Ramiro era responsável pela Ronda Escolar nas escolas de Tupã. Segundo ele, os alunos não gostavam da figura do policial; viam a polícia como repressora. Por isso, também, percebeu que o programa seria necessário e importante.

Para implantação do programa na escola, seguiram-se alguns passos: conseguir apoio da escola/líder comunitário; agendar visita na escola; escolher os jovens para o Grupo Principal; realizar a primeira reunião com o grupo para a escolha de líderes; escolher mais jovens para o Grupo Principal.

Segundo o policial Ramiro, a estruturação de um Grupo Principal é importante para que se tenha acesso a todas as turmas por meio de representantes, facilitando a organização e planejamento do JCC. O Grupo Principal contém as funções de presidente, vice-presidente, secretário-geral, coordenador, tesoureiro, entre outras.

Após a escolha de um Grupo Principal, faz-se a identificação dos principais problemas, buscando priorizá-los para, então, desenvolver um plano de ação e tentar resolvê-los. Há, também, a apresentação e discussão com os jovens de um Código de Ética do programa para que eles tenham um padrão de comportamento, valorizem pertencer ao JCC e tenham condições de avaliar a adesão e permanência de outros jovens no projeto. Por fim, há a organização de um evento com a apresentação do JCC a todos.

O Código de Ética do JCC prima pela moral e pelos bons costumes, bem como pelo desenvolvimento do jovem cidadão. Para tanto, estabelece alguns princípios de bom comportamento, tais como: ser um bom exemplo, respeitar as leis, o próximo e o meio ambiente; promover um ambiente escolar saudável, desestimulando a violência e o uso de drogas; motivar a convivência harmônica com os outros; respeitar os membros escolares; zelar pelo patrimônio em que as atividades são realizadas; incentivar o respeito mútuo entre os integrantes do JCC, o espírito de equipe e solidariedade do trabalho; promover o civismo e o patriotismo; desestimular a imoralidade e a violação dos direitos humanos. Além disso, o Código de Ética estabelece alguns tipos de comportamentos que os integrantes de JCC devem ter em relação ao grupo, ou seja, desempenhar com zelo as atividades do JCC; não fazer uso do nome do JCC para obter vantagens pessoais; guardar sigilo das informações quando necessário; ser assíduo e pontual às reuniões. O documento, também, determina que, em casos de transgressões ao que está estabelecido, o aluno pode levar advertência, suspensão ou, até mesmo, ser solicitado a afastar-se do grupo.

De acordo com Ramiro, o trabalho desenvolvido na escola Joaquim Abarca foi eficaz; desse modo, decidiram estender o projeto para a Escola Índia Vanuire, que aconteceu a partir de 2005.

A constituição do projeto

Por considerar muito forte o nome "Jovens Contra o Crime", os organizadores atribuíram ao projeto o nome "Jovens Construindo a Cidadania".

O JCC ("Jovens Construindo a Cidadania") é uma organização liderada por jovens que representam a escola e a comunidade. Os alunos do JCC se encontram mensalmente para reuniões que, em tempos atrás, aconteciam na própria escola, durante os períodos de aula. Porém, devido a reclamações de alguns professores, atualmente, os encontros se dão no Batalhão da Polícia Militar, no período noturno.

A princípio, escolhiam-se dois alunos de cada sala de aula: um que apresentava um bom comportamento e alto rendimento escolar e outro aluno "problema". Entretanto, atualmente, a participação no projeto acontece de forma espontânea, ou seja, há o envolvimento daqueles que querem.

Os alunos escolhidos, segundo o relato da ex-coordenadora, "nos primeiros dias eles eram resistentes, mas quando eles percebiam que a coisa estava andando, viam que era uma coisa boa para eles". A atual vice-diretora da Escola Índia Vanuire, Márcia Ramiro, complementa:

> Eles começaram a perceber que eram úteis, porque o objetivo do JCC é resgatar a autoestima, mostrar que eles são importantes para a escola e valorizar eles enquanto pessoas.

Antes de os alunos efetivarem suas participações no JCC, é preciso que os pais assinem uma autorização, cientes de que o objetivo do programa é promover a integração do jovem cidadão com a comunidade através do protagonismo juvenil.

Atualmente, cada escola conta com a participação de aproximadamente 70 alunos, ou seja, em média 140 alunos envolvidos no JCC nas duas escolas. Porém, há uma participação ativa e frequente de 60 alunos, os quais estão presentes em todas as reuniões, encontros, eventos etc.

A vice-diretora da escola afirma que

> Nós formamos um grupo, mesmo que alguns vão saindo, esse grupo tem uma importância, porque eles que vão disseminar para os outros [...] Costumamos fazer esse trabalho para que os alunos se apropriem da escola, que eles valorizem a escola. Então, aqueles alunos que não trabalham vêm ajudar a gente dentro da escola. Ajudam as funcionárias, ajudam quando têm reuniões, eventos, eles são sempre participativos. Então, nós procuramos valorizar o aluno e ele se sente valorizado. (Márcia Ramiro)

De acordo com o relato do policial Ramiro, houve épocas em que o JCC contou com a participação de mais de 500 alunos, pois, quando as reuniões aconteciam no horário de aula, estes tinham maior disponibilidade; ao contrário do que acontece no momento, pois, para muitos jovens não é possível frequentar os encontros no período noturno.

No projeto, são trabalhados temas como cidadania, violência, drogas, voluntariado e solidariedade, por meio de filmes, debates, palestras, visitas aos asilos, arrecadação de alimentos, festas, gincanas, interclasse e concurso de bandas da cidade.

Geralmente, as palestras acontecem de acordo com os projetos que estão sendo realizados nas escolas. Porém, nesse ano de 2010, o policial Ramiro preferiu relacionar as palestras com temas ligados ao policiamento, de modo a mostrar o trabalho da Polícia, principalmente, no que se refere à segurança. Então, a maioria das palestras está

PROJETOS BEM-SUCEDIDOS DE EDUCAÇÃO EM VALORES

sendo ministrada por policiais militares. Recentemente, aconteceram palestras sobre entorpecentes, suas causas e seus efeitos.

Há um grande trabalho voltado à solidariedade em que os alunos são motivados a arrecadarem alimentos para doarem a entidades, como asilos e abrigos. A exemplo disto, os relatores apontaram que os alunos arrecadam alimentos para os Vicentinos e para a Casa Abrigo da Criança. Além disso, já fizeram arrecadação de remédios. E, quando tem os interclasses, que são jogos competidos por diferentes escolas estaduais, os próprios alunos têm a iniciativa de arrecadarem alimentos.

Todo o segundo sábado do mês, os alunos vão à entidade São Vicente de Paulo e trabalham voluntariamente realizando atividades conforme a entidade solicita. O policial Ramiro declara: "Eu já consegui juntar 140 alunos para estarem ajudando eles lá".

Há, também, a Feira da Solidariedade na Cidade, em que as entidades pedem para o JCC ajudar na organização e realização do evento.

> Teve uma época que o promotor proibiu que os alunos do JCC participassem, porque eles eram menores de idade e lá vendia bebida alcoólica. Muitas pais, principalmente os do Índia, foram lá na escola porque eles queriam fazer uma ocorrência contra isso, dizendo: "Meu filho quando vai para a Feira ajudar, ele não bebe, mas se ele não vai para ajudar, ele vai lá e vai beber. Então esse promotor está errado". Vários pais foram, falaram e questionaram, mas o Ramiro achou melhor não se envolver, então apenas os alunos maiores de 18 anos passaram ajudar. (Márcia Ramiro)

Os relatores do projeto apontaram que já não há essa proibição e os alunos que são do JCC podem ajudar na Feira, se quiserem.

Vale destacar que as atividades promovidas pelo JCC são idealizadas, principalmente, pelos coordenadores do projeto e do policial Ramiro, de acordo com as necessidades identificadas. Porém, algumas propostas também partem dos alunos. A participação nestas atividades se dá, sobretudo, pelos alunos do JCC, mas outros alunos da escola também podem comparecer nas palestras realizadas e nos eventos abertos à comunidade, se desejarem.

Há iniciativas de atividades ou participação em eventos, tais como: Miss do JCC; Festa do pastel; Festa junina; Festival de bandas; Dia do motociclista etc. Há, também, algumas campanhas: Chá beneficente; Campanha do brinquedo; Campanha do agasalho. Os relatores apontam que os alunos do JCC são convidados a participarem de alguns eventos promovidos na cidade.

No Dia dos Pais e no Dia das Mães, os alunos confeccionam lembrancinhas para darem aos pais e, também, aos asilos e outros estabelecimentos da cidade, principalmente nos locais que ajudam o JCC (prefeitura, Unimed, Diretoria de Ensino, escolas). Segundo os coordenadores, esta é, também, uma forma de divulgar o trabalho feito no projeto.

Em parceria com o programa "Escola da Família", o JCC promoveu alguns concursos e campeonatos, como, por exemplo, o campeonato de skate e o campeonato de futsal. O policial Ramiro explica que o campeonato de skate não acontece há dois anos, mas ele tem vontade de realizá-lo novamente, porque:

> O skatista, infelizmente, uma boa parte deles vive à margem da lei, uma boa parte é usuário. A gente trouxe esses skatistas para o lado do JCC, houve uma resistência, no começo, do JCC. Nós cadastramos esses alunos, na época tínhamos 82 alunos. [...] Nós fazíamos um documento que eles assinavam que eles não podiam estar usando dentro da escola cigarro, bebida alcoólica, dentre outras coisas. E eu acompanhava fardado e com a viatura [...].

No campeonato de futsal, o policial disse que houve a disputa de 67 times e ele também acompanhava os jogos fardados, com medo de ocorrer brigas. Então, questionamos se os alunos se sentiam intimidados pela figura do policial e ele disse que sim. A diretora afirma que era necessário, pois vários alunos são muito rebeldes.

O JCC criou, ainda, a "Patrulha Relâmpago", em que os alunos do JCC, principalmente em datas comemorativas, passam nas salas lembrando os demais alunos e dizendo, por exemplo, "não esqueçam de dar um abraço, um beijo na mãe".

Os alunos que mais participam das atividades do JCC são levados para viagens. O JCC já promoveu várias viagens para uma fazenda, para a fábrica de bolachas da Marilan, para um recanto em Duque de Caxias, entre outras.

Questionamos se há o Grêmio Estudantil em ambas as escolas, e os agentes escolares apontaram que sim e, que, muitas vezes, é formado por alunos do JCC. No entanto, na escola Joaquim Abarca, hoje, a participação no JCC tem sido maior pelos alunos do ensino fundamental, e o Grêmio, esse ano, foi formado mais pelo Ensino Médio. Segundo o policial Ramiro, houve vários anos em que o JCC teve sua própria chapa para concorrer ao Grêmio e foi vencedora.

Na Escola Índia Vanuire, muitos alunos do Grêmio são do JCC, então há grande parceria entre os dois grupos. Segundo a vice-diretora da escola,

> Eles trabalham juntos para que não haja rivalidade, ciúmes. E, no começo do ano, eu faço uma reunião, com o JCC e com o Grêmio, e falo para eles que eles são os líderes desta escola, porque nada mais é que um protagonismo juvenil, então tem que trabalhar unidos. Eu falo para eles que eles são como vidraças, que tudo que fizerem vão refletir. Eles são o foco da escola, os representantes da escola. (Márcia Ramiro)

Quando necessário, o policial visita a casa dos alunos, como, por exemplo, quando os alunos agem incorretamente na escola, pois, de acordo com ele, "o aluno pode estar com algum problema dentro de casa".

Há o caso de um aluno que, na época com 14 anos, tinha o cabelo cumprido e muito piolho; por causa disto, ele tinha poucas amizades, pois os alunos se afastavam dele. Os coordenadores do projeto o incentivavam a cortar o cabelo, mas ele não queria; então, foram até a casa dele, pediram apoio da Assistência Social, conversaram com a mãe, mas esta achava que era bonito ter o cabelo cumprido. O aluno chegou a falar que sairia de JCC se continuassem a pegar no pé dele. Continuaram conversando, até que ele decidiu cortar o cabelo. Consequentemente, os relatores apontam que ninguém mais se afastava dele, que aumentaram suas amizades e melhoraram as relações.

Conforme os coordenadores do projeto, a participação da comunidade se dá, principalmente, nas festas em que as famílias vão para prestigiar. Apontaram que na última Festa Junina foi grande a participação e envolvimento dos pais, os quais doaram muitos pratos de comida para a realização da festa.

Enfim, o projeto JCC, desenvolvido nessas duas escolas, é reconhecido e valorizado por todos da escola e por grande parte da comunidade. Desta forma, assim como relatam os coordenadores, muitos pais os procuram, pedindo para incentivarem seus filhos a participarem do projeto. A vice-diretora conta:

> Eu tenho uma mãe que a menina é muita tímida e a mãe quer que ela participe. Ela fica: "Márcia, chama ela, eu quero que ela participe". A mãe a leva, mas a menina é muito retraída. Então, tem pais que vem e procuram a gente e querem que os filhos participem. (Márcia Ramiro)

Além disso, muitos agentes escolares de outras escolas desejam que o projeto seja implantado. Porém, de acordo com o policial Ramiro, há uma limitação por parte da própria Polícia, pois conhecem o projeto, sabem que existe, mas não há reconhecimento, nem incentivo ou apoio. Ramiro acredita que seria interessante implantar o JCC em outras escolas, mas, "por ser um trabalho voluntário, é difícil encontrar pessoas que queiram abraçar a causa; então, só eu fazendo este trabalho, não é fácil expandir para outras escolas".

O papel dos alunos do JCC na escola

Os alunos do JCC, segundo os coordenadores do projeto, têm responsabilidades especiais na escola; por isso vestem uniformes diferentes para que, assim, sejam destacados e facilmente identificados.

PROJETOS BEM-SUCEDIDOS DE EDUCAÇÃO EM VALORES

A maior parte dos alunos do JCC entrevistados declara que devem ser exemplos para os demais alunos. Podemos perceber isso através das seguintes falas:

> O JCC tem que ser exemplo, ter notas boas, frequentar a escola sempre, sem brigas, não brigar, porque se algum aluno do JCC entrar em alguma briga ou tiver notas baixas é chamado para conversar e tentar melhorar para não acontecer de novo. (Aluno)

> Devemos ser exemplos. (Aluno)

O policial Ramiro aponta que os alunos do JCC têm que ser bons alunos, pois devem ser modelos para os demais. Eles, quando sabem, ligam para o policial Ramiro para avisar que acontecerá briga na escola.

> A maioria da liderança tem o telefone da gente e, semana passada, por exemplo, eles me ligaram avisando que ia acontecer aquela briga, naquele horário. Então, a gente tenta passar para eles, através das palestras que, eles passando as informações de brigas e drogas que possam acontecer, eles não são caguetas.

Os outros relatores complementam, dizendo que os alunos do JCC têm a consciência de que devem separar brigas quando acontecem, e mesmo buscar evitar que aconteçam; pois, quando sabem de algum atrito, eles conversam com os alunos.

Os alunos ajudam nas reuniões de pais, na organização de eventos nas escolas. Além disso, frequentemente, vão no período oposto da aula ou nos finais de semanas para limparem as carteiras. Um dos alunos entrevistados relata que isso não é ruim, pois é uma forma de estar junto dos amigos.

Entrevistamos os alunos do JCC de ambas as escolas. Na Escola Índia Vanuire, os alunos disseram que eles são como uma família, uma vez que um ajuda o outro. Uma aluna do 3º colegial, que participa do projeto desde 2006 e está saindo este ano da escola, declara: "pra mim foi uma experiência muito boa, porque você acaba adquirindo conhecimento, ajudando o próximo e eu vou sentir muita falta deste projeto". Outro aluno que está desde 2005 aponta: "a gente ajuda a escola, é um trabalho voluntário".

Alguns alunos relatam que entraram no projeto por curiosidade e depois que começaram a participar não querem sair mais. Uma das alunas relata que "no projeto a gente aprende muita coisa". Outro aluno complementa: "A gente aprende valores éticos e morais [...] ajudar o próximo, com educação". E outra diz: "No projeto a gente aprende e faz cidadania".

Ainda, segundo um dos alunos do JCC,

> Não podemos pensar só na gente. Temos que pensar no próximo. Assim, podemos construir um mundo bem melhor. A gente aprende muita coisa com o Ramiro. [...] Temos palestras com policiais, que falam a respeito de drogas, prostituição, aprendemos como que é o trabalho da polícia. Eles mostram muita coisa pra gente.

Uma das responsabilidades dos alunos do JCC é conversarem com os outros alunos que jogam lixo no chão durante os intervalos. Eles dizem que, no começo, pelo fato de eles estarem mais próximos da direção, alguns alunos os viam como "puxa-sacos", mas que, agora, os aceitam normalmente.

Todos os alunos do JCC afirmaram que, após a participação no projeto, eles mudaram bastante seu comportamento na escola. Os alunos citaram o mesmo exemplo do aluno que tinha o cabelo comprido, com piolho, apontando que ele era um dos piores alunos da escola, era envolvido em drogas, não frequentava muito as aulas. E, depois da participação no JCC, ele mudou radicalmente. Um relato interessante foi o de uma garota que contou que, durante um ano, por vontade própria, trabalhou voluntariamente numa creche da cidade.

Na escola Joaquim Abarca, podemos destacar algumas falas de entrevistas com alunos:

PROJETOS BEM-SUCEDIDOS DE EDUCAÇÃO EM VALORES

"O JCC muda o modo de pensar, porque mostra a realidade. Prepara a gente para o futuro. As palestras falam sobre a vida."

"Cada momento é uma experiência nova para gente."

"Tentamos ensinar o que aprendemos para os nossos amigos."

"Meu trabalho aqui é fazer com que não tenham inimigos, só amigos. E, agora, os que brigaram são amigos."

"Quando entra no JCC muda a cabeça, porque tem as palestras que ensinam que não devemos brigar, que não tem o porquê brigar."

Ou ainda,

O JCC pra mim é tudo. Desenvolve muitos projetos dentro da escola, como ajudar o próximo, arrecadar alimentos [...] e, pra mim, é um incentivo, porque dentro do projeto a gente aprende que não precisa só do dinheiro, mas da solidariedade que fazemos para o próximo.

Principais resultados e formas de avaliações

Rosângela Robles e Luciana Beluci afirmam que a experiência do JCC foi bem-sucedida. Segundo elas, houve um maior envolvimento dos alunos na vida escolar como um todo. Alguns deles se envolveram em trabalhos sociais, dentro e fora da escola. Houve também uma diminuição da violência, maior participação e afinidade entre os alunos, construção de valores e, também, aproximação entre alunos e professores.

Segundo os relatores, os alunos do JCC estão sempre juntos, nos recreios, e também saem juntos nos fins de semana. E, ainda, declaram que, antes, tinha certa rivalidade entre as escolas e, atualmente, isso já não é comum.

Segundo a relatora da Escola Índia Vanuire, o projeto foi bem-sucedido, pois houve a participação de vários alunos, sendo que alguns apresentaram mudanças radicais no comportamento e passaram a ser exemplos aos demais alunos. Os outros relatores afirmam que o projeto é importante, pois tiveram muitos casos de alunos "problemas" que se transformam após o envolvimento nas atividades do JCC.

A exemplo disso, o policial Ramiro conta que já tiveram no projeto um aluno que era muito indisciplinado e problemático com os professores, tendo uma vez até agredido uma professora. Ele entrou no JCC porque gostava muito de esporte. Assim, o JCC lhe atribui a função de Secretário de Esporte. Conforme a ex-coordenadora (Maria Aparecida Ruiz), "dentro do projeto ele se sentiu importante e o que ele não tinha dentro da família ele achou no projeto. Ele é um exemplo de transformação real. Hoje, ele é formado em Educação Física e tem capacidade de ser um ótimo professor". Apesar de ser um ex-aluno, ele ainda continua colaborando na escola e cumpriu todo seu estágio da faculdade na escola Joaquim Abarca, pois sentia a necessidade de mostrar aos alunos que é um modelo de mudança.

Na visita, foi muito destacado pelos coordenadores que, em virtude do projeto, houve uma redução no índice de violência em ambas as escolas, uma vez que os alunos do JCC denunciam possíveis brigas para impedir que aconteçam. Os próprios alunos do JCC desejam ser modelos para os demais, o que, consequentemente, resulta numa melhora não só de comportamento para com os outros, mas também no rendimento escolar.

De acordo com os agentes escolares, o projeto JCC proporciona a oportunidade de que o aluno tenha no currículo o trabalho voluntário, que, segundo a professora Sílvia, a comunidade reconhece e valoriza. A ex-coordenadora relata que teve um caso de um garoto que ela mesma levou o currículo para um empresário e este, quando viu que o garoto tinha trabalho voluntário, não hesitou em contratá-lo. O policial Ramiro complementa que, até hoje, este empresário o procura querendo indicações de alunos do JCC. Além disso, "já tivemos um empresário que empregou vinte alunos do JCC" (Ramiro).

Segundo o relato de uma professora de Geografia da Escola Índia Vanuire que entrevistamos durante a visita, "o JCC é um projeto que deu um resultado 100%, porque ele trabalha muito os valores e eles trabalham com os alunos que dão mais problemas". Além disso, "os alunos melhoraram em sala de aula, houve maior respeito com os colegas, com os professores, eles visitam e abraçam os velhinhos, levam bolo, ajudam nas festas". Ela conclui afirmando que o projeto é muito importante, pois esses tipos de projetos contribuem para abrandar os problemas internos das escolas.

Outra professora de Português da escola Joaquim Abarca afirma que o JCC é um grupo muito ativo, que ajuda alunos a participarem mais da escola e ajuda os alunos com problemas a se integrarem socialmente. Ela aponta que "os alunos do JCC acabam se transformando, é uma forma de mudança dentro da escola [...] É uma forma de protagonizar [...] Eles dão oportunidades para os alunos que, muitas vezes, não teriam condições de fazer passeios, viagens".

O projeto é avaliado no fim do ano juntamente com os alunos, com o intuito de saber o que foi bom e o que precisa mudar. No início do ano letivo, a avaliação acontece entre os coordenadores do projeto. Eles fazem uma eleição dos alunos para escolherem a diretoria para o JCC, que muda todo ano.

No fim de todo ano, há uma formatura para aqueles alunos que realmente participam do JCC. Segundo a vice-diretora, "é uma formatura simbólica". Todo ano eles recebem um certificado pela participação e fazem o seguinte juramento:

> Nós dos Jovens Construindo a Cidadania de Tupã,
> Prometemos tratar a todos com respeito e dignidade,
> Lutar contra os preconceitos e discriminação,
> E provar a todos que quando se faz com carinho,
> Seriedade e principalmente com caráter,
> É capaz de alcançar todos os ideais.
> Prometemos ainda,
> Dentro das exigências e normas
> Especificadas no nosso Código de Ética,
> Dedicar todas as nossas atenções e atividades,
> Para que juntos na união com Deus,
> Possamos ajudar a construir um mundo melhor.

Quando perguntamos a Ramiro se fez alguma formação para o projeto, ele disse que fez um curso do JCC em 2004 de 15 dias em São Paulo. Atualmente, embora existam alguns cursos, ele não os fez porque não achou viável. A proposta desses cursos é trabalhar o JCC na escola somente durante um ano, mas ele não concorda com isso, pois acredita ser pouco tempo para conquistar a confiança dos alunos.

Nas escolas, não houve nenhuma formação para trabalhar temas como cidadania, direitos humanos e violência. A vice-diretora relata que o trabalho com valores é difícil, porque ninguém teve uma formação para isso. Então eles estão buscando isto nas HTPCs, o que entendemos ser uma formação centrada na escola. Muitas vezes, a Secretaria da Educação envia propostas de projetos para que as escolas desenvolvam, entre eles, a "Ação Solidária", mas há dificuldades para trabalhá-los porque faltam professores efetivos.

Limites e dificuldades

Os coordenadores do projeto afirmam que o trabalho com valores nas escolas é fundamental, pois se não cumprem a função de formar os alunos para a cidadania, não cumprirão também a sua formação científica e intelectual.

No início, conforme aponta Ramiro, o projeto não foi fácil, porque há muitos alunos que não gostam e não veem com bons olhos a Polícia; assim demoram para aderir ao projeto e criticam os policiais. Com base nisso, foi preciso um trabalho (não detalharam), que, ao longo do tempo, surtiu efeitos, pois "os alunos começaram a falar 'a Polícia não é boa, mas o senhor é bom' [...] Eu acredito que com dois anos eles já começaram a ver a Polícia em si diferente" (Ramiro). A diretora da escola Joaquim Abarca afirma que o policial Ramiro é amigo e "aqueles que viam a Polícia como repressora, começaram a ver a Polícia como uma aliada, aquele que quer ajudar, que quer mostrar um caminho e

PROJETOS BEM-SUCEDIDOS DE EDUCAÇÃO EM VALORES

isso para a escola foi muito bom". Já a vice-diretora da Escola Índia Vanuire aponta que não houve grandes resistências dos alunos devido à presença de um policial, pois eles já conheciam o trabalho do JCC; pelo contrário, a dificuldade foi em selecionar os alunos para participarem, pois a maioria queria entrar no JCC; mas, no início, só poderiam ser incluídos dois por sala.

Segundo a vice-diretora da Escola Índia Vanuire, "este é um trabalho de formiguinha, pois rende frutos, mas é em longo prazo". O policial Ramiro afirma também que é difícil conquistar a confiança dos alunos.

Umas das grandes dificuldades do projeto, conforme apontam os relatores, é que, pelo trabalho ser voluntário, ficam sem dinheiro para a realização das atividades, tendo, muitas vezes, que fazer rifas e/ou buscar apoio através de patrocínios.

Outra dificuldade apontada é o fato de que, muitas vezes, não se tem o apoio dos demais professores que deveriam ser um elo entre os coordenadores do projeto e os alunos. Isso acontece devido ao grande número de professores substitutos; assim, fica difícil estabelecer uma parceria maior. Muitas vezes, há uma cobrança maior dos professores para com os alunos que são do JCC. Os relatores apontam que "eles querem que os alunos do JCC sejam perfeitos, mas eles não são, porque a gente trabalha com os alunos bons e os que não são bons".

Outra limitação do projeto se deve ao fato de as reuniões não acontecerem mais no horário de aula, pois havia muitas reclamações dos professores pelo fato de os alunos terem que sair no horário de aula. Os encontros estão sendo realizados uma vez por mês, no Batalhão da Polícia, no período noturno. As reuniões são avisadas por meio de bilhetes e/ou são colocados avisos nos painéis. A coordenadora aponta que passa bem rápido nas salas, entregando os bilhetes, justamente para não provocar conflitos. Há alguns alunos que não vão à reunião, porque não têm quem os acompanhe até o Batalhão; mas, muito deles chegam no outro dia e perguntam o que foi visto e discutido.

Considerações sobre o projeto "Jovens Construindo a Cidadania"

O objetivo maior da pesquisa "Projeto bem-sucedido de educação moral: em busca de experiências brasileiras" foi identificar e descrever projetos realizados em escolas públicas que realmente pudessem ser considerados bem-sucedidos, de modo a mostrar a outras escolas que a educação moral é necessária e possível.

De forma geral, apoiando-se em autores do campo da Psicologia da Moralidade, entende-se que uma experiência de educação moral bem-sucedida tem como finalidade o fortalecimento de valores considerados universalizáveis; não deve se limitar a uma disciplina específica, mas ser, de preferência, transversal aos programas curriculares, alcançando o maior número possível de espaços e de participantes escolares e mesmo da comunidade e tendo continuidade na escola pelas várias séries e anos. Os valores, regras e princípios que norteiam o como viver numa sociedade justa e harmoniosa devem ser explicitados, discutidos e reconstruídos e não simplesmente transmitidos. Essa educação deve dar-se por meios baseados no diálogo, participação, respeito, enfim, procedimentos e estratégias que se coadunem com a construção de indivíduos autônomos e deve resultar numa adoção consciente e autônoma de valores morais de modo que estes passem a fazer parte da personalidade — moral — dos alunos (Aquino e Araújo, 2000; Araújo, 1996 e 2000; La Taille, 2006 e 2009; Menin, 1996, 2002 e 2007; Tognetta, 2003; Tognetta e Vinha, 2007; Vinha, 2000; D'Aurea-Tardeli, 2003; Trevisol, 2009).

Partindo desse pressuposto, o projeto "Jovens Construindo a Cidadania" poderia realmente ser considerado bem-sucedido? A partir do relato da experiência, das visitas às escolas, das conversas com professores, alunos e funcionários, é possível fazer algumas considerações sobre o projeto.

Pode-se dizer que o grande diferencial desta experiência, bem como o motivo de bons resultados, é justamente a parceria entre duas escolas e o longo tempo de duração do projeto, sendo que na escola Joaquim Abarca começou em 2004 e na Escola Índia Vanuire, em 2005. Acima de tudo, há a cooperação dos professores envolvidos e, principalmente, do policial Ramiro, que dedica, voluntariamente, parte do seu tempo à realização do projeto.

Assim, como já anuncia o título do projeto, é visível que, em ambas as escolas, a finalidade deste trabalho é fomentar a formação da cidadania do aluno. De acordo com alguns autores, assim como para Cortina (2003), uma das primeiras tarefas da educação moral consiste em formar as crianças como pessoas, e mais tarde, interessar-lhes pelos valores da cidadania. A autora afirma que "o exercício da cidadania é crucial para o desenvolvimento da maturidade moral do indivíduo, porque a participação na comunidade destrói a inércia e a consideração do bem comum alimenta o altruísmo" (Cortina, 2003, p. 100). Além disso, "a cidadania subjaz às outras identidades e permite suavizar os conflitos que podem surgir entre quem professa diferentes ideologias, porque ajuda a cultivar a virtude política da conciliação responsável dos interesses em conflito" (Cortina, 2003, p. 100). Essa ideia pode ser complementada com a de Puig (2007), que diz que a cidadania faz-se necessária para uma aprendizagem da vida em comum, para tornar-se um cidadão ativo com um bom nível de civismo, de modo que possa exigir seus direitos e cumprir os deveres sociais.

A partir do foco que é a cidadania, foi possível perceber a preocupação dos coordenadores do projeto em consolidar a solidariedade e o voluntariado como valores, uma vez que incentivam visitas em asilos, arrecadação de alimentos e campanhas de agasalhos e brinquedos. Essa é uma postura plausível, principalmente, nos dias atuais, em que se presencia uma época na qual muitos apontam a existência de uma crise de valores (Bauman, 1998; Jares, 2005; La Taille, 2009; La Taille e Menin, 2009). A sociedade atual é marcada pelas consequências negativas da globalização neoliberal, na qual predominam a desigualdade social, a competitividade, o individualismo e o utilitarismo (Jares, 2005). Desse modo, a consolidação de valores contrários a essa tendência é essencial.

Um dos aspectos que tornam essa experiência interessante é o fato de as atividades não se restringirem ao horário de aula. Além disso, as atividades desenvolvidas são variadas e não acontecem através de um único método. Isso é um ponto positivo, pois sabe-se que a literatura da moralidade aponta que a educação moral não deve se limitar a uma disciplina específica. Outro ponto relevante é o fato de a participação no projeto ser espontânea, ou seja, fazem parte do JCC aqueles que têm vontade, e Piaget (1932/1977) já dizia que a educação moral não pode se dar por imposição de valores.

No entanto, o que motiva os alunos a realizarem as atividades fora do horário de aula? Por que os alunos se envolvem e continuam no projeto? Pode-se pensar na hipótese de ser por conta das viagens, ou seja, os alunos participariam do JCC por terem as viagens como recompensas. Porém, durante a visita às escolas e entrevistas, não ouvimos declarações dos alunos em relação às viagens, pelo contrário, percebemos, através das falas, entusiasmo e orgulho na descrição das atividades e, principalmente, na ênfase que dão em ajudar o próximo. Assim, poderíamos pensar que, talvez, num primeiro momento, os alunos queiram participar do projeto por conta das viagens, mas que, no decorrer do tempo, se apropriem de certos valores, inclusive o de generosidade, sendo isto que condiciona a permanência no JCC.

Também nos parece possível que o fato de passar a pertencer a um grupo considerado especial, com qualidades reconhecidas por todos, dê um prestígio a cada um, fortalecendo uma identidade positiva. Kohlberg, Power e Higgins (1997) apontam um efeito de coesão do grupo quando discutem a importância de a escola não só ser uma comunidade justa, mas propiciar aos alunos um forte sentimento de pertença. No entanto, podemos nos questionar se a incorporação de valores pelos alunos se manteria como uma assimilação autônoma em cada personalidade se os indivíduos se separassem do grupo.

Outro ponto a destacar do projeto JCC é a oportunidade que os alunos têm de exercer liderança, dando espaço para o protagonismo juvenil. Isso faz com que os alunos se sintam valorizados, sintam que podem cumprir um papel importante dentro do espaço escolar e, consequentemente, melhorem sua autoestima. Educar moralmente consiste, também, em desenvolver nos alunos a autoestima, de modo a ajudá-los a sentirem-se importantes, a envolverem-se com projetos de autorrealização, acreditando que é possível conduzi-los (Cortina, 2003).

Outro ponto positivo é a ênfase do projeto contra as drogas e a violência. Apesar de serem fatores de constantes queixas atualmente e presentes em muitas escolas brasileiras, ainda se tem a concepção de que a escola deve tratar apenas dos conteúdos específicos do currículo; ou, então, quando abordam tais temas no espaço escolar, é de forma pontual, com projetos específicos. Não parece ser comum a preocupação ética com a formação do cidadão; mas, sim, a de resolver problemas imediatos existentes. Em ambas as escolas, pode-se notar que combatem fortemente a violência, pois os alunos do JCC são conscientes de que não devem brigar, sabem que devem denunciar possíveis brigas e, se acontecem, as brigas devem ser interrompidas. O mesmo se pode perceber em relação às drogas, pois, através das falas, os alunos demonstraram saber que é indevido o seu uso.

Vale ressaltar que os alunos dos JCC trabalham coletivamente e se reúnem para identificar problemas a serem resolvidos. Isso merece ser parabenizado, pois geralmente as escolas reforçam o individualismo, principalmente quando proíbem o empréstimo de materiais, troca de ideias e de ajuda nas tarefas dos colegas de classe; além disso, é difícil encontrar escolas que permitam a participação e o envolvimento dos alunos nas tomadas de decisões escolares. Araújo (2007) defende o papel ativo do sujeito para que haja a construção dos conhecimentos e de valores, para que o aluno seja protagonista da própria vida, e não apenas reprodutor daquilo que a sociedade impõe, ou seja, o aluno deve participar de maneira intensa e reflexiva das atividades, bem como construir sua inteligência, sua identidade e seus valores através do diálogo entre pares, professores, família e cultura.

O JCC: incorporação de valores ou temor da autoridade?

Apesar de todos os aspectos louváveis do JCC, este projeto ainda apresenta alguns problemas, considerando o que postula a literatura da educação moral. Pode-se concluir que os alunos que passam a fazer parte do JCC sofrem mudanças de comportamento e melhoram o rendimento escolar, principalmente, por quererem mostrar aos demais que são bons alunos. Esse fato de quererem ser destacados pode ser confirmado ao declararem o uso diferenciado de uniforme pelos alunos do JCC. Porém, não sabemos até que ponto isso é favorável, pois pode ser que haja certa discriminação com aqueles alunos que não fazem parte do JCC, ou seja, pode existir uma concepção de que apenas os alunos do JCC são bons ou melhores.

Além disso, sentimos que falta trabalhar os valores com todos os alunos das duas escolas, pois o projeto JCC fica restrito aos alunos que o constituem, pois, mesmo que os alunos do JCC tentem separar brigas ou evitar que aconteçam, não se sabe o que é feito com os alunos que brigam. Ou seja, não foi possível constatar qual o trabalho feito com os alunos que transgridem as regras da escola, que provocam violência, enfim, com todos aqueles que não participam das atividades promovidas pelo JCC e que agem indevidamente.

Mesmo sem negar a importância do trabalho do policial Ramiro e reconhecendo sua dedicação para a realização das atividades, nos questionamos se a figura do policial não poderia provocar dois efeitos: o projeto diminuiu a violência escolar, principalmente, pelos alunos que não fazem parte do JCC e não têm uma relação com o policial serem coagidos a agirem corretamente por medo da presença do policial ou realmente foram conscientizados pelos alunos do JCC que não devem brigar? Além disso, pensamos que os alunos que não fazem parte do JCC possam enxergar os que fazem como "pequenos policiais", que estão prontos para observar e deter qualquer tipo de comportamento inadequado.

Também notamos que os professores envolvidos no projeto se preocupam com os alunos como pessoas, em melhorar suas relações com os demais e com a família, investigam os motivos pelos problemas apresentados na escola e buscam solucioná-los, com o apoio dos alunos do JCC. No entanto, sabemos que para uma experiência ser completa e bem-sucedida, deve envolver toda a comunidade escolar. Mas os professores colaboradores são uma minoria; a maior parte dos professores não está envolvida no projeto e, mesmo que alguns relatam aprová-lo, há professores que não são a favor do seu desenvolvimento, o que levou a mudarem as reuniões, que antes ocorriam durante as aulas, para o período noturno.

Entendemos que um fator determinante do sucesso da experiência é a participação da comunidade extraescolar. Constatamos que há o envolvimento de algumas entidades externas, que solicitam os serviços dos alunos do JCC e, também, o envolvimento dos pais em festas promovidas pelo JCC, onde estes valorizam e ajudam. Porém, autores como Castro e Regattieri (2009) e Trevisol (2009) acreditam que participação da família na escola deve dar-se de modo que esta possa compreender os problemas escolares e pedagógicos passados na escola, bem como possa expor suas principais dificuldades familiares de educação, de modo a aumentar as chances de um trabalho escolar de qualidade. Ou seja, os princípios e valores que regem a educação familiar precisam estar em sintonia com a filosofia da escola, e ambas apontam na direção da construção de valores (Trevisol, 2009).

Encontramos, também, lacunas no modo com que a avaliação do projeto é feita, pois, apesar de relatarem que avaliam se os objetivos almejados estão sendo atingidos para melhorar e/ou mudar o que for necessário, não foi possível perceber se realmente há uma avaliação para identificar se a cidadania está sendo construída pelos ou nos escolares, sendo esta a finalidade principal do projeto JCC. Serrano (2002) apresenta as seguintes estratégias possíveis de avaliação, que podem ser utilizadas pelos coordenadores de experiências como esta que vimos: observação dos alunos através de diversas técnicas (registros, anedotários, escalas, diários de professor e dos alunos) que relacionem aspectos significativos da classe e permitam refletir sobre a prática profissional; listas de controles para acompanhar determinadas condutas; análise das conversas espontâneas dos alunos em relação a um tema determinado; sociogramas da classe para constatar a evolução de atitudes e comportamentos ao longo do tempo. Além disso, para Serrano, é fundamental que o professor avalie o clima no qual se está realizando o processo educativo, pois

> "o clima no qual convivem os alunos é umas das principais fontes de experiências de educação moral e, por conseguinte, uma das condições essenciais de sua formação moral; em um clima competitivo e agressivo, dificilmente podem ser fomentados comportamentos cooperativos" (Serrano, 2002, p. 81).

A falta de formação dos educadores envolvidos e, também, do policial pode ser o aspecto responsável por esta não ser uma experiência totalmente completa. Porém, não se pode culpabilizá-los pela não formação, uma vez que no decorrer da pesquisa verificamos que a grande parte dos educadores que descreveram algum projeto de educação moral não recebeu formação para trabalhar com este tema. Interessante observar que, nos tempos em que a Educação Moral era instituída como disciplina obrigatória, havia um professor especializado para assumir essa função, ou seja, exigia-se um nível específico de formação. Enquanto que, hoje em dia, não se exige o mesmo preparo. Essa é uma questão a se refletir, principalmente por existirem iniciativas do Ministério da Educação e das Secretarias Estaduais e Municipais a respeito desse tipo de educação. Ou seja, percebe-se um reconhecimento da necessidade de se tratar os valores na escola, porém, não se dão subsídios para que isso de fato aconteça.

Isso nos leva a pensar que a experiência realizada pelas escolas Índia Vanuire e Joaquim Abarca é exemplo de que educadores com entusiasmo e dedicação podem desenvolver um trabalho que não se restrinja ao espaço da sala de aula e ao ensinamento dos conteúdos específicos da grade curricular. Defendemos que é papel da escola educar integralmente seus alunos e esta educação, segundo Serrano (2002, p. 6), "não pode ser reduzida a apenas "acumular saberes" (conteúdos) ou aprender a fazer algo (procedimentos), mas deve ser

PROJETOS BEM-SUCEDIDOS DE EDUCAÇÃO EM VALORES 213

completa com a aprendizagem do saber estar e fazer (atitudes, valores e normas), que deve ter um peso significativo no currículo escolar".

Referências bibliográficas

AQUINO, J. G.; ARAÚJO, U. F. (Orgs.). Em foco: ética e educação. *Educação e Pesquisa*, São Paulo, v. 26, n. 2, jul./dez. 2000.

ARAÚJO, U. F. O ambiente escolar e o desenvolvimento do juízo moral infantil. In: MACEDO, L. *Cinco estudos de educação moral*. São Paulo: Casa do Psicólogo, 1996. p. 105-36.

_____. Escola, democracia e a construção de personalidades morais. *Educação e Pesquisa*, São Paulo, v. 26, n. 2, jul./dez. 2000.

_____. A construção social e psicológica dos valores. In: _____; PUIG, J. M.; ARANTES, V. A. (Orgs.). *Educação e valores*: pontos e contrapontos. São Paulo: Summus, 2007. (Col. Pontos e contrapontos.)

BAUMAN, Z. *O malestar da pós-modernidade*. Rio de Janeiro: Zahar, 1998.

CASTRO, J. M.; REGATTIERI, M. (Orgs.). *Interação escola-família*: subsídios para práticas escolares. Brasília: Unesco/MEC, 2009.

CORTINA, A. *O fazer ético*: guia para educação moral. São Paulo: Moderna, 2003.

D'AUREA-TARDELI, D. *O respeito na sala de aula*. Petrópolis: Vozes, 2003.

JARES, X. R. *Educar para a verdade e para a esperança*: em tempos de globalização, guerra preventiva e terrorismos. Porto Alegre: Artmed, 2005.

KOHLBERG, L.; POWER, F. C.; HIGGINS, A. *La educatión moral*. Segundo Lawrence Kohlberg. Barcelona: Editorial Gesida, 1997.

LA TAILLE, Y. de. *Moral e ética*: dimensões intelectuais e afetivas. Porto Alegre: Artmed, 2006. p. 11-69. (Cap. 1, Moral e Ética.)

_____. *Formação ética*: do tédio ao respeito de si. Porto Alegre: Artmed, 2009.

_____; MENIN, M. S. E. et al. *Crise de valores ou valores em crise?* Porto Alegre: Artmed, 2009.

MENIN, M. S. S. Desenvolvimento moral. In: MACEDO, L. *Cinco estudos de educação moral*. São Paulo: Casa do Psicólogo, 1996. p. 37-104.

_____. Valores na escola. *Educação e Pesquisa*, v. 28, n. 1, 91-100, 2002.

MENIN, M. S. S. Injustiça e escola: representações de alunos e implicações pedagógicas. In: TOGNETTA, L. R. P. *Virtudes e educação*: o desafio da modernidade. Campinas: Mercado de Letras, 2007.

PIAGET, J. [1932]. *O julgamento moral na criança*. São Paulo: Mestre Jou, 1977.

PUIG, J. M. Aprender a viver. In: ARAÚJO, Ulisses; PUIG, Josep Maria; ARANTES, Valéria Amorim (Org.). *Educação e valores*: pontos e contrapontos. São Paulo: Summus, 2007. (Col. Pontos e contrapontos).

SERRANO, G. P. *Educação em valores*: como educar para a democracia. Porto Alegre: Artmed, 2002.

TOGNETTA, L. R. P. *A construção da solidariedade e a educação do sentimento na escola*: uma proposta de trabalho com as virtudes numa visão construtivista. Campinas: Mercado de Letras, 2003.

_____; VINHA, T. P. *Quando a escola é democrática*: um olhar sobre a prática das regras e assembleias na escola. Campinas: Mercado de Letras, 2007.

TREVISOL, M. T. C. Tecendo os sentidos atribuídos por professores do ensino fundamental ao médio profissionalizante sobre a construção de valores na escola. In: LA TAILLE, Y. de; MENIN, M. S. M. (Orgs.). *Crise de valores ou valores em crise?* Porto Alegre: Artmed, 2009. p. 152-84.

VINHA, T. P. *O educador e a moralidade infantil numa visão construtivista*. Campinas: Mercado de Letras, 2000.

12

O Projeto "Esperança no futuro"*

Poços de Caldas/MG
Alessandra de Morais Shimizu
Flávia Maria de Campos Vivaldi

O contexto

A Escola Municipal Wilson Hedy Molinari localiza-se na Zona Oeste do município de Poços de Caldas, estado de Minas Gerais. Fundada em 1948 e municipalizada em 1994, atende a todos os anos do Ensino Fundamental (EF), do 1º ao 9º ano, incluindo a Educação de Jovens e Adultos (EJA), e funciona em três turnos. No final do ano de 2010, possuía 790 alunos matriculados: 337 alunos no período matutino (do 5º ao 9º ano do EF), 323 no período vespertino (do 1º ao 4º ano

---

* Agradecemos às relatoras deste projeto: Flávia Maria de Campos Vivaldi e Michele Mendes Santana Inês.

do EF) e 130 no noturno (do 1º ao 9º período da EJA). O número de docentes e de pessoas na coordenação em cada turno era: manhã, dezoito professores e uma coordenadora; tarde, catorze professores e uma supervisora; noite, seis professores e um coordenador pedagógico. A escola é sempre acompanhada pela direção e vice-direção, e, além do número de professores e coordenadores especificado, possui cinco funcionários na secretaria, cinco de serviços gerais e um instrutor de banda marcial. Cada turma possui, no máximo, 30 alunos.

A clientela que a escola atende é, na maioria, de classes economicamente baixas, proveniente da Vila Cruz e de bairros vizinhos — Bortolan, Country Club, Jardim América, Jardim Country Club, Maria Imaculada, Santa Helena, São Jorge, Vila Rica — e da zona rural. A Região em que está disposta é marcada por situações de violência e por problemas de tráfico de drogas.

No que diz respeito à imagem da escola perante a comunidade em que está inserida, ela era prioritariamente negativa. Eram-lhe direcionados os seguintes atributos: má qualidade de ensino, local de violência e de grande indisciplina. Ou seja, estava desacreditada pela comunidade. A polícia era chamada para resolver situações de conflito, e a guarda municipal estava presente em seu cotidiano. Questões como a baixa assiduidade e pontualidade dos alunos, consideradas, muitas vezes, como naturais pela família, eram frequentes. Além de problemas atitudinais dos alunos, relacionados ao desrespeito entre os pares e em relação aos professores, direção e funcionários. Esse contexto foi o fator motivacional que culminou na formulação de uma diversidade de iniciativas, orientadas pela coordenadora pedagógica Flávia Maria de Campos Vivaldi, as quais serão descritas a seguir.

Por que e como o projeto começou?

Em 2007, diante da situação ilustrada anteriormente, e com o início da gestão da diretora Michele Mendes Santana Inês, foi realizado um levantamento de expectativas e necessidades com os professores e funcionários da escola. Foi aplicado, também, um questionário para os pais e alunos, como sondagem da realidade desse segmento da comunidade escolar. Esses dados seriam fundamentais para a elaboração do Projeto Político-Pedagógico edificado nessa nova administração e para a elaboração do programa relatado.

Diante do diagnóstico realizado, percebeu-se a necessidade de se investir na postura do alunado que vinha apresentando atitudes percebidas como negativas pela equipe, uma vez que comprometiam não só o rendimento escolar, mas, especialmente, as relações interpessoais, e que eram concebidas como colaboradoras para a reprovação e evasão escolar. Além disso, demonstrou-se uma grande preocupação do corpo docente em relação à abordagem dos "conteúdos escolares" e à necessidade de se utilizar estratégias motivacionais em sala de aula, uma vez que os professores não se sentiam, suficientemente, preparados para tal.

Com base nos dados levantados, iniciou-se a realização de reuniões de estudos sistemáticos com a equipe docente, gestora e técnica, a qual passou a se aprofundar em temas voltados ao desenvolvimento cognitivo, afetivo e moral, dentro da perspectiva piagetiana e de outros autores construtivistas. Houve um esforço teórico no sentido de quebrar os mitos relacionados à teoria piagetiana e de seguidores, como o do inatismo, do esvaziamento do trabalho do professor, o de que essa abordagem é responsável pela má qualidade do ensino e condição atual da Educação brasileira, entre outros. Os temas de estudo eram (e ainda são) escolhidos com o objetivo de sustentar uma proposta que contemplasse práticas morais, buscando na cooperação possibilidades reais de construções positivas: individuais, entre os pares e com a autoridade.

A coordenadora pedagógica, Flávia Vivaldi, com apoio incondicional da direção, é a responsável pelas reuniões de estudos, bem como pela preparação dos profissionais que trabalham diretamente com procedimentos de Educação Moral implantados.

Em 2008, a fim de melhor fundamentar as reuniões e de se aprimorar, a coordenadora buscou suporte teórico em disciplinas que abordassem essas temáticas no Programa de Pós-Graduação em Educação da Unicamp, no Grupo de Estudos de Psicologia e Educação Moral (GEPEM), e no Curso de Especialização sobre relações interpessoais e autonomia moral na escola, da Unifran de Campinas.

A constituição do projeto: temas, meios, atividades desenvolvidas e participantes

O primeiro aspecto abordado, e que resultou em uma mudança efetiva, foi o concernente ao processo de avaliação dos alunos, que passou a contemplar dimensões atitudinais, procedimentais e cognitivas. Assim, além da avaliação do conteúdo, foram introduzidos para apreciação aspectos como: a organização do cumprimento de tarefas em casa e em sala de aula, a adesão aos valores éticos, a assiduidade e a pontualidade, dentre outros. Para atender a esse novo formato de avaliação foi construído, de forma coletiva, um instrumento que contemplasse esses diferentes itens, o qual sofre alterações contínuas, conforme novas necessidades e percepções. Todo bimestre cada aluno passou a ser chamado para conversar com a coordenação sobre os diferentes aspectos de sua avaliação, referentes a todas as disciplinas, de forma a refletir sobre o respeito e se autoavaliar.

Foram adotados, também, relatórios diários de salas para os registros, pelos professores, daquelas situações experienciadas em sala de aula que poderiam ser trabalhadas, individualmente ou de forma coletiva. Procedimento que permitia o acompanhamento diário dos alunos e da turma em relação ao cumprimento de tarefas, relacionamentos, atitudes etc. Esses relatos eram entregues à coordenação que, quando necessário, intervinha junto ao aluno, à turma ou aos professores. Procurou-se com essas intervenções, especialmente, abordar as situações de conflitos ocorridas, utilizando-se de conversas e reflexões sobre outras maneiras de agir, sob novas perspectivas e com ênfase na prática do respeito mútuo em todas as instâncias.

Mudanças na dinâmica de aulas foram introduzidas; houve a adoção de salas ambientes que possibilitaram aos educadores orga-

PROJETOS BEM-SUCEDIDOS DE EDUCAÇÃO EM VALORES

nizarem e adequarem o ambiente de suas salas às temáticas referentes à área de conhecimento e aos estudantes de se movimentarem pela escola, deslocando-se a cada troca de aula. Essa iniciativa foi considerada um exercício de responsabilidade e, ao mesmo tempo, de respeito às necessidades reais dos estudantes no relaxamento da atenção.

Iniciou-se em 2008, no turno da manhã, uma discussão sobre a necessidade de se assegurar, no currículo da escola, uma prática que permitisse aos alunos o autoconhecimento, o conhecimento do outro e com o outro. Isso se deu por meio de uma mudança curricular que contemplou a ampliação da carga horária das disciplinas de Artes e Educação Religiosa — para todos os anos, com duas aulas semanais —, áreas nem sempre bem aproveitadas no processo de formação do ser humano aluno. Ocorreu, também, a introdução de duas outras áreas: Ambiente e Meio Ambiente — para os 6º e 7º anos, com duas aulas semanais —, e Ética — para os 8º e 9º anos, também com duas aulas semanais —, cuja proposta era significar a teoria na prática, trazendo para a reflexão e a representação situações reais, a metodologia da dialética (diálogo em que o foco era a contraposição e contradição de ideias que levassem a outras ideias, trabalhando-se temáticas como desenvolvimento, consumismo, capitalismo, tribos urbanas etc.) e da resolução de conflitos.

A proposta foi aceita pela Secretaria Municipal de Educação no final de 2008 e implantada em 2009. Foi concebida pela equipe gestora como uma forma de intensificar as práticas favoráveis ao desenvolvimento moral dos alunos, equilibrando as aulas das matérias tradicionais e aumentando o desejo e o prazer dos alunos por estarem na escola. Nessas atividades diárias foram introduzidos os procedimentos de Educação Moral, dando, pela primeira vez, aos estudantes, oportunidades sistemáticas de se posicionarem sobre as questões referentes à vida escolar, bem como outras de interesse dos grupos.

Embora fosse de conhecimento da coordenação e da direção da escola que uma Educação Moral não se restringia a um trabalho específico de áreas eleitas para tal, apostou-se nesse modelo de apresentá-la em disciplinas específicas. Acreditou-se que um trabalho efetivo, sistematizado na matriz curricular, daria o impulso necessário para que as demais áreas e segmentos da escola se voltassem para uma profunda reflexão sobre práticas e posturas adequadas à construção de relações respeitosas e de um ambiente escolar cooperativo.

Por meio da ampliação dessas disciplinas, foi possível introduzir procedimentos de Educação Moral, como jogos de expressão de sentimento, discussões de dilemas hipotéticos e reais (do cotidiano) e a realização de assembleias de sala entre os alunos. Essas assembleias passaram a ser realizadas quinzenalmente no Ensino Fundamental II, e semanalmente no Ensino Fundamental I, com duração de duas aulas, durante aquelas disciplinas introduzidas e ampliadas, e sob a coordenação dos respectivos professores. Os principais objetivos das assembleias eram:

- garantir um espaço de aprendizagem e de construção do diálogo, onde todos possam expressar seus sentimentos e pontos de vista sobre atitudes e procedimentos avaliados como adequados ou não;
- garantir e validar princípios morais como a justiça, a equidade, o respeito, a solidariedade e a dignidade;
- construir coletivamente as regras de convívio;
- fortalecer o protagonismo do grupo e de cada integrante deste;
- promover o autoconhecimento;
- exercitar e desenvolver a autoconfiança e a confiança entre todos.

Os estudantes eram orientados a inscreverem seus assuntos antecipadamente, podendo revelar ou não sua identidade e, obrigatoriamente, preservando a identidade do responsável por atitudes positivas ou negativas a serem discutidas. A condução das reuniões era feita pelos professores responsáveis pelas novas áreas de conhecimento, mediando o direito de todos de se manifestarem de forma organizada, obedecendo à ordem em que solicitavam a palavra. Buscava-se a reflexão das diferentes perspectivas presentes nas diversas situações. Ao implantar as assembleias, a coordenação do projeto tinha clareza de que o exercício de se colocar no lugar do outro, buscando formas não violentas e respeitosas para a resolução dos conflitos, contribuiria para a "construção de capacidades psicomorais essenciais ao processo de construção de valores e atitudes éticas" (Araújo, 2004, p. 23).

Enquanto os estudantes iniciaram o exercício de reflexão sobre as atitudes mais adequadas para uma convivência de respeito, a coordenação iniciou o trabalho, em todas as turmas, de informação sobre o *bullying* escolar. Foram esclarecidas as características, as causas e consequências do *bullying*, com o objetivo de instrumentalizar estudantes e professores para essa face sutil e cruel da violência, presente, infelizmente, na convivência entre pares.

Em 2010, com os resultados obtidos em 2009, a proposta de mudança curricular foi ampliada para o turno da tarde (1º ao 4º ano), com a garantia de que os procedimentos morais fossem sistematizados, também, nas aulas de Artes (introduzidas na matriz curricular) e nas de Educação Religiosa.

A equipe do turno da noite, da Educação de Jovens e Adultos, em sua participação nas reuniões de estudo, solicitou a introdução das assembleias, uma vez que o índice de heterogeneidade de idades, cada vez mais acentuado nessa modalidade de estudo, contribui significativamente para a existência cada vez maior de conflitos.

Com base na experiência com as assembleias discentes, iniciaram-se, em 2010, as assembleias dos professores, com periodicidade quinzenal.

No início de 2010, em reunião de Conselho do 1º bimestre, os docentes colocaram suas dificuldades em relação aos alunos com defasagem idade/série acentuada, nas salas de 6º e 7º anos, descrevendo suas condutas e conflitos decorrentes das diferenças de experiências.

Com a autorização e apoio da direção, a coordenação pedagógica da manhã propôs o projeto "Co-operar" — uma dinâmica voltada para o resgate afetivo e cognitivo de escolares com histórico de fracasso e com, no mínimo, dois anos de reprovação. O projeto teve seu início em agosto de 2010 e gerou, mediante a necessidade de uma intervenção adequada com aos estudantes com histórico de fracasso, estudos e aprofundamentos, corroborando para uma pesquisa científica. Essa pesquisa foi submetida e aprovada pelo Comitê de Ética em Pesquisa, da Faculdade de Ciências Médicas/Unicamp, cujo tema é "A afetividade de escolares em situação de fracasso escolar" (Vivaldi e Dell'Agli, 2012). Está na fase da coleta de dados e tem como objetivo demonstrar que o ambiente cooperativo proporcionado a esses alunos defasados pode ser determinante para as (re)construções do autorrespeito e de relações interpessoais positivas, bem como para uma re-significação do conhecimento enquanto valor e construção.

Continuamente, são feitas mudanças necessárias e coerentes com os procedimentos adotados na escola e que se originam das necessidades contextuais, assim como são criados e desenvolvidos projetos pedagógicos voltados para as relações interpessoais pautadas no respeito e na tolerância pelas diferenças, como, por exemplo, o Projeto "Olhos da Arte". Esse projeto, ocorrido em 2008, foi desenvolvido nas aulas de Artes, e teve como objetivo levantar discussões, pesquisas e reflexões sobre questões referentes à vida escolar dos deficientes visuais, com o intuito de os alunos confeccionarem materiais pedagógicos de apoio para todas as áreas de conhecimento. Dentre as atividades realizadas, os alunos visitaram a Associação de Assistência ao Deficiente Visual (AADV), em que participaram de dinâmicas interativas que os levaram a experimentar "a visão na escuridão". Fizeram parte de oficinas de sensibilização e conheceram mais profundamente o mundo do deficiente visual. Como culminância do projeto, a escola realizou uma Feira de Trabalhos e Materiais de Apoio para os alunos deficientes visuais, com a exposição de tudo o que foi confeccionado, painéis de fotos com a utilização dos recursos e relatos de experiência dos alunos participantes. Além da exposição, foram apresentados números artísticos — música, dança e dramatizações — pelos alunos da escola.

Outro projeto em desenvolvimento na escola é "Minha escola é uma sacola". O projeto foi uma iniciativa dos alunos e professores da E. M. Wilson Hedy Molinari e surgiu do interesse em realizar um trabalho de preservação do meio ambiente na comunidade local. Utilizando-se de uma fala do senso comum, "Escola é um saco", o nome do projeto, "Minha escola é uma sacola", resgata a escola como espaço de construção de atitudes favoráveis quanto às relações sociais e com o meio. Parte do princípio de que a sacola retornável, ecobag, é o instrumento que favorece o aprendizado, de forma a possibilitar aos alunos a consciência de seu papel na conservação do meio ambiente e de sua atuação na comunidade onde vivem. O objetivo geral do projeto é o de valorizar as ações coletivas que repercutam na melhoria das condições de vida na escola e em sua localidade. Nesse projeto, o professor tem como papéis: informar aos alunos quanto ao tema trabalhado (origem, utilidade e destinos dados ao plástico); organizar as discussões iniciais do tema e debater sobre a possibilidade de uma conscientização da comunidade local; auxiliar na definição dos grupos que irão realizar o trabalho de conscientização da comunidade; estabelecer com os alunos os critérios de avaliação e acompanhar e orientar os alunos durante todo o desenvolvimento do projeto. Os papéis dos alunos são: estarem motivados para o trabalho a ser realizado, participando de todas as etapas, discutindo, levantando hipóteses e buscando informações; criarem o logotipo usado na confecção das sacolas e conscientizar a comunidade local quanto à importância das embalagens retornáveis na preservação do meio ambiente. Os alunos são os agentes de conscientização da comunidade local.

A escola possui um *blog* de Educação Ambiental (<http://escolamolinari.blogspot.com/>) e, no endereço a seguir, há um link de um vídeo com o compilado de projetos e eventos realizados: <https://docs.google.com/file/d/0B-nhJBUD7p-VRy1kTTJ0MFBGb0k/edit?usp=sharing>.

Participam dos procedimentos e diferentes projetos adotados na escola a equipe gestora, os professores, os funcionários, os alunos, a família (nas reuniões de conselho de escola, reuniões pedagógicas e temáticas, eventos culturais e festas), e entidades externas, como: Cristais São Marcos, Alcoa, Mineração Curimbaba, Fundação Educar DPaschoal, PUC, Supermercado Super Vale, dentre outras. Alguns projetos como, por exemplo, o "Olhos da Arte", foram e são desenvolvidos em parceria com outras escolas, públicas e particulares, do município. O envolvimento dos alunos e professores foi se ampliando gradativamente, conforme os períodos (matutino, vespertino e noturno), uma vez que as atividades concernentes à nova proposta de mudança curricular se iniciaram no período da manhã. A coordenação da proposta, junto com a equipe gestora, visa à implantação gradativa para que possa ser analisada, avaliada e modificada continuamente e de forma segura.

Um aspecto que a equipe gestora da escola tem cuidado é o de evitar a rotatividade do corpo docente. A permanência dos professores é considerada, nesse momento, importante para o fortalecimento das iniciativas em desenvolvimento, aplicação e continuidade.

Principais resultados

Já no primeiro ano da proposta de mudança curricular e das assembleias de salas, em 2009, como já esperado, houve sensível mudança nas relações interpessoais, uma vez que nas pautas de todas as assembleias estiveram presentes assuntos referentes ao respeito (ou à falta deste), temática que foi levantada pelos próprios alunos. Muitas regras da escola foram questionadas e reavaliadas, buscando-se as que seriam inegociáveis e as que seriam convencionais, portanto passíveis de discussão. Com a possibilidade de serem ouvidos, os estudantes trouxeram, para as discussões, questionamentos e comparações entre as práticas adotadas pelo corpo docente, revelando-se claramente uma dicotomia entre o que se pretendia e o que se tinha como realidade. No final de 2009, a coordenação, sabendo do desafio que viria para o próximo ano, no que diz respeito às práticas docentes, elaborou e aplicou uma ficha de avaliação para os professores, retomando todos os temas estudados e verificando em que medida foram relevantes e aplicáveis na prática com aos estudantes. O objetivo foi o de, mais uma vez, enfatizar a necessidade de estudos constantes e de avaliar as iniciativas implantadas.

PROJETOS BEM-SUCEDIDOS DE EDUCAÇÃO EM VALORES

Os resultados positivos das mudanças realizadas na escola também começaram a ser evidenciados nas participações da escola em concursos, olimpíadas e em avaliações externas, como o IDEB (Índice de Desenvolvimento da Educação Básica), em que os índices alcançados no ano de 2009 foram superiores aos projetados, correspondendo já às metas de anos posteriores. No que diz respeito ao 5º ano, a meta projetada foi de 4,8 e o IDEB observado, de 4,9. Em relação ao 9º ano, a meta foi de 4,0 e o índice observado, de 4,7.

Houve melhora no rendimento escolar dos alunos e na frequência. A quantidade de matrículas aumentou consideravelmente e a evasão escolar diminuiu. A Tabela 1 compara os dados do início da atual gestão com os obtidos a partir da implantação da nova proposta. Considera-se ainda prematura a divulgação de dados referentes aos anos iniciais até o 4º ano, por estarem em fase de adaptação à proposta atual, uma vez que sua implantação foi no ano passado (2010).

Tabela 1. Taxas de reprovação e abandono, por ano

Ano		5º ano	6º ano	7º ano	8º ano	9º ano
2006	Reprovação	11,12%	26%	11,47%	10,29%	12,5%
	Abandono	2,63%	0,96%	—	—	—
2009	Reprovação	16,92%	21,79%	19,75%	11,76%	5,76%
	Abandono	5,79%	1,28%	—	4,22%	—
2010	Reprovação	8,98%	19,44%	12,32%	10,14%	1,66%
	Abandono	—	—	—	—	—

Os avanços alcançados pela escola, a mudança de paradigma e a ousadia de se romper com o tradicional, possibilitaram um verdadeiro resgate da imagem da escola junto à comunidade escolar, à Secretaria Municipal de Educação e a demais unidades da rede municipal. Todos esses espaços atualmente reconhecem, na escola, uma instituição que busca uma formação comprometida com o respeito mútuo. Pode-se afirmar que a escola na rede municipal e na comunidade resgatou o respeito e conquistou a confiança. Inclusive, as iniciativas da escola estão sendo avaliadas pela Secretaria Municipal de Educação, que espera a adesão de outras unidades.

Além disso, projetos com objetivos solidários, como "Olhos da Arte", "Vale Sonhar", de Educação Sexual, ganharam força na unidade, com o envolvimento da comunidade escolar.

As mudanças no ambiente da escola são reconhecidas pela coordenação do projeto, direção, professores, funcionários e alunos. A equipe passou a trabalhar com maior entusiasmo e interação. As situações de conflitos na escola diminuíram; os alunos e professores mostram-se mais motivados, satisfeitos e participativos nas aulas e em relação àquelas decisões voltadas ao cuidado, preservação, funcionamento, organização e cotidiano da escola. O respeito mútuo melhorou em todas as instâncias. Há mais harmonia e compromisso.

A participação dos alunos nas assembleias é grande, e ficaram visíveis mudanças de comportamento devido a esse tipo de prática, tais como cuidado com a palavra, olhar mais amplo, senso crítico, atenção e segurança.

Em visita da pesquisadora à escola, uma professora relatou:

> os alunos perceberam que podem ser ouvidos, percebendo isso se sentem ouvidos e atendidos. Nas assembleias, eles veem as mudanças, sabem que são atendidos. E o professor passou a ouvir melhor os alunos, e ser mais ouvido. Pelos relatos de diários e portfólios, a coordenação passa um quadro com o perfil da sala em relação ao seu desenvolvimento. Alguns docentes usam esse material para conhecerem melhor a sala e o seu aluno.

Com base nos resultados experienciados no dia a dia da escola e por meio de reflexões, avaliações e autoavaliações da comunidade escolar, as iniciativas são estendidas gradativamente, como as de mudança curricular e das assembleias de salas, para outros períodos e com a participação cada vez maior de alunos e professores. Assim, a proposta é avaliada continuamente, em reuniões e assembleias, nas

PROJETOS BEM-SUCEDIDOS DE EDUCAÇÃO EM VALORES

quais os pontos divergentes são levantados e novas ações, introduzidas. Tem-se consciência de que o trabalho com Educação Moral, na unidade, está somente começando. A pretensão é de aprofundamento, extensão e permanência. Segundo a coordenadora do projeto, espera-se que não haja um único responsável, mas sim a consolidação de uma proposta permanente e contínua de Educação Moral, que tenha vida própria. A proposta é um trabalho que tenha continuidade independentemente de seus precursores.

Limites e dificuldades

No início da proposta, a coordenadora percebeu que, na perspectiva dos professores, funcionários e equipe gestora da escola, a maior parte dos problemas se focava no alunado, ou seja, os alunos eram, prioritariamente, responsabilizados pelos conflitos, dificuldades e intercorrências. E a ênfase era, principalmente, em relação aos aspectos afetivos e comportamentais e não cognitivos. A coordenadora buscou uma formação — no GEPEM, na UNICAMP e na UNIFRAN — para conseguir compreender as diferentes perspectivas dessa problemática. A partir daí, realizou, e ainda o faz, a sua formação continuada, e passou a investir em reuniões de estudos com os professores e a equipe gestora, assim como com os funcionários. No início do ano de 2011, a coordenadora da proposta foi aprovada no mestrado em Educação da UNICAMP. Além disso, vários membros da escola (a diretora, dois professores coordenadores de assembleias e a professora da Sala de Recursos) começaram a participar do GEPEM 2, Grupo de Estudos Iniciantes em Educação Moral, coordenado pelo GEPEM 1.

No momento, a maior dificuldade é a de trabalhar com a resistência de alguns docentes e a ansiedade ocasionada pela falaciosa expectativa de que as mudanças são rápidas, contínuas e em todas as dimensões, ou seja, sem a compreensão do processo de desenvolvimento dos alunos. Nas reuniões de estudos, essas questões têm sido abordadas, estudadas e discutidas. Há, também, o incômodo daqueles professores resistentes às mudanças necessárias e advindas da nova proposta.

Durante o ano de 2010, nas assembleias de professores, foram patentes atitudes de resistência e negação e a necessidade de aprofundamento nos estudos de teorias e de pesquisas científicas, para o fortalecimento da proposta. Notou-se o que é descrito por Lukjanenko (1995) sobre a relação entre o julgamento moral do professor e o ambiente sociomoral por ele proporcionado, sendo evidente a existência de diferentes níveis de desenvolvimento moral entre eles. Aspecto que, em vez de ser visto pela coordenadora como um obstáculo intransponível, é concebido como, apesar das dificuldades, gerador de um desequilíbrio necessário e produtivo na prática de uma docência reflexiva, comprometida com o desenvolvimento e a formação de seus alunos.

O sistema de avaliação deflagra dificuldades entre alguns professores que ainda querem trabalhar, somente, com a nota de conteúdo, e utilizam os outros itens — referentes aos aspectos atitudinais e procedimentais —, somente para seguir o protocolo; no entanto, a maioria aderiu e, realmente, utiliza os novos critérios. Em relação aos alunos, no início eles gostaram muito da proposta de mudança na avaliação, mas não entenderam quais seriam as implicações disso no cotidiano. Aos poucos têm compreendido e mostrado satisfação com a mudança. Sentem-se mais reconhecidos e amparados, além de terem a oportunidade de se conhecerem melhor por meio de uma reflexão autoavaliativa.

Outro desafio é a questão da pontualidade dos alunos, a qual ainda não é satisfatória e de difícil adequação devido a uma cultura da comunidade atendida. A participação da família nas reuniões mensais e de planejamento, assim como no desenvolvimento da proposta e nos projetos é pequena. Apesar disso, são promovidas reuniões temáticas e coletivas com os pais, como as que abordam questões relacionadas ao respeito entre pais e filhos. Há, também, reuniões individuais cujo enfoque é o de informar aos responsáveis os progressos na formação do estudante, bem como orientá-los sobre pontos a serem aprimorados quanto à conduta e responsabilidades partilhadas.

PROJETOS BEM-SUCEDIDOS DE EDUCAÇÃO EM VALORES

Em reunião de Conselho, os professores expressaram suas preocupações e limitações em relação àqueles alunos com defasagem idade/série. Com base nessa situação, a coordenação pedagógica propôs um projeto voltado para o resgate afetivo e cognitivo de escolares com histórico de fracasso. O projeto teve seu início no segundo semestre do ano corrente e sua coordenadora relata que é emocionante a resposta que se tem, principalmente, quanto aos aspectos afetivos e sociais do grupo, que no início não se reconhecia nem enquanto grupo, com atitudes desrespeitosas e intolerantes. Com o passar dos dias, a convivência foi se harmonizando e o respeito, instaurado. O grupo foi se sentindo seguro para expressar seus sentimentos mais reprimidos quanto à autoimagem e momentos valiosos de reflexão ocorreram através do procedimento "Narrativas Morais", quando os estudantes buscavam na memória seus "inventários" e repensavam formas mais positivas de procederem nas situações que lhes causavam arrependimento. Não era mais um grupo, e sim uma equipe.

É consenso entre a direção da escola e a coordenadora do projeto que ainda há muito a ser trabalhado para que as mudanças sejam incorporadas. Mas o caminho que está sendo percorrido é o de que a escola seja, realmente, um ambiente cooperativo, que favoreça a autonomia de seus membros e que alcance uma gestão democrática.

Algumas considerações sobre o projeto

Vários aspectos da proposta que descrevemos devem ser salientados, a fim de justificarmos sua relevância, efetividade, contribuição e a afirmação de que essa iniciativa pode ser considerada como um **projeto bem-sucedido de Educação Moral**.

Primeiramente focalizamos a **origem da proposta**, perguntando quais foram seus fatores impulsionadores. Muitos podem ser os motivos que levam uma instituição a implantar um novo projeto: políticas públicas; captação de recursos; imposições externas; cumprimento de protocolos; interesses individuais; busca de títulos e de poder, dentre outros. No caso da proposta em foco, nenhum dos fatores citados lhe diz respeito, uma vez que ela tem seu nascimento em necessidades intrínsecas e verdadeiras, geradoras de angústias: a situação da escola, sua representação diante da comunidade interna e externa, suas condições materiais e da clientela que atende, os embates nas relações interpessoais, dentre outros dados contextuais. Essa situação foi a geradora de um desequilíbrio, o qual movimentou integrantes da escola, em especial, parte de seus gestores a procurar respostas e estratégias de resolução.

Passamos para o segundo aspecto: **onde essas respostas e estratégias foram buscadas?** As primeiras respostas — e com elas, mais perguntas — vieram por meio de uma sistemática investigação sobre a realidade da escola. A comunidade escolar foi ouvida, todas as vozes, consideradas: professores, gestores, funcionários, alunos e pais. Feito o diagnóstico inicial, novas perguntas, respostas e estratégias foram procuradas naqueles lugares em que se poderia ultrapassar o senso comum, preconcepções e soluções intuitivas: em uma formação continuada. Procurou-se, por meio dessa formação, uma fundamentação teórica, do campo da Psicologia e da Educação, para que os fenômenos encontrados pudessem ser compreendidos e modificados por meio de práticas adequadas. Esse movimento vai ao encontro do que Coll (1999 e 2004) indica como o papel daquelas áreas de conhecimento, como, por exemplo, a Psicologia da Educação, que devem contribuir na elaboração de teorias que permitam explicar os processos educativos, elaborar estratégias de intervenção e instaurar práticas educativas efetivas. Observamos essa dinâmica no desenvolvimento da proposta descrita aqui. Foi se buscar no conhecimento científico recursos para a transformação da realidade da escola. Nos relatos da coordenadora, da direção e de outras pessoas da equipe, é explícito o reconhecimento de que suas reflexões e práticas devem se fundamentar, também, no conhecimento científico, assim como o de que as necessidades da escola são as propulsoras dessa busca e o campo para a conciliação entre a teoria e a prática. Nesse sentido, a coordenadora da proposta testifica: "é a escola sendo fonte e campo de conhecimento científico". Fala que ratifica o que Miranda (2008) aponta como uma das vertentes que

PROJETOS BEM-SUCEDIDOS DE EDUCAÇÃO EM VALORES

buscam a articulação entre a Educação e a Psicologia, aquela defendida por Saviani (1990, citado em Miranda, 2008, p. 57).

> [...] em que a educação deve ser colocada como centro dos estudos feitos pelas ciências que se debruçam sobre ela, isto é, a educação deve ser tomada "como ponto de partida e como ponto de chegada das teorizações e práticas pedagógicas".

Subsequentemente temos que considerar se há clareza a respeito da **opção teórica da coordenação da proposta e uma formação adequada que a sustente**. A coordenação deixa explícito que o referencial teórico escolhido para o desenvolvimento da proposta é o piagetiano, assim como demais pesquisadores construtivistas. Ela buscou a formação continuada nessa área mediante a participação em grupo de pesquisa, especialização e ingresso no mestrado. Os estudos realizados na escola, sob sua liderança e a participação do corpo docente, gestores e funcionários, contemplam essa perspectiva, assim como pessoas da equipe passaram a fazer parte de um grupo de pesquisa sobre a temática.

Indagamos, então, se há **coerência entre a escolha teórica indicada na proposta e as iniciativas implantadas na escola**. Como o referencial escolhido é o piagetiano, abordaremos como esse autor concebe a Educação Moral para, então, procurarmos responder a esse questionamento voltando-nos para a proposta em análise.

Conforme Piaget (1930/1998) é nas relações interpessoais que a realidade normativa, em que consiste a moral, desenvolve-se, uma vez que é por meio das relações — seja entre os adultos e as crianças ou entre as próprias crianças — que a consciência do dever se constitui. Assim, não há moral sem uma Educação Moral, considerando-se a educação em seu sentido mais amplo. No entanto, como não há uma moral única, haverá tantos tipos de reações morais quantas forem as formas de relações. Piaget (1932/1994, 1930/1994) aponta para a existência de duas morais — a da heteronomia e a da autonomia — as quais podem ser explicadas pelos dois tipos de respeito presentes nas relações entre a criança e o seu meio: o respeito unilateral e o respeito mútuo. A moral da heteronomia corresponde à moral da obediência, da obrigação, em que as regras são impostas por relações de coação, permanecendo exteriores aos indivíduos. É oriunda dos elos de autoridade e de respeito unilateral. Na moral da autonomia, mediante as relações de cooperação e o respeito mútuo, as regras passam a ser consideradas como necessárias e livres escolhas da própria consciência, tornando-se uma lei moral efetiva.

Piaget (1930/1998) afirma que os procedimentos de Educação Moral podem ser classificados conforme seus fins, seus métodos e seu domínio moral. Abordaremos aqui os dois primeiros, ressaltando-se que, segundo esse autor, os fins perseguidos determinarão os métodos empregados.

Em relação aos fins, a pergunta a ser feita é qual o tipo de indivíduo que se deseja formar: pessoas autônomas, livres e aptas à cooperação ou heterônomas e submissas?

Já os métodos da Educação Moral apoiam-se em três aspectos distintos: nos tipos de respeito e relações que os fundamentam; segundo o uso das diferentes formas de ensino oral; e de acordo com o emprego, ou não, da própria ação da criança.

No que tange ao primeiro aspecto, há procedimentos que apelam exclusivamente para os recursos característicos do respeito unilateral, e outros fundamentados na liberdade absoluta da criança, não havendo, portanto, nenhuma indicação acerca da maneira de proceder junto aos pares ou aos adultos.

Piaget (1930/1998, 1932/1994) questiona esses dois tipos de procedimentos, uma vez que em nenhum momento coloca a heteronomia como uma condição que deva ser totalmente eliminada do desenvolvimento da criança. Pelo contrário, ela seria um requisito básico para a autonomia e uma necessidade indispensável, assim como a regra coercitiva regida pelo respeito unilateral o seria para a regra racional guiada pelo respeito mútuo. Enquanto a criança não está em condições de erigir as suas próprias regras e/ou discuti-las com outrem, ela precisa que certas normas lhe sejam impostas. Nesse caso, a regra coercitiva funciona, até mesmo, como um ponto de apoio para a criança, um fio condutor de suas ações. Não obstante, não se deve, com isto, sufocar as tendências da criança na direção de alcançar a autonomia:

A verdade nos parece estar no meio e consiste em não negligenciar nem o respeito mútuo nem o respeito unilateral, as duas fontes essenciais da vida moral infantil. É o que buscam os procedimentos "ativos" de educação [...] (Piaget, 1930/1998, p. 37).

Os procedimentos verbais da Educação Moral variam daqueles mais verbais, infundidos da coação do adulto, até os mais ativos e próximos da criança. Piaget (1930/1998) apresenta diversos exemplos de procedimentos orais, mas adverte que todos eles têm em comum o fato de presumirem como exclusiva fonte de inspiração moral a autoridade do professor ou de um adulto e se sustentam, de alguma forma, no respeito unilateral, já que "a lição é, em consequência, o lugar de divulgação da verdade pronta e a criança é coagida a recebê-la de fora" (p. 41). Ao sinalizar os riscos desse tipo de procedimento, Piaget não o proscreve, indica possibilidades para o seu bom emprego mediante, por exemplo, discussões entre as próprias crianças para resoluções de acontecimentos diários, mas destaca que o recurso oral só será profícuo se houver uma vida social autêntica no interior da classe.

No que concerne aos procedimentos que recorrem à própria ação da criança, Piaget (1930/1998) discorre sobre os métodos ativos de Educação Moral, os quais têm como pressuposto o fato de que a criança possa ter experiências morais e que a escola seja um meio adequado para essas experiências. A respeito deles, três pontos são destacados: o de que a Educação Moral não se constitui em uma matéria específica, mas em um aspecto que deve ser considerado no conjunto do ensino, uma vez que educação é um todo e a atividade da criança, em cada uma das disciplinas, envolve elementos morais, cognitivos e de interesse; o de que o trabalho deve ser indispensavelmente colaborativo, oportunizando-se à criança o envolvimento coletivo e a cooperação; e aquele que inspirado na noção de *self-government*, em que se confie às próprias crianças a organização da sala de aula, a elaboração das leis disciplinares e a eleição de seus representantes, de forma que as obrigações morais possam ser descobertas e, verdadeiramente, experimentadas.

Piaget (1930/1998, 1932/1996) inspirou vários teóricos (Kohlberg, 1992; Kolhberg, Power e Higgins, 1997; Buxarrais, 1997; Puig, 1998;

DeVries e Zan, 1998; Lepre, 2001; Lukjanenko, 1995 e 2001; Araújo, 1993; Menin, 1985 e 2002; Tognetta e Vinha, 2007; Beluci e Shimizu, 2007, dentre outros) que defendem modelos de Educação Moral voltados para a construção da autonomia e para a participação democrática dos vários membros da escola. Assim como fundamentou propostas oficiais como os Parâmetros Curriculares Nacionais (Brasil, 1997 e 1998), em que a ética, dentro dessa perspectiva, foi colocada, ao lado de outros assuntos, como um tema que deve ser trabalhado de forma transversal na escola.

Ao nos voltarmos à proposta desenvolvida na E. M. "Wilson Hedy Molinari", constatamos que os fins vão ao encontro daqueles preconizados pelo referencial teórico explanado: o de formar indivíduos participativos e autônomos, e os meios empregados são coerentes com esses fins e caminham na mesma direção. Apesar de a escola não ter aderido, de forma direta, à abordagem da ética em uma perspectiva transversal, tal como propõem os Parâmetros Curriculares Nacionais (Brasil, 1997 e 1998), uma vez que a proposta teve seu impulso mediante uma mudança curricular, com a ampliação e introdução de disciplinas específicas, foi por meio dessa iniciativa que se deflagrou a implantação de procedimentos de Educação Moral dentro de uma perspectiva ativa, tal como a indicada por Piaget (1930/1998). Em seu relato, a coordenadora da proposta expressa clareza e realismo sobre esse aspecto. Segundo ela, foi necessário que, por meio de disciplinas específicas, o espaço dentro da escola fosse aberto para que os procedimentos fossem realmente implantados e então contagiassem todos os outros ambientes escolares. Era necessário reservar um tempo específico, pois diante da sobrecarga de conteúdos, a serem cumpridos nas demais disciplinas, ele dificilmente seria aberto sem uma motivação intrínseca e compreensão teórico-prática. Com o emprego dos procedimentos de Educação Moral nas disciplinas específicas junto aos alunos, e com o desenvolvimento, em paralelo, dos grupos de estudos com os professores, gestores e funcionários, mudanças em vários aspectos foram desencadeadas: nas avaliações, nas metodologias de aula, nas resoluções de conflitos, nas relações interpessoais, na forma de se olhar e ouvir os alunos, no envolvimento de toda a comunidade com a vida e cotidiano escolar, dentre outras. Assim como, vários projetos nasceram e tiveram sua realização com o envolvimento da comunidade escolar, da comunidade externa e de outras instituições.

Destacamos, dessa forma, que a proposta não se reduz a iniciativas isoladas, mas diz respeito a uma diversidade de transformações na organização da escola. Os procedimentos objetivam a participação ativa dos membros da escola na melhoria da convivência e do trabalho escolar, e favorecem o aprendizado dos alunos em relação a condutas voltadas para o exercício da cidadania e da participação na vida pública e política da sociedade. Exemplos desse tipo de iniciativa implantada na escola são as assembleias de classe (Puig et al., 2000), as quais têm ocorrido periodicamente na escola e se ampliado para mais membros da comunidade escolar — alunos de outros anos e períodos e professores. Outro ponto a ser destacado é que as ações são planejadas coletivamente e integram o Projeto Político-Pedagógico da escola.

Uma peculiaridade importante é que **a proposta não se reveste de sujeito, espaço e tempo únicos**. Ela teve um início marcado pela unicidade, para que fosse exequível: uma coordenadora (Flávia Vivaldi), um nascimento (em 2008) e as disciplinas específicas nas primeiras turmas (do período da manhã), mas tem como meta, realizada e renovada, a participação de todos os membros da escola e sua continuidade, independentemente dos atores em cena. E mesmo com todos os êxitos e avanços é um **trabalho realista em que os obstáculos não são negados e as limitações são reconhecidas**. Tem seu avanço gradativo com avaliações periódicas, que possibilitam o emprego de novas práticas e o contínuo crescimento da comunidade escolar.

Referências bibliográficas

ARAÚJO, U. F. A. *Um estudo sobre as relações entre o ambiente cooperativo e o julgamento moral na criança.* Dissertação (Mestrado em Educação) — Universidade Estadual de Campinas, Campinas, 1993.

ARAÚJO, U. F. *Assembleia escolar*: um caminho para resolução de conflitos. São Paulo: Moderna, 2004. (Cotidiano Escolar.)

BELUCI, T.; SHIMIZU, A. M. Injustiças no cotidiano escolar: percepções de membros de uma escola pública. *Psicol. Esc. Educ.*, Campinas, v. 11, n. 2, p. 353-64, 2007.

BRASIL. MEC. Secretaria de Educação Fundamental. Parâmetros Curriculares Nacionais: primeiro e segundo ciclos do ensino fundamental. Apresentação dos temas transversais, *Ética*. Brasília: MEC/SEF, 1997.

_____. MEC. Secretaria de Educação Fundamental. Parâmetros Curriculares Nacionais: terceiro e quarto ciclos do ensino fundamental. Apresentação dos temas transversais, *Ética*. Brasília: MEC/SEF, 1998.

BUXARRAIS, M.R. *La formación del professorado en educación en valores*: propuesta y materiais. Bilbao: Editorial Desclée de Brouwer, 1997.

COLL, C. A psicologia da educação: uma disciplina aplicada. In: _____ (Org.). *Psicologia da educação*. Porto Alegre: Artes Médicas, 1999. p. 13-69.

_____. Psicologia, educação e psicologia da educação. In: _____; MARCHESI, A.; PALACIOS, J. *Desenvolvimento psicológico e educação*. Porto Alegre: Artes Médicas, 2004. p. 19-44, v. 2.

DeVRIES, R.; ZAN, B. *A ética na educação infantil*: o ambiente sociomoral na escola. Porto Alegre: Artes Médicas, 1998.

KOHLBERG, L. *Psicologia del desarrollo moral*. Bilbao: Editorial Desclés de Brouwer, 1992.

_____; POWER, F. C.; HIGGINS, A.; *La educación moral*. Segundo Lawrence Kohlberg. Barcelona: Editorial Gedisa, 1997.

LEPRE, R. M. *A indisciplina na escola e os estágios de desenvolvimento moral na teoria de Jean Piaget.* Dissertação (Mestrado em Educação) — Curso de Pós-graduação em Educação, Universidade Estadual Paulista, Marília, 2001.

LUKJANENKO, M. F. S. P. *Um estudo sobre a relação entre o julgamento moral do professor e o ambiente escolar por ele proporcionado.* Dissertação (Mestrado em Educação) — Universidade Estadual de Campinas, Campinas, 1995.

_____. *A reciprocidade moral*: avaliação e implicações educacionais. Tese (Doutorado em Educação) — Universidade Estadual de Campinas, Campinas, 2001.

MENIN, M. S. de S. *Autonomia e heteronomia às regras escolares*: observações e entrevistas na escola. 1985. Dissertação (Mestrado em Psicologia Escolar e do Desenvolvimento Humano) — Universidade de São Paulo, São Paulo, 1985.

MENIN, M. S. de S. Valores na escola. *Revista Educação e Pesquisa*, São Paulo, v. 28, n. 1, p. 91-100, jan./jun. 2002.

MIRANDA, M. G. A Psicologia da Educação na perspectiva da relação teoria e prática. MIRANDA, M. G.; RESENDE, A. C. A. (Org.). *Escritos de psicologia, educação e cultura*. Goiânia: Ed. da UCG, 2008. p 19-33.

PIAGET, J. Os procedimentos da educação moral. In: PARRAT-DAYAN, S.; TRYPHON, A. (Orgs.). *Jean Piaget. Sobre a pedagogia*. Textos inéditos. São Paulo: Casa do Psicólogo, 1998. p. 26-58.

_____. *O juízo moral na criança*. São Paulo: Summus. 1994.

PUIG, J. M. *Ética e valores*: métodos para um ensino transversal. São Paulo: Casa do Psicólogo, 1998.

_____; MARTÍN, X.; ESCARDIBUL, S.; NOVELLA, A. M. *Democracia e participação escolar*: propostas de atividades. São Paulo: Moderna, 2000. (Col. Educação em Pauta.)

TOGNETTA, L. R. P.; VINHA, T. P. V. *Quando a escola é democrática*: um olhar sobre a prática das regras e de assembleias na escola. Campinas: Mercado das Letras, 2007.

VIVALDI, F. M. C.; DELL'AGLI, B. A. V. Sentimentos sobre a Escola Presentes em Estudantes com e sem Histórico de Fracasso. *Schème*, v. 4, n. 1, p. 167-191, jan./jul. 2012. Disponível em: http://www2.marilia.unesp.br/revistas/index.php/scheme/article/viewFile/2401/1954. Acesso em: ago. 2013.

13

Educação em valores morais:
uma análise de três experiências no Espírito Santo*

Iúna, Aracruz e Venda Nova do Imigrante/ES
Heloisa Moulin de Alencar[**]
Barbara Frigini De Marchi[***]
Leandra Lúcia Moraes Couto[****]
Mariana Santolin Romaneli
Mayara Gama de Lima

O presente capítulo aborda experiências obtidas no estado do Espírito Santo como parte da pesquisa "Projetos bem-sucedidos de

---

* Agradecemos à professora Luciana Souza Borges por ter participado do presente estudo até o momento da finalização da coleta dos dados.

** Psicóloga, professora do Departamento de Psicologia Social e do Desenvolvimento, e do Programa de Pós-Graduação em Psicologia da Universidade Federal do Espírito Santo (PPGP/UFES).

*** Foi aluna do Programa Institucional de Iniciação Científica e cursa Psicologia na UFES.

**** Leandra Lúcia Moraes Couto, Mariana Santolin Romaneli e Mayara Gama de Lima são psicólogas e mestrandas do PPGP/UFES.

PROJETOS BEM-SUCEDIDOS DE EDUCAÇÃO EM VALORES 239

educação em valores morais: em busca de experiências brasileiras". O Espírito Santo está situado na região Sudeste do país e faz divisa com os estados de Minas Gerais, Rio de Janeiro e Bahia. É formado pela união de 78 municípios e está dividido geograficamente em quatro mesorregiões: Central, Sul, Litoral Norte e Noroeste (IBGE, 2009).

Neste estado, a partir de uma lista disponibilizada pela Secretaria Estadual de Educação (SEDU), selecionamos as escolas de Ensinos Fundamental (5ª a 8ª série) e Médio, totalizando 367 escolas. Enviamos para cada um desses locais, via correio, um envelope contendo dois questionários. A pesquisa contou com os dados de 92 questionários, sendo 47 respondidos pelos profissionais de forma *on-line* e 45 de forma impressa. Entre estes, apenas 68 continham relatos de experiências de educação em valores morais.

Diante dos relatos obtidos, selecionamos três experiências que se destacaram como "bem-sucedidas", a fim de descrevê-las mais profundamente. Com esta finalidade, visitamos as escolas e realizamos entrevistas semiestruturadas com propositores e participantes das referidas experiências. Dessa forma, entrevistamos coordenadores, diretores, professores, alunos, funcionários das escolas, membros da comunidade externa e familiares dos alunos.

Para a apresentação e discussão das experiências, dividimos o presente capítulo em cinco partes. Na primeira, descrevemos brevemente as três experiências de educação em valores morais no Espírito Santo.[1] Na segunda, apresentamos diversos temas e/ou conteúdos que podem ser trabalhados tanto no que se refere à Psicologia da Moralidade como à educação em valores morais, e, em seguida, analisamos as referidas experiências no que diz respeito a alguns dos conteúdos envolvidos na execução dos projetos ora apresentados. Na terceira,

---

1. Agradecemos a acolhida e a significativa colaboração dos participantes entrevistados, sem os quais não seria possível este estudo e o presente capítulo. Especial gratidão às seguintes relatoras: Diná S. de Barros (E.E.E.M. Santíssima Trindade); Ariadne Z. Duarte, Idenir M. N. Nascimento, Luciana L. Peres e Patrícia R. S. de Souza (E.E.E.M. Misael Pinto Netto); Celina J. Moreira (E.E.E.F.M. Fioravante Caliman). Esclarecemos, ainda, que o conteúdo dos relatos apresentados corresponde ao período da coleta de dados do presente estudo.

discutimos vários dos procedimentos por meio dos quais pode ser realizada a educação em valores morais, destacando aspectos presentes nas três experiências. Na quarta, analisamos as dificuldades e os limites encontrados nas experiências relatadas. Por fim, tecemos as considerações finais sobre este estudo, ressaltando alguns dos pontos negativos e positivos das práticas analisadas no presente capítulo.

1. Três experiências de educação em valores morais no Espírito Santo

1.1 Projeto "Safra do Café"

Iniciamos com a descrição de três experiências de educação em valores morais no Espírito Santo. A primeira experiência de educação a ser descrita ocorreu na Escola Estadual de Ensino Médio Santíssima Trindade, localizada no município de Iúna. Esta prática diz respeito a um projeto denominado "Safra do Café", que chamou a atenção dos pesquisadores por trabalhar os valores de maneira relacionada ao contexto sociocultural dos alunos; fazer parte de uma planificação ampla e formal da escola, inclusive estando presente no projeto pedagógico desta; acontecer via métodos democráticos, com participação de toda a comunidade escolar; e ser realizado por quatro anos consecutivos. Para sua descrição, entrevistamos a diretora da escola (coordenadora e idealizadora do projeto), uma professora, quatro alunos, um membro da comunidade externa e o pai de um aluno da escola.

No que se refere ao *contexto* da referida instituição, é importante mencionar que ela está situada em um distrito pertencente à mesorregião sul do estado, tendo sido fundada em 2006. A maior riqueza da economia local é o café, gerador de emprego e renda. A escola é a única que oferece Ensino Médio no distrito e funciona no período noturno. A instituição atende, assim, a 107 alunos, entre o 1º e o 3º ano

PROJETOS BEM-SUCEDIDOS DE EDUCAÇÃO EM VALORES

do Ensino Médio, e conta com um corpo docente de treze profissionais, contratados por meio de designação temporária.

O projeto teve início em 2007, idealizado pela diretora da escola para prevenir a incidência do alto índice de evasão escolar, resultante do trabalho dos alunos no campo durante a colheita do café. Nesse período, os alunos apresentavam desânimo em estudar, além de vergonha em dizer que eram trabalhadores rurais. Antes do projeto, a escola iniciava o ano letivo com 130 alunos e terminava com aproximadamente metade desse número.

Esse projeto foi motivado, então, pelo fato de vários alunos abandonarem a escola no período da safra do café, costume justificado pelo trabalho árduo e improvisado que os envolve por cerca de três meses. Depois desse período, às vezes endividado e/ou doente, o aluno esperava pelo início do ano letivo seguinte para retomar os estudos. Dessa forma, a escola estabelecia como solução o oferecimento de suporte para o trabalho que os alunos precisavam realizar por ocasião da safra de café e, como retorno, exigia a permanência desses alunos na escola. Por outras palavras, a escola atuava como colaboradora ao instruir o trabalhador, que muitas vezes não sabia como melhor aproveitar a sua renda, deixando, assim, de ter um ganho real.

No início, foi realizado um levantamento com os alunos sobre a jornada de trabalho necessária para a colheita do café e sobre os seus horários de aula. Assim, por meio de um questionário, os alunos responderam, entre outras perguntas, a questões relativas aos seguintes conteúdos: se trabalhavam na lavoura; caso trabalhassem, quais atividades desenvolviam; qual o horário de saída do trabalho; em que horário chegavam em casa após o trabalho; que condução utilizavam para ir à escola; de que ajuda necessitavam para poder permanecer na escola. Posteriormente, esses alunos foram atendidos individualmente para tratar dessas questões. Assim, como primeira ação resultante do diagnóstico do problema da evasão, todos os professores foram avisados de que alguns alunos não estariam presentes no início das aulas, necessitando, portanto, de algum tempo de tolerância, tendo em vista seu horário de trabalho no campo.

Com a realização do levantamento das necessidades dos estudantes e o posterior prognóstico, detectou-se o desafio a ser enfrentado pela escola. Dessa forma, a diretora começou a elaborar o projeto, juntamente com os professores e o pedagogo da instituição. Em seguida, os alunos foram informados sobre os objetivos e orientados sobre as atividades propostas no planejamento. A partir dessa abordagem inicial, os estudantes passaram a participar da construção do projeto propriamente dito. Destacamos que os profissionais envolvidos na realização desse projeto não receberam formação específica para sua realização.

Participaram do projeto a diretora, professores, alunos, funcionários, pais de alunos e a comunidade externa. Um dos objetivos que se propuseram alcançar foi promover a aproximação da escola com a comunidade local. Dessa forma, a experiência ocorreu no convívio escolar, possibilitada, principalmente, pelo desenvolvimento de subprojetos.

Os temas dos subprojetos, realizados a cada ano, foram planejados pelos professores e discutidos, posteriormente, com os alunos. Foram eles: "Trabalho e sabor", "Lucros e bênçãos", "Consciência, voz e talento", "Poesias", "A gente quer valer nosso suor", "Como está sua alimentação?", "Vidas que surgiram das mãos", "Crônicas", "Sustentabilidade ecológica", "Caparaó", "Mapeamento agropecuário", "Fique esperto, espere o tempo certo", "Sistemas ecológicos", "Copa e café", "Copa 2010", "Quadrilha em crônica", "Prevenção e saúde" e "Alimentação e cultura". Os conteúdos trabalhados por meio das atividades estavam sempre relacionados ao contexto sociocultural dos escolares. Nesse sentido, envolveram a valorização do trabalho específico da safra do café, devido à vergonha de ser trabalhador rural, e buscaram a melhoria do autorrespeito e da autoestima dos trabalhadores. Além disso, o projeto preocupou-se em realizar o levantamento dos gastos com a produção do café, do ponto de vista do proprietário e do meeiro, em propiciar a conscientização ambiental e, acima de tudo, em buscar a valorização da cultura local.

Os procedimentos foram trabalhados e discutidos entre professores e alunos. A partir desse diálogo, de debates e discussões, a melhor

PROJETOS BEM-SUCEDIDOS DE EDUCAÇÃO EM VALORES 243

proposta de execução foi escolhida. Conforme mencionado anteriormente, a experiência ocorreu no convívio escolar, possibilitada, principalmente, pelo desenvolvimento de subprojetos. Outros meios utilizados foram a transversalidade dos conteúdos nas diversas matérias escolares e das disciplinas de Sociologia e Filosofia.

Durante os quatro anos de desenvolvimento do projeto, foram realizadas atividades, tais como exposições, montagem de maquetes, apresentação de poesias, teatro de fantoches e peças teatrais, além de entrevistas, crônicas, textos, músicas e paródias. Uma das atividades que se repetiu nos quatro anos de projeto foi a "mostra culinária": apresentação e degustação de pratos que levam o café em sua produção, e orientação sobre a alimentação necessária ao trabalhador rural.

Os alunos vinculados ao projeto contaram com a participação da comunidade externa nos momentos tanto de confecção quanto de exposição dos trabalhos realizados. Foram desenvolvidas atividades de pesquisa sobre objetos ligados à produção do café ou confeccionados a partir de sua madeira, além de entrevistas com os moradores da comunidade.

Uma professora revelou que, no início, apresentou resistência em executar o projeto, por considerar que ministrar aula resumia-se à difusão de conteúdo e que, dessa forma, trabalhar com o projeto, por exemplo, seria perder muito tempo. Entretanto, com o desenvolvimento da experiência, ela passou a perceber que os alunos aprendiam mais ao desempenhar as tarefas para o projeto do que com a prática do "quadro e giz".

Uma das principais dificuldades apontadas por alunos, professores, familiares e a própria direção escolar é o fato de o aluno ser também trabalhador e, por isso, não ter tempo suficiente para dedicar-se aos estudos. No contexto de uma escola situada na zona rural, a maior parte dos alunos reside em localidades distantes. Por terem que trabalhar durante todo o dia na plantação de café e só poderem voltar para casa no final do dia, já chegam bastante cansados à escola no início da noite. Além disso, devido à distância entre a residência e a escola, os alunos dependem de transporte específico, de modo que cheguem a tempo para o início das aulas. Essa situação torna-se ainda mais complexa quando os alunos são solicitados a levar algo diferente para a escola, ou a realizar alguma visita externa com o objetivo de entrevistar alguém. Nesses casos, há necessidade de se solicitar transporte para tais finalidades, o que implica mais um desafio para a instituição escolar.

Outra dificuldade citada refere-se ao horário das reuniões de professores para o planejamento das atividades, já que a maioria deles leciona em três horários e em escolas distintas. Com vistas a contornar essa situação, a diretora sugeriu que o planejamento fosse elaborado pelo grupo de professores de determinado turno, em dias diferentes. Nesse caso, seu papel passou a ser o de intermediária nas possíveis discussões que advêm desses momentos. Quanto aos alunos, foram orientados a se reunirem no horário do recreio, de forma que pudessem discutir as questões relativas à continuidade e ao bom funcionamento do projeto.

Um dos principais resultados alcançados com a realização do projeto foi a erradicação da evasão escolar, ou seja, a garantia da permanência do aluno na escola. A evasão dos alunos diminuiu gradativamente, de tal modo que, em 2010, não houve relatos de estudantes que tivessem abandonado a escola por causa do trabalho. Além disso, também pôde ser constatada uma redução no índice de reprovação escolar.

Com a erradicação da evasão escolar e maior participação dos alunos na escola também foi possível verificar uma melhora no desempenho desses alunos em avaliações do Exame Nacional do Ensino Médio (ENEM) e do Programa de Avaliação da Educação Básica do Espírito Santo (PAEBES), por exemplo. Esses resultados valorizaram a escola diante da comunidade, que passou a participar de forma mais frequente da dinâmica da instituição.

Os alunos e toda a comunidade passaram a acreditar no ensino ministrado pela escola, considerando que ela poderia oportunizar-lhes melhores condições de vida. Os estudantes que participaram do projeto mencionaram a possibilidade de poder aplicar os conhecimentos

PROJETOS BEM-SUCEDIDOS DE EDUCAÇÃO EM VALORES

adquiridos na escola em sua realidade cotidiana. Ademais, informaram a respeito das mudanças ocorridas no relacionamento entre si e entre eles e os professores, o que proporcionou o respeito mútuo.

Ademais, verificamos outros resultados: (1) valorização da própria cultura; (2) superação do sentimento de vergonha quanto a ser trabalhador rural; (3) desenvolvimento do autorrespeito e da autoestima; (4) criação de condições propícias para o exercício da cidadania, com conhecimento de direitos e deveres; (5) aumento da responsabilidade e do conhecimento dos limites; (6) valorização e incremento da solidariedade; e (7) estabelecimento de projetos de vida, como, por exemplo, o de cursar o ensino superior, que levaria os alunos a ter esperança em uma vida melhor e a considerar a possibilidade de serem pessoas melhores, ou seja, busca de representação de si mesmo com valor positivo.

No que diz respeito à avaliação do projeto, era realizada nos conselhos de classe, mas sem registro escrito. Quanto ao desempenho dos alunos, era realizada uma avaliação em sala de aula, por meio de relatórios redigidos por eles.

1.2 Projeto "Resgatando valores"

A segunda experiência de educação a ser abordada, intitulada "Resgatando valores", foi escolhida por também estar contemplada no Projeto Político-Pedagógico da escola na qual ocorreu, além de ter tido uma duração de três anos, trabalhar os valores morais em consonância com a realidade social, política e econômica do corpo discente, e contar com a participação da comunidade escolar. Trata-se de uma experiência que aconteceu na Escola Estadual de Ensino Médio Misael Pinto Netto, localizada no município de Aracruz. Para sua descrição, entrevistamos a ex-diretora da escola, a diretora atual, uma supervisora pedagógica, uma pedagoga (coordenadora e idealizadora do projeto), duas professoras, uma auxiliar de secretaria e três alunos.

A escola em questão tem como contexto a mesorregião Litoral Norte e atende ao Ensino Médio na modalidade de ensino regular, nos turnos matutino, vespertino e noturno, e o EJA (Educação para Jovens e Adultos) no período noturno. Recebe alunos de todos os bairros e distritos do município, com um total de 1.170, sendo a maior parte deles proveniente da classe média baixa. No entanto, a faixa etária da clientela escolar é diversificada, com a presença de idosos no EJA e de adolescentes no Ensino Médio regular. O nível socioeconômico dos alunos também é variado. A instituição conta com 42 professores, sendo a maioria contratada pelo regime de designação temporária.

O projeto, que foi idealizado pela então pedagoga do colégio e teve início em 2007, foi destinado apenas ao turno noturno, tendo sido interrompido no ano de 2009. Vale destacar que os profissionais envolvidos não receberam formação específica para sua realização. Esse projeto foi *motivado* por reclamações dos profissionais de educação do turno em questão, feitas em reuniões, conselhos de classe e outros encontros acerca dos desafios em sala de aula no que tange ao comportamento dos alunos, como a evasão, o desinteresse, o cansaço e as dificuldades de aprendizagem. A maior insatisfação referia-se à falta de respeito que enfrentavam tais profissionais no dia a dia da sala de aula. Falta de respeito entre os próprios alunos e, também, para com os professores. Além disso, valores como amizade e solidariedade foram deixados de lado, o que dificultava a convivência escolar.

Diante desse quadro, implementou-se o projeto com o apoio de 18 professores, a fim de alcançar os propósitos que se seguem: resgatar a autoestima e o autorrespeito dos alunos; reconhecer e valorizar as diferenças de cada um; promover sensibilização para que haja mudança de comportamento e atitudes; e refletir sobre a importância da boa convivência, partindo da necessidade da prática dos valores. Para tanto, os temas abordados foram os mais variados: drogas, sexualidade, direitos da mulher, perspectiva de vida, culturas, entre outros. Além dos temas listados, as atividades envolveram conteúdos como respeito, cooperação, autoestima, autorrespeito e vergonha de ser aluno da escola em questão.

PROJETOS BEM-SUCEDIDOS DE EDUCAÇÃO EM VALORES 247

Quanto aos procedimentos adotados, a pedagoga elaborava as atividades a partir das sugestões dadas pelos professores. Ela montou uma pasta com o nome do projeto, na qual guardava todas as sugestões de atividades e a deixava na mesa da sala de professores para consulta. A primeira delas consistiu numa reflexão com mensagem e contava como atividade avaliativa, pois a escola considera que tudo que o aluno faz tem valor. A iniciativa de dar nota às atividades tinha como intuito envolver os alunos no projeto, o que, segundo a pedagoga, foi conseguido com sucesso, tanto que, ao final do ano, mesmo aqueles que já haviam sido aprovados, participavam das atividades propostas com grande prazer.

A execução e o andamento do projeto foram de responsabilidade de toda a comunidade escolar, mais diretamente dos professores, pois eles exerciam o papel de mediadores. Dessa forma, cabia a eles criarem situações, por meio das atividades propostas, em que os alunos pudessem se expressar. Os demais funcionários davam suporte, por meio de materiais, às atividades desenvolvidas, assegurando a estrutura necessária. Quanto às famílias dos alunos, elas tiveram participação restrita, que se resumia a prestigiar os eventos. A escola não contou oficialmente com parcerias externas, mas recebeu o apoio de várias pessoas, como médicos, pastores, padres, policiais e psicólogos da comunidade, nas atividades, principalmente em palestras.

O projeto foi apresentado aos alunos e eles foram convidados a participar. Conforme relato da pedagoga, os alunos acolheram a ideia de o desenvolverem e não apresentaram rejeição. Eles, inclusive, apontaram benefícios oriundos deste projeto, tais como maior entrosamento entre os colegas de classe e maior interesse em frequentar as aulas. Vale lembrar que grande parte deles trabalhava durante o dia e estudava à noite, chegando cansados e estressados à escola. A diversificação das aulas, com a introdução do projeto, atraiu os alunos e contou com grande engajamento.

Entre as atividades desenvolvidas, destacaram-se os desfiles, as danças, as paródias, as visitas — à Câmara Municipal e à Casa de Cultura do município, por exemplo — as idas ao cinema, as dinâmicas, as palestras, a mostra cultural e peças teatrais. Um dos alunos entrevistados versou, ainda, sobre a possibilidade de se entrar em contato com outras culturas e conhecer lugares novos. A culminância do primeiro ano de atividades, em dezembro de 2007, foi uma atividade marcante na opinião da idealizadora do projeto. Nessa ocasião, todo o trabalho construído em um ano pôde ser apresentado na Câmara Municipal da cidade.

Uma das dificuldades enfrentadas se referiu à reforma por que passou o prédio da escola no primeiro ano do projeto. Ela funcionava, então, provisoriamente, nas instalações da antiga prefeitura. Os gestores da escola, bem como as professoras entrevistadas, disseram que essa foi uma etapa delicada e difícil, pois, por dois anos, o colégio teve que funcionar em um prédio bastante danificado e antigo. A despeito das péssimas instalações do edifício, os professores precisavam manter elevados o autorrespeito e a autoestima dos alunos.

As professoras entrevistadas acrescentam que, durante uma semana do período em que o colégio funcionou no outro prédio, eles tiveram que dividir o espaço físico com os idosos do asilo, pois a fundação que os acolhia também estava sendo reformada na época. Assim, algumas salas eram ocupadas pelos alunos, enquanto outras eram de uso dos idosos. A situação foi difícil, porque os idosos dormiam cedo e a escola funcionava até às 22 horas e 20 minutos. Assim, as professoras precisavam controlar o tom de voz dos alunos para não atrapalhá-los.

No decorrer da entrevista, a pedagoga relata algumas dificuldades ligadas à participação do corpo docente. Ela explica que alguns professores mais tradicionais apresentaram resistência em executar o projeto, por considerarem que dar aula resume-se à transmissão de conteúdo e que, dessa forma, trabalhar com mensagens, por exemplo, seria perder muito tempo. Diante disso, quando a pedagoga perguntava sobre as atividades do projeto, esses professores diziam ter se esquecido. Todavia, acontecia, interessantemente, que quando esses episódios ocorriam, os alunos se dirigiam à pedagoga questionando o porquê de outras turmas terem trabalhado certos temas e eles não, o

PROJETOS BEM-SUCEDIDOS DE EDUCAÇÃO EM VALORES

que, mais uma vez, demonstra o envolvimento dos estudantes. Além disso, esses professores não costumavam participar dos planejamentos, uma vez que sua carga horária era extensa e tinham que se locomover de uma escola para outra para lecionar. Numa tentativa de aproximar esses profissionais do projeto, a pedagoga costumava reunir-se com eles em particular, para colocá-los a par do andamento das atividades.

Visando facilitar o aprendizado dos alunos, os professores se esforçavam em aproximar os conteúdos escolares da realidade dos estudantes. A idealizadora do projeto apresentou como exemplo uma professora de Matemática que tentava ensinar "análise combinatória" ao EJA e cujos alunos tinham bastante dificuldade em assimilar o conteúdo. A professora, então, teve a ideia de ensiná-los por meio do gênero musical *forró*: ordenava que cada um fizesse par com algum colega e assim por diante. Os alunos dançavam e aprendiam o conteúdo de forma lúdica.

Como resultado do projeto, a visão que a sociedade local tinha da escola mudou. Antes de sua implantação e de seus primeiros resultados positivos, a qualidade da escola era vista como duvidosa e se acreditava que qualquer aluno, se empenhando ou não, passava de ano. Houve, também, diminuição do índice de evasão e, praticamente, nenhuma reprovação, o que ocorria com frequência antes de o projeto ser implantado.

A idealizadora do projeto lembra com grande entusiasmo de um dos desfiles que fizeram. O tema, naquela ocasião, foi "Garoto e Garota Misael." Apesar do título, que nos sugere um desfile de beleza, não foram escolhidos os alunos considerados mais belos para participarem. Ao contrário, desfilou quem realmente se sentia representante do colégio, o que nos remete ao sentimento de pertencimento e, consequentemente, ao autorrespeito.

Outro resultado de destaque referiu-se a um concurso de redação promovido por uma exposição científica. A pedagoga relata, a respeito dos alunos, que, mesmo tendo sido instigados pela professora de Português, inicialmente não demonstraram interesse em participar, alegando que não tinham chances de ganhar e que, por isso, só perderiam tempo redigindo um texto. Entretanto, a professora convenceu-os e enviou as produções para concorrerem. Um aluno do 3º ano venceu a etapa estadual do concurso. Houve uma cerimônia de premiação em Vitória (ES), com a presença do então governador do estado e outras autoridades. Na ocasião, a família do aluno e funcionários da escola, entre eles a professora orientadora da redação, compareceram para prestigiar o vencedor. Aqui vemos a presença da autoestima e, mais uma vez, do autorrespeito.

Outro resultado marcante foi a mobilização dos estudantes para ajudar um colega que enfrentava problemas financeiros e pretendia interromper os estudos para ter mais tempo livre para trabalhar. Os alunos se reuniram e, todo mês, durante um trimestre, doaram uma cesta básica ao colega, até o dia em que ele foi capaz de firmar seu comércio novamente. Esse fato aponta para o vínculo de solidariedade e cooperação que os estudantes estabeleceram entre si, unindo-se e ajudando-se mutuamente para o bem de outrem.

Quanto à avaliação do projeto, no primeiro ano, os alunos deram sua opinião por escrito, de forma livre. Nos demais, a avaliação se deu em sala de aula com os professores, apenas oralmente. Já com os docentes, a avaliação do projeto ocorria constantemente, por meio de conversas formais e informais, sem registro escrito. Segundo os gestores da escola entrevistados, a união do grupo de funcionários e de alunos colaborou muito para o sucesso do projeto.

1.3 Projeto "Histórias e memórias: a trajetória do povo negro em Venda Nova do Imigrante"

Por fim, apresentamos a terceira experiência de educação em valores morais, intitulada "Histórias e Memórias: a trajetória do povo negro em Venda Nova do Imigrante", que ocorreu na Escola Estadual de Ensino Fundamental e Médio Fioravante Caliman, no município de Venda Nova do Imigrante. Sua escolha foi baseada nos seguintes

PROJETOS BEM-SUCEDIDOS DE EDUCAÇÃO EM VALORES

251

critérios: teve finalidades claras voltadas à educação de valores morais e/ou princípios éticos; aconteceu de forma democrática, com participação da comunidade escolar; e perdurou por aproximadamente 24 meses. Para a descrição da experiência, realizamos entrevistas com a coordenadora e idealizadora do projeto (professora das disciplinas de História e Filosofia), uma professora de Português e oito alunos.

A escola que visitamos oferece ensino fundamental (5ª a 8ª série) e médio, funciona nos três turnos, atende aproximadamente 1.300 alunos e possui cerca de 40 professores, igualmente divididos quanto à forma de contratação (designação temporária e efetivos). Ela se localiza em um município pertencente à mesorregião central do Espírito Santo, com forte influência da cultura dos ancestrais italianos (*contexto*). Um exemplo dessa influência pode ser visto nas festas da colônia, que resgatam a cultura italiana com atrações como danças, músicas e comidas típicas. Assim, outras culturas presentes no município são desvalorizadas.

Essa foi, portanto, uma das motivações do projeto de educação em valores morais, que teve por objetivo pesquisar e resgatar a trajetória dos afrodescendentes residentes no referido município. Além disso, a coordenadora do projeto estava fazendo um curso sobre *Diversidade Cultural* na Universidade Federal do Espírito Santo (UFES), em parceria com a SEDU, e trabalhando com os alunos de Filosofia os seguintes temas: ética, cidadania e moral. Quanto aos conteúdos que o projeto envolveu, houve dois públicos-alvo: os alunos e as famílias de descendência negra, e os alunos de geração italiana. Com o primeiro grupo, o projeto trabalhou os seguintes conteúdos: autorrespeito, autoestima e a vergonha de ser negro. Já com os estudantes italianos, foi ressaltado o respeito à pessoa de outra cultura e etnia. Embora tenhamos destacado que a coordenadora estava fazendo um curso de diversidade cultural, cumpre ressaltar que ele não se caracterizou como uma formação para a implantação da experiência de educação em valores morais.

Por meio de um trabalho realizado com famílias afrodescendentes, o projeto buscou proporcionar aos alunos um olhar sobre a cultura do outro. A experiência foi realizada em duas etapas. A primeira, no ano de 2009, quando os alunos estavam no segundo ano do Ensino Médio; a segunda, em 2010, quando já estavam no terceiro ano. Participaram 120 estudantes, divididos em 26 grupos. Além dos discentes e de quatro docentes envolvidos, familiares de alunos também auxiliaram no apoio às resoluções dos problemas que surgiram na execução do trabalho. As atividades desenvolvidas no projeto fizeram parte da avaliação de algumas disciplinas, como Filosofia, Artes, Sociologia, História e Português, mas os estudantes poderiam escolher não participar do projeto. No entanto, seriam avaliados de forma diferente, com outros trabalhos. Constatamos que apenas quatro deles não quiseram participar.

No que diz respeito ao contexto escolar antes de a experiência de educação em valores morais ser efetuada, a coordenadora do projeto nos relatou que os alunos de descendência afro sentiam medo e vergonha por estarem falando sobre sua cultura, além de não assumirem suas raízes étnicas. Quanto aos estudantes de origem italiana, foi verificada uma incompreensão acerca de outra cultura, isto é, eles apresentavam uma dificuldade em pensar a diferença, de ver o mundo com os olhos dos outros.

No início, o primeiro procedimento adotado foi a seleção das famílias afrodescendentes de acordo com o tempo que residiam no município, o qual deveria ser superior à emancipação em 1988. Identificamos um total de 28 famílias com esse perfil. Na primeira etapa, foi realizado o levantamento dessas famílias para, posteriormente, ser feito o contato com elas. Nessa visita inicial, era explicitado o projeto de educação em valores morais, para obter o consentimento das famílias na participação deste. Após essa fase, os alunos deveriam providenciar uma foto com o maior número de membros dessas famílias.

Na segunda etapa, os grupos de alunos tinham a tarefa de fazer novas fotos das famílias, solicitar documentos pessoais, buscar informações para a construção de uma árvore genealógica e produzir um texto, que era uma síntese dos relatos e experiências contadas pelas

PROJETOS BEM-SUCEDIDOS DE EDUCAÇÃO EM VALORES 253

famílias participantes do projeto. Cada grupo produziu um CD com todo o material pesquisado. Foram 28 CDs, que continham fotos das famílias, árvores genealógicas, documentos pessoais, foto dos grupos de estudantes e o relato das histórias das famílias. Esses relatos compreendiam as seguintes informações: chegada da família ao município; origem, trajetória e desenvolvimento das famílias; conquistas e dificuldades passadas no município. Assim, os discentes frequentaram a casa desses afrodescendentes com o intuito de obter os dados dos participantes e adentrar uma nova cultura.

Durante a realização da experiência, houve duas sessões extraordinárias na Câmara de Vereadores do município, em que as famílias foram homenageadas com um certificado de reconhecimento e a coordenadora do projeto teve a oportunidade de discursar sobre a importância da cultura africana no Brasil e no município. Além disso, ao final do projeto, foi publicado um livro que retrata a história das 28 famílias afrodescendentes entrevistadas pelos estudantes.

No percurso do projeto, algumas dificuldades foram encontradas. Uma delas foi, no começo, a baixa adesão dos alunos de descendência italiana, devido à não compreensão da necessidade de estudar outra cultura. Referente às famílias afrodescendentes que teriam sua história pesquisada e descrita, foram constatados, inicialmente, alguns sentimentos de não aceitação, como vergonha, o fato de não se reconhecer como pertencente a sua própria etnia e o medo de se expor, de ser mal interpretado e ridicularizado. Houve também relatos de famílias que não queriam participar, pois estavam com medo de serem comparadas a um "macaco", personagem de uma novela transmitida na época.

Para os alunos, uma das dificuldades encontradas foi o acesso a essas famílias, que, inicialmente, permaneciam "fechadas", por receio de se exporem. Também foi citada, como obstáculo, a disponibilidade de os estudantes se reunirem com todos os membros do grupo, pois muitos trabalhavam. Do mesmo modo, eles encontraram algumas dificuldades na construção das árvores genealógicas, já que muitos familiares antigos haviam morrido e muitos não se lembravam dos nomes de seus avós e bisavós.

Conforme esses problemas apareciam, a estratégia utilizada para resolver tais conflitos foi o diálogo, isto é, conversar com o grupo de alunos que não aderiram ao projeto, ir à casa das famílias para apresentar a experiência de educação em valores morais e ouvi-los quanto às dúvidas sobre a participação no trabalho.

No que concerne aos resultados do projeto, citaremos os mais relevantes. Entre eles, podemos explicitar o reconhecimento da importância das famílias afro-brasileiras para a história do município, que estavam sem nenhum registro. Por outro lado, podemos constatar, nos trechos das entrevistas dos estudantes, que as atividades realizadas favoreceram o desenvolvimento da cooperação e da autonomia, uma vez que os alunos se uniram para solucionar as dificuldades que apareceram durante a realização do trabalho. Ademais, passaram a conversar sobre racismo e assuntos relacionados à etnia negra com maior liberdade, do mesmo modo os estudantes negros assumiam-se com maior segurança, sem receio de admitirem a sua identidade. Eles relataram que se sentiram valorizados e reconhecidos depois do trabalho. Outro aspecto verificado foi um maior cuidado e consideração dos discentes ao se referirem às pessoas negras, além de uma superação, pois, inicialmente, quando os alunos foram apresentados à experiência de educação em valores morais, alguns estavam resistentes, mas com o passar do tempo de convivência com as famílias pesquisadas, o respeito e o carinho entre eles aumentaram.

Quanto à avaliação do projeto, não houve uma análise formal. Portanto, não existe registro das análises feitas. Segundo as docentes envolvidas, foram realizadas avaliações dentro da sala de aula com os alunos, de cada etapa, nas disciplinas envolvidas.

2. Temas e conteúdos de Educação em Valores Morais: análise sobre os projetos

Após descrevermos brevemente as três experiências de educação em valores morais visitadas, apresentamos diversos **temas e/ou con-**

teúdos que podem ser trabalhados tanto no que se refere à Psicologia da Moralidade como aqueles referentes à educação em valores morais. Em seguida, analisamos as experiências que acabamos de relatar no que diz respeito a alguns dos conteúdos envolvidos na sua execução.

A Psicologia da Moralidade é a "ciência preocupada em desvendar por que processos mentais uma pessoa chega a intimamente legitimar, ou não, regras, princípios e valores morais" (La Taille, 2006a, p. 9). Neste campo, destacamos as descobertas de Jean Piaget, pioneiro nas pesquisas sobre moralidade e cuja obra é referência para os estudiosos da área.

De acordo com Piaget (1932/1994), "toda moral consiste num sistema de regras, e a essência de toda moralidade deve ser procurada no respeito que o indivíduo adquire por essas regras" (Piaget, 1932/1994, p. 23). Dessa maneira, o respeito constitui um dos sentimentos fundamentais que possibilita a aquisição das noções morais. Segundo o autor, há um desenvolvimento da moralidade humana em que as crianças passam de uma fase de anomia para heteronomia, podendo chegar à autonomia.

A anomia caracteriza-se por um período em que as crianças não estão inseridas na vivência da moralidade, ou seja, elas ainda não possuem a consciência das regras, apenas possuem hábitos de conduta. Quando a criança passa a compreender a dimensão do dever, do bem e do mal, significa que a moral começa a fazer parte do seu universo de valores. Essa fase é denominada heteronomia, na qual a moral é a do respeito unilateral, pois a fonte da legitimação das regras caracteriza-se pela referência à autoridade, em uma relação de coação. Já a moral autônoma é a moral da justiça e do respeito mútuo, em que prevalecem as relações de cooperação (Piaget, 1932/1994; La Taille, 2006a). Concordamos com La Taille (2006a, p. 98) quando diz que "enquanto na heteronomia uma regra é moralmente boa porque a ela se deve obedecer, na autonomia o raciocínio inverte-se: deve-se obedecer a uma regra porque ela é boa". Ressaltamos que Piaget (1932/1994) afirma que nenhuma criança é totalmente heterônoma ou autônoma, o que há é uma tendência pela qual a criança pensa a moral.

Na atualidade, os temas moral e ética têm sido muito discutidos e, frequentemente, empregados como sinônimos. No entanto, assumimos, como propõe La Taille (2006a), definições distintas para esses dois conceitos, embora sejam complementares e indissociáveis. Para La Taille (2006a), a moral corresponde a deveres, princípios e regras, e a ética corresponde à busca de uma "vida boa" (p. 30), uma vida que "vale a pena ser vivida" (p. 30). O autor reserva ao plano moral a resposta à pergunta "como devo agir?" (2006a, p. 29) e ao plano ético a resposta à indagação "que vida eu quero viver?" (2006a, p. 29). Afirma, ainda, que "uma ética, para merecer esse nome, deve traduzir um projeto de felicidade no qual *outrem tem lugar*" (2006a, p. 60). Nesse sentido, define a ética como "a vida boa, com e para outrem, em instituições justas" (Ricoeur, conforme mencionado por La Taille, 2006a, p. 64).

Na área da Psicologia da Moralidade, diversos estudos são realizados abordando temas como humilhação (Alencar e La Taille, 2007; Andrade e Alencar, 2008, 2010), homicídio (Borges e Alencar, 2006, 2009), projetos de vida (Miranda, 2007), educação moral ou educação em valores (Dias, 2005; Müller, 2008; La Taille, 2009a; Menin, 2010), trapaça (Pessotti, 2010), generosidade (La Taille, 2006b; Tognetta, 2009; Vale e Alencar, 2008a, 2008b, 2009), honra (Salgado, 2010), amor (Alves, Alencar e Ortega, 2010), temas transversais (Araújo, 2008), democracia escolar (Araújo, 2000, 2001), direitos humanos (Camino et al., 2007; La Taille, 2008; Dias, 2010), vergonha (La Taille, 2002), violência (La Taille, 2006c, 2009b), virtudes morais (La Taille, 2001), *bullying* (Tognetta e Vinha, 2010), conflitos interpessoais na escola (Vinha, 2006 e 2009), perdão (Rique e Camino, 2010), entre outros. Como citado, entre os vários temas estudados, está o da educação em valores morais, que é o tema do presente capítulo.

De acordo com Piaget (1930/1996), a finalidade da educação em valores morais é constituir sujeitos autônomos, aptos à cooperação. Nesse sentido, a formação deles não se limita à pura transmissão de alguns valores, mas, ao contrário, contribui para que esses sujeitos sejam críticos, políticos e reflexivos (Goergen, 2007). Araújo (2000) afirma que o objetivo dessa formação deve ser o de propiciar "aos sujeitos da educação os instrumentos necessários à construção de sua competência cognitiva, afetiva, cultural e orgânica, dando-lhes condições de agir moralmente no mundo" (p. 106). Cabe, então, nos perguntarmos quais os temas que devem ser trabalhados nessa formação.

Os Parâmetros Curriculares Nacionais (Brasil, 1997) propõem a ética como um dos temas transversais a serem trabalhados no Ensino Fundamental. Para o trabalho com este tema, foram eleitos os seguintes conteúdos: respeito mútuo, justiça, diálogo e solidariedade. Encontramos em La Taille (2006a, 2009a) a proposta de que o trabalho de educação em valores morais privilegie três virtudes: justiça, generosidade e honra. No entanto, o autor ressalta que outras virtudes também são importantes e que não devem ser descartadas, tais como a polidez, a coragem, a solidariedade, a gratidão, a fidelidade e a honestidade. Puig (2007) ressalta a importância de incrementar os conteúdos básicos para um projeto de cidadania ativa, com a abordagem de assuntos políticos, econômicos e jurídicos, o trabalho com os direitos humanos e os conceitos e reflexões éticas. Araújo (2007) também expõe outras temáticas como violência, poluição, sexualidade adolescente, lazer, saúde, educação, direito à moradia, à diversidade de pensamento e de crença.

Na primeira experiência de educação em valores morais que descrevemos (Projeto Safra do Café), a partir dos temas trabalhados, identificamos que foram envolvidos conteúdos como a valorização do trabalho específico da safra do café, devido à vergonha de ser trabalhador rural; melhoria do autorrespeito e da autoestima dos trabalhadores; levantamento dos gastos com a produção do café, do ponto de vista do proprietário e do meeiro; conscientização ambiental e valorização da cultura local. Já na segunda experiência (Projeto Resgatando Valores), os conteúdos envolvidos foram o respeito, o autorrespeito, a autoestima, a cooperação e a vergonha de ser aluno da escola. Por fim, na terceira experiência, foram trabalhados o respeito com a pessoa de outra cultura e etnia, o autorrespeito, a autoestima e a vergonha de ser afrodescendente (Projeto Histórias e memórias: a trajetória do povo negro em Venda Nova do Imigrante). Discutiremos, então, alguns dos conteúdos presentes nas três experiências, a saber: respeito, autorrespeito, autoestima e o sentimento de vergonha.

Vale ressaltar que, embora o respeito seja um conteúdo presente nas três experiências, cada uma delas o trabalhou de forma diferente. Constatamos que todas as práticas abordaram os conteúdos respeito, autorrespeito e autoestima. Porém, com ênfases diversificadas. A primeira experiência teve como foco principal trabalhar o respeito a si próprio; a segunda, o respeito interpessoal; e a terceira, o respeito à outra cultura.

Conforme mencionado anteriormente, os dois tipos de respeito, unilateral e mútuo, são importantes no desenvolvimento da moralidade. As relações de cooperação, de respeito mútuo, favorecem o desenvolvimento da moral autônoma e pressupõem uma relação recíproca. Nesse sentido, a utilização do respeito como conteúdo para o trabalho de educação em valores morais possibilitou a reflexão crítica dos alunos acerca das diferenças existentes entre eles — de opinião e também culturais. Tal fato pode ser observado no trecho da entrevista de um pai de aluno:

> Para construção ética e moral, os alunos estão ganhando um espaço que antes eles não conheciam, de aprender a dar ideias e respeitar a ideia do colega. O ser humano, ele é muito ditador, "o que eu penso tem que acontecer". E a gente está vendo com isso aí os alunos com uma influência legal de ideias, por exemplo, cada um coloca a sua ideia e respeita, e vão escolher aquilo que é melhor para o projeto, com a avaliação da professora. (Pai de aluno)

Outro tipo de respeito que pode ser experimentado é o respeito a si próprio. O autorrespeito e a autoestima correspondem a todo e qualquer estado subjetivo de valorização de si próprio. A diferença entre esses dois conceitos se refere ao fato de que o autorrespeito é um caso particular de autoestima, pois o autorrespeito é a autoestima quando regida pela moral (Ricoeur, conforme mencionado por La Taille, 2006a, p. 56). Para La Taille (2006a), o autorrespeito é o senti-

PROJETOS BEM-SUCEDIDOS DE EDUCAÇÃO EM VALORES

mento que une os planos moral e ético, por isso a importância de um trabalho educacional voltado para essa temática. Fragmentos das entrevistas de uma aluna e de uma diretora exemplificam a importância do trabalho com este conteúdo:

> É porque eu acho assim, que a pessoa da roça é tida como tipo uma empregada doméstica. Eu acho que é o cargo mais desvalorizado que tem. As pessoas acham assim: "nossa senhora, é um empregado? Mora na roça isso?". Vira a cara! Então eu acho assim, eles têm que ver que não é assim. As coisas não são do jeito que... "Ah, eu estudei, eu fiz uma faculdade, eu sou melhor do que você porque você mora na roça". Cada trabalho tem o seu valor, tem a sua dignidade, não é? Então é um valor moral da pessoa também, da pessoa querer mostrar que o que ele faz é importante. (Aluna)

> O primeiro respeito que tentamos passar para o aluno é por ele mesmo. Ao próprio corpo e à sua vida. Depois, que não deve ter vergonha do seu trabalho, pois o mesmo é digno. (Diretora, coordenadora e idealizadora do projeto)

O sentimento de vergonha, por sua vez, foi, também, um conteúdo envolvido nas três experiências de educação em valores descritas. Assim como o respeito, as referidas práticas o abordaram de forma distinta: a primeira envolveu o trabalho com a vergonha de ser trabalhador rural; a segunda, a vergonha de pertencer à escola; e a terceira, a vergonha da cultura afrodescendente. Mas o que vem a ser a vergonha e qual a sua relação com a moral? Primeiramente, é importante fazer uma distinção entre dois conceitos: humilhação e vergonha.

Em seu ensaio semiótico sobre a vergonha, Harkot-de-La-Taille (1999) define a humilhação como um tipo de inferiorização. Para a autora, a humilhação "é uma forma de ação particularmente violenta, por não se limitar a destruir um objeto-valor, mas por visar à deslegitimação de grande parte, senão da totalidade, do universo simbólico subjacente a esse objeto-valor para o sujeito" (p. 37). De acordo com La Taille (2002), "o sentimento de humilhação refere-se ao fato de ser e sentir-se inferiorizado, rebaixado por alguém ou um grupo de pessoas, sem que se aceite necessariamente (intimamente, poderíamos dizer) a 'má imagem' que esses querem impor" (p. 95).

A vergonha, segundo La Taille (2006a), pressupõe um autojuízo negativo e incide sobre o ser. O que há em comum entre humilhação e vergonha é o fato de se sentir inferiorizado. No entanto, "na vergonha, compartilha-se a imagem negativa imposta, enquanto na humilhação ela pode não ser aceita. E, se for aceita, teremos os sentimentos de humilhação e de vergonha somados" (La Taille, 2002, p. 95). Ainda segundo o mesmo autor, a vergonha é um sentimento central para a construção da personalidade ética. A vergonha seria, assim, um sentimento presente tanto no plano ético quanto no plano moral, sendo responsável pelo autorrespeito (La Taille, 2006a).

Para La Taille (1996), "a qualidade da interação social determina em grande parte o quanto a moralidade vai associar-se à imagem que cada um faz de si. O olhar alheio tem grande responsabilidade nesse processo" (p. 17). Dessa forma, um trabalho de educação em valores morais pode contribuir de forma efetiva para a superação do sentimento de vergonha, e para o desenvolvimento do autorrespeito e da autoestima, conforme podemos notar nos seguintes trechos de entrevistas:

> Os alunos adoraram fazer paródia. A gente faz paródia, contando sobre a vida deles. Isso ajudou muito a elevar a autoestima, porque passou a perceber que era comum ser ele mesmo. Não era uma vergonha trabalhar na roça. Então, poder cantar isso é um alívio. (Diretora, coordenadora e idealizadora do projeto)

> Quando começamos a discutir, a falar sobre esses temas, havia muita resistência, medo e vergonha, falta de compreensão, de conhecimento. Tivemos esses enfrentamentos no início, dos alunos não quererem discutir. Os que são negros, de não se assumir, de não gostar, não discutir. (Professora, coordenadora e idealizadora do projeto)

3. Análise dos projetos: procedimentos de Educação em Valores Morais

Considerando a existência de diversos temas que podem ser trabalhados na educação em valores morais, cabe perguntarmo-nos como

PROJETOS BEM-SUCEDIDOS DE EDUCAÇÃO EM VALORES 261

fazê-lo, isto é, por meio de que **procedimentos** colocá-los em prática. Isso porque tal educação não é alcançada simplesmente por se acreditar ou desejar. Assim, faz-se necessário que se encontrem meios para realizar o que se imagina (Puig, 2007).

Os procedimentos são tão vastos como os temas. De acordo com Puig (2007), três âmbitos devem ser considerados na organização de um plano mais abrangente de educação em valores morais. São eles: interpessoal, curricular e institucional. O primeiro focaliza a atenção nos vínculos interpessoais, como o próprio nome sugere, estabelecidos entre os educadores e seus alunos, lembrando que tais relações surgem e fazem parte de qualquer momento educativo. Dessa forma, elas não constituem uma atividade em específico. O nível curricular, por sua vez, engloba as "tarefas curriculares" (Puig, 2007, p. 89) — aqueles afazeres cujo propósito manifesto é trabalhar valores. Estes podem ser condensados num espaço de tempo, como numa disciplina, por exemplo, ou ocorrerem de modo transversal nas diferentes matérias. Por último, o âmbito institucional tem seu foco na instituição escolar como um todo, criando uma cultura moral. Os valores morais, então, estariam presentes nas aulas, nos trabalhos cooperativos, nos eventos culturais, entre outras atividades.

Partindo dessa classificação, listaremos, a partir de agora, alguns autores da Psicologia da Moralidade, agrupando-os nos âmbitos propostos por Puig (2007), de acordo com o que consideramos ser suas maiores tendências. Assim sendo, no âmbito interpessoal, temos Kohlberg (1984/1992), com a discussão de dilemas morais; Piaget (1930/1996), com os procedimentos verbais e métodos ativos, trazendo as relações interindividuais, as formas de ensino oral e as ações da criança; Piaget (1932/1994), Puig (1998, 2000, 2007) e Delors (1996), com as atividades cooperativas, as quais constituem a base para a construção moral da autonomia.

No âmbito curricular, mencionamos outros procedimentos, a saber: aulas de Filosofia e Ciências Humanas, disciplina de Educação Moral (La Taille, 2009a) e a transversalidade (Brasil, 1997; Puig, 1998; La Taille, 2009a). Por fim, no âmbito institucional, listamos: a comunidade justa (Kohlberg, 1984/1992), o convívio escolar (La Taille, 2009a) e a escola democrática (Araujo, 2000; La Taille, 2009a).

Seja qual for o procedimento de educação em valores morais empregado, ressaltamos a importância de que os referidos valores tenham relação com as situações práticas (Piaget, 1930/1996; 1932/1994; Biaggio, 1997). Posto isso, esta educação deve enfrentar problemas morais com decorrências para o indivíduo e para os outros, e deve levar em consideração o contexto social no qual os indivíduos estão inseridos. Portanto, a moralidade é, em essência, social, e o desenvolvimento de pessoas morais não pode ser alcançado sem o desenvolvimento de uma sociedade moral (Biaggio, 1997).

Tendo exposto diversos procedimentos possíveis para uma educação em valores morais, passemos, agora, para alguns aspectos que foram encontrados nas três experiências aqui relatadas. O primeiro ponto em comum que vamos tratar refere-se à motivação para implantação dos projetos, que estava, em todos os três casos, relacionada à realidade dos alunos. Müller (2008) afirma que os procedimentos devem promover algum grau de interação entre o que é discutido e a realidade da vida, estando, para tanto, vinculados às situações práticas, a fim de que deixem de ser construtos teóricos e se materializem como parte da realidade. As experiências compartilharam, ainda, o fato de terem promovido o desenvolvimento da autonomia, do respeito mútuo e da cooperação entre os estudantes.

Müller (2008) define práticas cooperativas como "[...] ações de várias pessoas que buscam alcançar uma finalidade comum, na qual a contribuição de cada um é necessária para se chegar ao resultado final" (p. 18). As práticas cooperativas e em grupo são atividades facilitadoras para o desenvolvimento da autonomia, uma vez que as crianças, ao trabalharem juntas, desenvolvem a capacidade de trocar pontos de vista, discutir, ganhar em algumas ideias e perder em outras, isto é, aprendem a desenvolver a democracia (Mehanna, s.d.). Esse aspecto pode ser verificado nas seguintes considerações:

> Os professores dão as ideias deles e aí o que a gente concorda, continua, e o que a gente não concorda a gente debate e coloca as ideias de todo mundo. (aluno)
>
> Entre os alunos, a convivência é muito legal, não tumultua; na hora de executar as coisas a gente vê que há uma discussão das ideias que são

colocadas, respeitam as ideias que são colocadas pelos outros. Então, a gente vê que há um progresso para aderir às ideias para ir para o caminho melhor. (Pai de aluno)

Assim, concordamos com Piaget (1932/1994), para quem educar moralmente é sinônimo de proporcionar à criança situações em que ela possa vivenciar a cooperação, a reciprocidade e o respeito mútuo, e, assim, construir sua moralidade.

Encontramos, nas duas primeiras experiências de educação em valores morais relatadas, a transversalidade como um procedimento para se trabalhar os referidos valores, como podemos constatar na afirmação a seguir:

> Eles (professores) procuram se agrupar, se adequar ao projeto. Três professores, dá mais de um por projeto. Geralmente eles se agrupam por quem mora perto ou mais especificamente quem dá aula no mesmo dia, para poderem se encontrar na escola, com mais facilidade. Também o agrupamento pode ser por área. Português, inglês, dependendo do que vai fazer naquele projeto ali. Aí um ajuda o outro. Então, há uma cooperação. (Diretora, coordenadora e idealizadora do projeto)

Nas duas primeiras experiências descritas neste capítulo, o projeto era trabalhado por todas as disciplinas simultaneamente, mesmo que professores específicos ficassem responsáveis por desenvolver atividades com determinadas turmas. Os projetos aconteciam em nível institucional. Entretanto, na terceira experiência mencionada, o projeto de educação em valores morais aconteceu com a participação de alguns alunos da instituição e envolvendo apenas poucas disciplinas. Neste caso, não houve a transversalidade, mas, mesmo assim, não foi menos importante, pois trabalhou conteúdos ligados à moral e à ética, em disciplinas de Filosofia e Ciências Humanas, possibilidades estas apontadas por La Taille (2009a).

Destarte, consideramos que a primeira e a segunda experiência abarcaram mais intensamente os níveis institucional, curricular e interpessoal (Puig, 2007). A terceira, por sua vez, contemplou melhor o nível interpessoal, embora também tenha envolvido parcialmente o curricular.

A partir de tudo o que foi exposto até aqui, concordamos com Araujo (2000) quando afirma que a educação em valores morais pode acontecer em qualquer disciplina desde que os conteúdos das matérias envolvam atividades que levem os estudantes a refletirem de maneira crítica e estejam imbuídos de valores éticos. Sendo assim, o processo de tal educação não deve ser restrito a uma parte do dia escolar ou a uma única matéria, mas deve ser integrado à experiência escolar como um todo (Nucci, 2000).

4. Análise dos projetos: dificuldades e limites nas experiências de Educação em Valores Morais

Na quarta parte do presente capítulo, ressaltamos, então, **as dificuldades e os limites** encontrados nas experiências de educação moral analisadas. Discutiremos, especificamente, aqueles aspectos que são comuns às três experiências, embora cada uma delas tenha suas particularidades. Encontramos problemas relativos à continuidade do trabalho de educação em valores morais, à resistência de profissionais em trabalhar com projetos, à ausência de avaliação formal das experiências e à ausência de formação específica dos profissionais envolvidos no projeto.

No que diz respeito à duração das experiências, cada uma delas foi realizada de acordo com os objetivos propostos para serem trabalhados. A primeira ocorreu por quatro anos consecutivos, a segunda teve duração de três anos e a terceira aconteceu por aproximadamente dois anos, sendo um trabalho mais pontual, mas tão importante quanto os outros. Ressaltamos, com Pérez-Delgado e García-Ros (1991), que os programas de média e larga duração podem produzir efeitos significativos para o desenvolvimento moral. Nesse sentido, é importante que os trabalhos de educação em valores morais tenham uma

PROJETOS BEM-SUCEDIDOS DE EDUCAÇÃO EM VALORES

continuidade, mas que não sejam trabalhados de maneira repetitiva e desmotivadora.

Também foi possível constatar que a condição de trabalho de muitos profissionais influencia de modo expressivo a continuidade desses trabalhos. De acordo com o relato dos entrevistados, a contratação por designação temporária (DT) dificulta a realização de projetos no contexto escolar e, consequentemente, os de educação em valores morais, uma vez que os profissionais envolvidos nos projetos mudam de escola a cada ano. Tal fato pode ser verificado nos relatos a seguir.

> O que a gente acha mais interessante, a escola, a maioria dos profissionais eram DT, então contratava por um ano ou outro, mas todos, a maioria permanecia, abraçava mesmo a causa e no outro ano conseguia voltar e prosseguir nos trabalhos. (Professor)
>
> [quando questionada se participou durante todo o tempo de existência do projeto] eu fiquei um período sem trabalhar, porque eu era DT do estado aí eu não tinha conseguido aula à noite, mas trabalhava de dia. (Professor)
>
> Todo ano mudar o quadro de professores, isso é um fator desafiante, também. Se fossem os mesmos, eu acho que o projeto estaria muito melhor porque já vai pegando os pontos negativos de um ano e no outro ano já fica melhor. (Diretora, coordenadora e idealizadora do projeto)

Barros e Louzada (2007), em uma pesquisa-intervenção realizada com docentes de um município da região da Grande Vitória/ES, averiguaram, a partir dos relatos dos docentes, uma relação "dor-desprazer-trabalho docente" (p. 27). Essa pesquisa mostrou a precariedade das relações de trabalho nas escolas pelas formas instáveis de contratação, como a designação temporária (DT), pelo baixo investimento em formação e pelos fracos vínculos que os trabalhadores estabeleciam entre si e com os seus espaços/processos de trabalho. As autoras afirmam que essas circunstâncias acabam culminando, muitas vezes, na busca de tratamentos ou soluções para o processo de adoecimento resultante da própria situação de trabalho. Assim, entendemos que as condições de trabalho dos profissionais podem se tornar um impedimento para a efetivação das experiências de educação em valores morais.

Vale ressaltar, ainda, o fato de que foi possível verificar que as experiências analisadas aconteceram principalmente por responsabilidade de um profissional em particular. Em uma das experiências (Projeto Resgatando valores), a saída da idealizadora do projeto culminou na interrupção deste, o que, mais uma vez, demonstra uma dificuldade para a continuidade de projetos dessa natureza.

Com relação à resistência dos profissionais, na primeira e na segunda experiência, foram os professores mais tradicionais que manifestaram este comportamento, pois acreditavam que ministrar aula resumia-se à difusão de conteúdo e que, dessa forma, trabalhar com projetos, por exemplo, seria perder muito tempo, como está registrado na entrevista de uma das professoras da segunda experiência (Projeto Resgatando valores):

> Olha, eu percebi que são aqueles professores que, às vezes, não participavam de planejamento, que são muito tradicionais, acham que dar aula é passar conteúdo apenas e trabalhar uma mensagem é perder muito tempo.

No entanto, com o desenvolvimento da experiência, eles passaram a perceber que os alunos aprendiam mais com as atividades dos projetos do que apenas com o método "quadro e o giz". Já na terceira experiência, não foram os professores que apresentaram resistência ao trabalho, mas a equipe de edição do livro produzido com os relatos das famílias afrodescendentes.

Outro limite encontrado nas três experiências refere-se à falta de uma avaliação formal dos projetos de educação em valores morais, isto é, há uma ausência de registro da avaliação do trabalho desempenhado. Tal situação pode fazer com que os projetos de educação em valores morais se configurem como um "procedimento de educação que se encerra em si mesmo" (Dias, 2005, p. 379). Assim, concordamos com

PROJETOS BEM-SUCEDIDOS DE EDUCAÇÃO EM VALORES

Dias quando afirma que "as atividades educativas orientadas para o desenvolvimento da autonomia requerem um processo de sistematização que pressupõe não apenas o planejamento e a execução, mas, sobretudo sua constante avaliação e reavaliação" (p. 379).

Em todas as experiências, os docentes não receberam nenhum tipo de formação específica para desenvolverem o projeto de educação em valores morais. Os resultados de algumas pesquisas parecem indicar que os profissionais de educação apresentam certa dificuldade em entender o que vem a ser a autonomia, e que conhecem pouco as teorias da Psicologia que poderiam lhes servir como base para realizar projetos nesse âmbito (Dias, 2005; Shimizu, 1998). Esse tipo de formação poderia contribuir para o profissional na escolha dos temas e procedimentos a serem utilizados na educação. Entretanto, é importante destacar que mesmo sem receberem formação específica para desenvolverem o projeto, todas as experiências relatadas trabalharam temas ligados à moral e à ética, por meio de procedimentos indicados por teóricos da Psicologia da Moralidade (Piaget, 1930/1996; 1932/1994; Biaggio, 1997; Puig, 2007; e La Taille, 2009a).

Considerações finais

Por fim, tecemos as considerações finais sobre este estudo, ressaltando alguns dos pontos negativos e positivos das práticas analisadas no presente capítulo.

Conforme mencionado anteriormente, os pontos negativos das experiências de educação em valores morais relatadas dizem respeito a: problemas com a continuidade do projeto (principalmente pela forma de contratação dos professores); ausência de uma avaliação formal e de registro das avaliações informais das experiências; resistência de alguns profissionais em trabalhar com projetos; e ausência de formação específica dos profissionais envolvidos nas experiências.

Quanto aos pontos positivos, podemos listar a realização dos seguintes aspectos: análise do diagnóstico do problema a ser enfrentado; o fato de ocorrer via métodos democráticos e provocar mudanças nas ações e juízos dos alunos. Embora não tenham sido detectados em todas as experiências analisadas, destacamos, também, tanto a importância de que as experiências de educação em valores morais estejam inseridas no projeto político pedagógico da escola quanto que as referidas práticas possam abarcar, de maneira mais ampla possível, os níveis interpessoal, curricular e institucional.

Dessa forma, apesar dos pontos negativos ressaltados, as experiências de educação em valores morais ora relatadas podem ser consideradas como "bem-sucedidas" por toda a descrição anteriormente mencionada e pelo fato de que os resultados alcançados foram obtidos na busca de respostas a problemas sociomorais contextuais.

Consideramos, portanto, a importância da realização de novos e mais abrangentes projetos de educação em valores morais. Esperamos que o presente capítulo, assim como todo o livro, possa fornecer subsídios e ser um incentivador na elaboração e execução dos referidos projetos. Assim, poderemos lutar por um mundo onde os seres humanos possam viver uma "vida boa, com e para outrem, em instituições justas" (RICOEUR, conforme mencionado por La Taille, 2006a, p. 64).

Referências bibliográficas

ALENCAR, H. M.; LA TAILLE, Y. de. Humilhação: o desrespeito no rebaixamento moral. *Arquivos Brasileiros de Psicologia*, Rio de Janeiro, v. 59, n. 2, p. 217-31, 2007.

ALVES, A. D.; ALENCAR, H. M.; ORTEGA, A. C. Amor e moralidade: um estudo com participantes de 5 a 70 anos de idade. *Revista de Ciências Humanas*, Florianópolis, v. 44, n. 2, p. 363-80, out. 2010.

ANDRADE, A. N.; ALENCAR, H. M. Vozes do silêncio: juízos morais de jovens e adultos surdos sobre situações pessoais de humilhação. *Boletim de Psicologia*, São Paulo, v. 58, n. 128, p. 55-72, jun. 2008.

_____; ALENCAR, H. M. Juízos de pessoas surdas sobre humilhação: passado e presente. *Psicologia Escolar e Educacional*, São Paulo, v. 14, n. 2, p. 271-80, jul./dez. 2010.

ARAUJO, U. F. Escola, democracia e a construção de personalidades morais. *Educação e Pesquisa*, São Paulo, v. 26, n. 2, p. 91-107, jul./dez. 2000.

_____. O ambiente escolar cooperativo e a construção do juízo moral infantil: sete anos de estudo longitudinal. *Revista on-line da Biblioteca Prof. Joel Martins*, Campinas, v. 2, n. 2, p.1-12, fev. 2001.

_____. A construção social e psicológica dos valores. In: ARANTES, V. A. (Org.). *Educação e valores*: pontos e contrapontos. São Paulo: Summus, 2007. p. 17-64.

_____. *Temas transversais e a estratégia de projetos*. 7. ed. São Paulo: Moderna, 2008. 112 p.

BARROS, M. E. B.; LOUZADA, A. P. F. Dor-desprazer-trabalho docente: como desfazer essa tríade? *Psicologia USP*, São Paulo, v. 18, n. 4, p. 13-34, out./dez. 2007.

BIAGGIO, A. M. B. Kohlberg e a "Comunidade Justa": promovendo o senso ético e a cidadania na escola. *Psicologia: Reflexão e Crítica*, Porto Alegre, v. 10, n. 1, p. 47-69, 1997.

BORGES, L. S.; ALENCAR, H. M. Moralidade e homicídio: um estudo sobre a motivação do transgressor. *Psicologia: Reflexão e Crítica*, Porto Alegre, v. 19, n. 3, p. 451-459, 2006.

_____; ALENCAR, H. M. Moralidade e homicídio: um estudo sobre a ação do transgressor. *Paideia*, Ribeirão Preto, v. 19, n. 44, p. 293-302, 2009.

BRASIL. Ministério da Educação e Cultura. Parâmetros Curriculares Nacionais. Brasília: Secretaria de Educação Fundamental, 1997.

_____. Ministério do Planejamento, Orçamento e Gestão. Instituto Brasileiro de Geografia e Estatística. *Divisão territorial*. Disponível em: <ftp://geoftp. ibge.gov.br/Organizacao/Divisao Territorial/2009/>.

CAMINO, C. et al. Direitos humanos, atitude institucional e simpatia ideológica em universitários brasileiros. *Estudos de Psicologia*, Natal, v. 12, n. 3, p. 199-211, 2007.

DELORS, J. *Educação*: um tesouro a descobrir. Relatório para a Unesco da Comissão Internacional sobre Educação para o século XXI. Tradução de J. C. Eufrázio. São Paulo: Cortez, 1996. Disponível em: <http://www.capag.info/docs/educac_um%20tesouro_descobr.pdf>.

DIAS, A. A. Educação moral e autonomia na educação infantil: o que pensam os professores. *Psicologia: Reflexão e Crítica*, Porto Alegre, v. 18, n. 3, p. 370-80, 2005.

_____. Direitos humanos na educação superior: introdução. In: _____; FERREIRA, L. F. G.; ZENAIDE, M. N. T. (Orgs.). *Direitos humanos na educação superior*: subsídios para a educação em direitos humanos na pedagogia. João Pessoa: Ed. Universitária da UFPB, 2010. p. 17-25.

GOERGEN, P. L. Educação moral hoje: cenários, perspectivas e perplexidades. *Educação & Sociedade*, Campinas, v. 28, n. 100 [número especial], p. 737-62, out. 2007.

HARKOT-DE-LA-TAILLE, E. *Ensaio semiótico sobre a vergonha*. São Paulo: Humanitas Publicações FFLCH/USP, 1999.

KOHLBERG, L. [1984]. *Psicologia del desarollo moral*. Barcelona: Editorial Desclés de Brouwer, 1992.

LA TAILLE, Y. de. A indisciplina e o sentimento de vergonha. In: AQUINO, J. G. (Org.). *Indisciplina na escola*: alternativas teóricas e práticas. São Paulo: Summus, 1996. p. 9-24.

_____. Para um estudo psicológico das virtudes morais. *Educação e Pesquisa*, São Paulo, v. 26, n. 2, p. 109-122, 2001.

_____. *Vergonha, a ferida moral*. Petrópolis: Vozes, 2002.

_____. *Moral e ética*: dimensões intelectuais e afetivas. Porto Alegre: Artmed, 2006a.

_____. A importância da generosidade no início da gênese da moralidade da criança. *Psicologia: Reflexão e Crítica*, Porto Alegre, v. 19, n. 1, p. 9-17, 2006b.

LA TAILLE, Y. de. A violência e o despertar do senso moral. *Pátio. Educação Infantil*, Porto Alegre, Artmed, v. 11, p. 9-11, 2006c.

_____. Psicologia moral e direitos humanos. *Revista da Procuradoria Geral do Estado de São Paulo*, São Paulo, v. 1, p. 19-26, 2008.

_____. *Formação ética*: do tédio ao respeito de si. Porto Alegre: Artmed, 2009a.

_____. Moralidade e violência: a questão da legitimação dos atos violentos. *Temas em Psicologia*, Ribeirão Preto, v. 17, n. 2, p. 329-41, 2009b.

MEHANNA, A. *Desenvolvimento de valores morais, éticos e científicos na educação.* Disponível em: <http://www.diaadiaeducacao.pr.gov.br/portals/pde/arquivos/512-4.pdf>. Acesso em: 21 abr. 2011.

MENIN, M. S. S. Educação Moral na primeira infância. *Pátio*. Porto Alegre, v. 8, p. 08-11, 2010.

MIRANDA, F. H. F. *Projetos de vida na adolescência:* um estudo no campo da ética e da moralidade. Dissertação (Mestrado em Psicologia) — Programa de Pós-graduação em Psicologia, Universidade Federal do Espírito Santo, Vitória, 2007.

MÜLLER, A. *Educação em valores morais*: o aprender e o ensinar sobre justiça. Dissertação (Mestrado em Psicologia) — Programa de Pós-graduação em Psicologia, Universidade Federal do Espírito Santo, Vitória, 2008.

NUCCI, L. Psicologia moral e educação: para além das crianças "boazinhas". *Educação e Pesquisa*, São Paulo, v. 26, n. 2, p. 71-90, dez. 2000.

PÉREZ-DELGADO, E.; GARCÍA-ROS, R. (Orgs.). *La psicología del desarrollo moral.* Madrid: Siglo Veintiuno de España Editores, 1991.

PESSOTTI, A. M. *Moralidade e trapaça*: um estudo com crianças de 5 e 10 anos. Dissertação (Mestrado em Psicologia) — Programa de Pós-graduação em Psicologia, Universidade Federal do Espírito Santo, Vitória, 2010.

PIAGET, J. (1930). Os procedimentos de Educação Moral. In: MACEDO, L. (Org.). *Cinco estudos de educação moral.* São Paulo: Casa do Psicólogo, 1996, p. 1-36

_____ [1932]. *O juízo moral na criança.* São Paulo: Summus, 1994.

PUIG, J. M. *A construção da personalidade moral.* São Paulo: Ática, 1998.

PUIG, J. M. ¿Como hacer escuelas democráticas? *Educação e Pesquisa*, São Paulo, v. 26, n. 2, p. 55-70, 2000.

_____. Aprender a viver. In: ARANTES, V. A. (Org.). *Educação e valores*: pontos e contrapontos. São Paulo: Summus, 2007. p. 65-106.

RIQUE, J.; CAMINO, C. O perdão interpessoal em relação a variáveis psicossociais e demográficas. *Psicologia: Reflexão e Crítica*, Porto Alegre, v. 23, n. 3, p. 525-32, 2010.

SALGADO, M. M. *Moralidade e honra:* os juízos de adolescentes em medidas socioeducativas de internação. Dissertação (Mestrado em Psicologia) — Programa de Pós-graduação em Psicologia, Universidade Federal do Espírito Santo, Vitória, 2010.

SHIMIZU, A. M. *As representações sociais de moral de professores das quatro primeiras séries do ensino de 1° grau.* Dissertação (Mestrado) — Faculdade de Ciências e Filosofia, Unesp, Marília, 1998.

TOGNETTA, L. R. P. *Perspectiva ética e generosidade.* Campinas: Mercado de Letras, 2009.

_____; VINHA, T. P. Até quando? Bullying na escola que prega a inclusão social. *Educação* (UFSM), Santa Maria, v. 35, n. 3, p. 449-64, set./dez. 2010.

VALE, L. G.; ALENCAR, H. M. Generosidade para com amigo, desconhecido e inimigo: juízos morais de crianças e adolescentes. *Interação em Psicologia*, Curitiba, v. 13, n. 2, p. 299-310, jul./dez. 2009.

VALE, L. G.; ALENCAR, H. M. Generosidade versus interesse próprio: juízos morais de crianças e adolescentes. *Psicologia: Teoria e Pesquisa*, Brasília, v. 24, n. 4, p. 423-31, out./dez. 2008a.

_____; ALENCAR, H. M. Juízos morais de crianças e adolescentes sobre ausência de generosidade e punição. *Psic.*, São Paulo, v. 9, n. 2, p. 235-44, dez. 2008b.

VINHA, T. P. Os conflitos interpessoais na escola. *Revista de Educação e Informática*, São Paulo, v. 19, p. 33-38, 2006.

VINHA, T. P. Conflitos e indisciplina na escola: contribuições do construtivismo. *Nova Escola*, São Paulo, v. 226, p. 1, 2009.

Considerações finais: o que os projetos deste livro nos ensinam?

Maria Suzana De Stefano Menin
Patricia Unger Raphael Bataglia

Este livro, como dissemos em nossa apresentação, foi parte de uma pesquisa que pretendeu conhecer o que escolas públicas brasileiras têm realizado no campo da Educação em Valores. Vimos que das 1.062 experiências a nós relatadas por escolas públicas de diferentes estados brasileiros, poucas foram as consideradas bem-sucedidas. A grande maioria dos projetos mostrou iniciativas isoladas, sem finalidades morais claras, ou voltadas mais ao controle disciplinar dos alunos do que à construção de valores. Houve uma diversidade de estratégias; mas muitas experiências evidenciaram uma educação moral com base na transmissão verbal ou mesmo na imposição de valores. No entanto, houve excessões; e foi sobre elas que escrevemos.

Ao trabalharmos aspectos teóricos sobre o desenvolvimento moral e educação em valores, frequentemente somos questionados a respeito da exequibilidade de tais ideais. Esse projeto trouxe à luz experiências concretas propostas e vividas longe da academia. Mais do que isso, as experiências aqui relatadas nasceram em sua maioria da necessidade percebida pelos atores escolares. Os pesquisadores ficaram, por várias vezes, surpresos com a criatividade desses atores tentando dar uma resposta às demandas que se apresentaram.

O que mais aprendemos com essas experiências? Em poucas palavras, aprendemos que a Educação em Valores é possível de acontecer em escolas públicas, embora muitas dificuldades devam ser vencidas. Em cada experiência, pudemos ver pontos indicando alcances e sucessos e outros evidenciando limites, dificuldades e falhas.

Os treze projetos deste livro mostraram que algumas escolas públicas assumiram a Educação em Valores, ou Educação Moral, como parte de sua função, não a delegando a outras instituições, como a família dos alunos, a igreja, ou, até mesmo, a polícia. Algumas experiências aqui relatadas evidenciam iniciativas que partiram da direção da escola, foram incluídas no projeto pedagógico, duram anos e consolidam-se, aperfeiçoando-se a cada ano, como, por exemplo, as experiências de Poços de Caldas, de Osasco e de Camocim. Outros projetos não alcançaram toda a escola, não estavam inscritos em projetos pedagógicos e não partiram da diretoria da escola, mas a conquistaram, por seus efeitos. Certas professoras, ou coordenadoras pedagógicas, genuinamente preocupadas com a assunção de valores morais em seus alunos, iniciaram programas que começaram pequenos, dentro de uma disciplina; mas, pelo entusiasmo e participação dos alunos, pelos efeitos que começaram a se mostrar, contagiaram outros professores e provocaram certa transversalidade nos projetos, mesmo que de modo informal. Foram os casos de Natividade, de Camaragibe, de São Gonçalo, de Caiuá, de São Francisco de Itabapoana e os provenientes do estado do Espírito Santo.

Por outro lado, a adoção da Educação em Valores como parte das funções da escola, mostrou-nos, também, imperfeições e dificuldades. Uma primeira limitação, bem estrutural, referiu-se à temporalidade do corpo docente: se os professores não são permanentes ou mesmo

PROJETOS BEM-SUCEDIDOS DE EDUCAÇÃO EM VALORES

duráveis na escola, como construir um projeto coeso e prolongado? A rotatividade dos professores dificulta compromissos coletivos entre eles. O que se vê é que cada um cuida do que considera sua função essencial, na maioria das vezes restrita ao pedagógico. Junte-se a isso as sabidas más condições do trabalho docente, nas quais outra atividade, como a dedicação a projetos de Educação em Valores, é vista como acúmulo de funções e acréscimos de horas de trabalhos numa jornada já sobrecarregada. Destacamos que, em vários projetos aqui relatados, a liderança destes era realizada por professoras que deram muito mais de si do que o contrato de trabalho lhes exigia.

Outra dificuldade nesse compromisso da escola com a Educação em Valores é a falta de sua extensão a todos os campos relacionais no espaço escolar, sejam eles pedagógicos, sociais, disciplinares. Vimos, muitas vezes, que bonitos projetos, envolvendo o incremento de valores como respeito, tolerância, autonomia, convivem com regras disciplinares vindas de um regulamento escolar convencional e autoritário. Ora, como é possível a construção autônoma de valores pelos alunos se somente em certos momentos são tratados como participantes desse processo e, em muitos outros, são apenas sujeitos à aplicação de regras exteriores, arbitrárias e invariavelmente punitivas? Pensamos que enquanto projetos de educação moral forem vistos como atividades extraescolares, de um ou outro professor, e não meta de toda a escola, essa limitação perdurará.

Como um aspecto muito positivo, destacamos que as experiências bem-sucedidas aqui relatadas partiram de problemas que de fato aconteciam na escola, ou na comunidade a sua volta, e foram reconhecidos como tais pelos alunos. Assim, a educação para o respeito, para a solidariedade, o cuidado com os outros, a não agressão ou não violência, o respeito e cuidado ao meio ambiente, surgiu como necessidade real e genuína, e não como uma proposta arbitrária, vinda de fontes externas às escolas, ou respondendo a modismos ou campanhas temporárias. O sofrimento causado pela violência na escola, pela discriminação, o desrespeito, a desonestidade nas decisões políticas, os danos causados no ambiente pela ação humana descuidada, foram examinados e vistos como problemas que envolvem a todos e que podem ser enfrentados e que dependem, pelo menos em parte, da educação e da participação de todos para serem resolvidos. Essas escolas, que fizeram bons projetos, não "lavaram as mãos" em relação à crise de valores que acomete a todos; ao contrário, a crise tornou-se fonte de inspiração, motivando a criação dos projetos, como no projeto de Capinzal sobre o *bullying*. Além disso, notamos a habilidade, em certas lideranças dos projetos, em envolver a comunidade e as famílias como parceiros dos projetos e seus incentivadores. Dessa forma, a escola consegue aliados e seu valor ante a comunidade se afirma, como vimos nos projetos de Guaporé e de Rondonópolis.

Outro ponto positivo que destacamos refere-se à finalidade dos projetos bem-sucedidos. Esses projetos voltaram-se à construção autônoma de valores *morais* e não à consolidação de valores de adequação social ou de obediência às regras e leis. Quando falamos de Educação Moral em escolas, ainda nos lembramos da ditadura militar e da disciplina de Educação Moral e cívica que se voltou, principalmente, para o incremento da obediência às normas e princípios do civismo. Nessa forma de educação, os valores impostos voltaram-se muito mais à heteronomia, pelo controle pela autoridade e do respeito unilateral, que à autonomia. Nos projetos que aqui descrevemos, ao contrário, a obediência não era uma finalidade, nem um meio; e se ela ainda foi usada como controle disciplinar, foi por falta da aplicação e expansão dos projetos, e da mentalidade neles predominante, nas várias esferas da escola, e não por inadequação dos próprios projetos.

Por outro lado, notamos como dificuldade de vários projetos a adesão de outros professores nas experiências de educação em valores. Bons projetos ficam, muitas vezes, nas mãos de uma professora líder, de forma que, se ela sair da escola, nada garante a continuidade deles. Assim, voltamos a um problema funcional da escola: se a diretoria não assumir a educação moral como parte das funções da escola e não organizar processos coletivos de construção dos projetos, a existência e continuidade deles fica por conta de alguns professores sensíveis à questão e super dedicados. Ou seja, como as iniciativas de desenvol-

PROJETOS BEM-SUCEDIDOS DE EDUCAÇÃO EM VALORES

vimento das propostas foram, em muitos casos, individuais e centralizadas, restam dúvidas a respeito de sua continuidade. Ainda em função dessa centralização e personalismo, há o risco de a experiência perder o caráter de educação em seu sentido mais amplo e cair, por assim dizer, no verbalismo ou na transmissão de valores.

Vimos, como um aspecto muito positivo nas experiências, que os meios usados foram mais baseados em práticas democráticas e na participação criativa dos alunos que em métodos impositivos. Discussões, assembleias, pesquisas da realidade, entrevistas com pessoas da comunidade, possibilitaram a exposição de diferentes pontos de vista, a percepção de perspectivas diversas, aumentaram a sensibilidade às necessidades dos outros. No entanto, outra dificuldade aparece nesse campo: muitas vezes, considera-se que esses métodos "tomam o tempo" de outras atividades vistas como mais fundamentais: o ensino de conteúdos. Numa das escolas que visitamos, por exemplo, pais de alunos indagavam se o preparo ao vestibular não seria mais importante do que a participação de seus filhos num projeto dedicado ao bom uso de fotografia e que visava combater o *cyber-bullying*.

Exemplos como o anterior nos remetem a uma dificuldade da Educação Moral que ultrapassa a escola, embora a inclua fortemente, que é da mentalidade neoliberal penetrando em todos os espaços sociais. Se os modos de vida atual valorizam fortemente a competição, o consumo, o uso pragmático e instrumental de pessoas como produtos, a "liquidez", superficialidade e temporariedade das relações, a força da aparência e da posse, e predominam atualmente como valores e metas sociais e individuais, como nos têm mostrado autores como Bauman (1998), Jares (2005), Goergen (2007), La Taille (2009), La Taille e Menin (2009), por que a escola deveria — e como poderia — dedicar-se ao ensino de valores contrários a essa tendência?

Voltamos a Paulo Freire que nos mostra que a escola não pode mudar a sociedade, mas pode auxiliar a formação de pessoas que se tornem protagonistas das mudanças. Para isso acontecer, seria preciso que diretores e professores fossem sensibilizados quanto às necessidades e possibilidades da educação em valores morais e aprendessem como fazê-la na direção da construção de alunos autônomos. Essa é outra grande dificuldade que, para ser sanada, necessita do apoio governamental e de outras instituições, como nossas universidades.

A divulgação dessas experiências tem a função de compartilhar com a comunidade a investigação realizada ao longo de dois anos; mas também tem o objetivo de valorizar aspectos essenciais para o desenvolvimento de novos projetos de educação moral e educação em valores quais sejam: a participação de toda a comunidade escolar, o atendimento a uma demanda concreta, o trabalho não verbalista, instrutivo ou doutrinador, mas sim baseado na construção de ideais e princípios pelo grupo, a não centralização do trabalho mas a valorização da construção coletiva, único sustentáculo possível ao trabalho duradouro.

Referências bibliográficas

BAUMAN, Z. *O mal-estar da pós-modernidade*. Rio de Janeiro: Zahar, 1998.

GOERGEN, P. Educação moral hoje: cenários, perspectivas e perplexidades. *Educação & Sociedade*, Campinas, v. 28, n. 100 [número especial], out. 2007.

JARES, X. *Educar para a verdade e para a esperança*: em tempos de globalização, guerra preventiva e terrorismo. Porto Alegre: Artmed, 2005.

LA TAILLE, Y. de. *Formação ética*: do tédio ao respeito de si. Porto Alegre: Artmed, 2009.

_____; MENIN, M. S. S. (Orgs.). *Crise de valores ou valores em crise?* Porto Alegre: Artmed, 2009.

Sobre os autores

ALANA PAULA DE OLIVEIRA — Mestre em Educação pela Faculdade de Ciências e Tecnologia, Universidade Estadual Paulista — UNESP, câmpus de Presidente Prudente (SP).

ALESSANDRA DE MORAIS SHIMIZU — Professora Assistente Doutora do Departamento de Psicologia da Educação e do Programa de Pós-Graduação em Educação da Faculdade de Filosofia e Ciências, Universidade Estadual Paulista — UNESP, câmpus de Marília (SP).

BARBARA FRIGINI DE MARCHI — Graduanda em Psicologia pela Universidade Federal do Espírito Santo (UFES).

CLAUDIELE CARLA MARQUES DA SILVA — Mestre em Educação pela Faculdade de Ciências e Tecnologia, Universidade Estadual Paulista — UNESP, câmpus de Presidente Prudente (SP).

DÉBORA PINTO INÁCIO — Doutoranda do Programa de Pós-Graduação em Psicologia Social pela Universidade Salgado de Oliveira (Universo) e professora da Rede Municipal de Ensino da Cidade do Rio de Janeiro e de Duque de Caxias (RJ).

DENISE D'AUREA-TARDELI — Professora da Universidade Católica de Santos e Universidade Metodista de São Paulo. Doutora em Psicologia Escolar e Desenvolvimento Humano, Pós-doutoranda em Educação.

FLÁVIA MARIA DE CAMPOS VIVALDI — Mestranda do Programa de Pós-Graduação em Educação da Universidade Estadual de Campinas e Coordenadora Pedagógica da Rede Municipal de Ensino da cidade de Poços de Caldas (MG).

FLAVIA MARTINS GONÇALVES — Mestre em Educação pela Pontifícia Universidade Católica de São Paulo e Professora do Centro de Formação de Professores da Secretaria do Estado da Educação de Mato Grosso

HELOISA MOULIN DE ALENCAR — Professora do Departamento de Psicologia Social e do Desenvolvimento, e do Programa de Pós-Graduação em Psicologia da Universidade Federal do Espírito Santo (UFES).

JULIANA APARECIDA MATIAS ZECHI — Doutoranda do Programa de Pós-Graduação em Educação da Faculdade de Ciências e Tecnologia, Universidade Estadual Paulista — UNESP, câmpus de Presidente Prudente (SP).

LEANDRA LÚCIA MORAES COUTO — Mestranda do Programa de Pós-Graduação em Psicologia da Universidade Federal do Espírito Santo (UFES).

LEONARDO LEMOS DE SOUZA — Professor Assistente Doutor do Departamento de Psicologia Evolutiva, Social e Escolar e do Programa de Pós-graduação em Psicologia da Faculdade de Ciências e Letras, Universidade Estadual Paulista — UNESP, câmpus de Assis (SP).

LUCIENE REGINA PAULINO TOGNETTA — Doutora em Psicologia Escolar e do Desenvolvimento Humano pela Universidade de São Paulo. Pesquisadora do Grupo de Estudos e Pesquisas em Educação Moral — Unicamp/Unesp.

MÁRCIA SIMÃO LINHARES BARRETO — Professora Titular do Programa de Pós-Graduação em Psicologia da Universidade Salgado de Oliveira (Universo) e Professora Aposentada da Universidade Federal Fluminense — UFF.

MARIA LUCINDA CORCETTI — Professora da Universidade do Oeste de Santa Catarina (Unoesc)

MARIA SUZANA S. MENIN — Professora Titular do Programa de Pós-Graduação em Educação da Faculdade de Ciências e Tecnologia, Universidade Estadual Paulista — UNESP, câmpus de Presidente Prudente (SP).

MARIA TERESA CERON TREVISOL — Professora do Programa de Pós-Graduação em Educação da Universidade do Oeste de Santa Catarina, câmpus de Joaçaba (SC).

MARIANA SANTOLIN ROMANELI — Mestranda do Programa de Pós-Graduação em Psicologia da Universidade Federal do Espírito Santo (UFES).

MAYARA GAMA DE LIMA — Mestranda do Programa de Pós-Graduação em Psicologia da Universidade Federal do Espírito Santo (UFES).

PATRICIA UNGER RAPHAEL BATAGLIA — Professora Assistente Doutora do Departamento de Psicologia da Educação e do Programa de Pós-Graduação em Educação da Faculdade de Filosofia e Ciências, Universidade Estadual Paulista — UNESP, câmpus de Marília (SP).

SILVIA CRISTINA CERINI TREVISAN — Professora da rede privada de ensino da cidade de Tupã (SP).

SILVIO BEDIN — Professor adjunto da Faculdade de Educação da Universidade de Passo Fundo (UPF).